T0123669

Sammlung Metzler
Band 267

Kai Buchheister/Daniel Steuer

Ludwig Wittgenstein

J.B. Metzlersche Verlagsbuchhandlung
Stuttgart

Die Deutsche Bibliothek – CIP-Einheitsaufnahme

Buchheister, Kai:
Ludwig Wittgenstein /
Kai Buchheister ; Daniel Steuer.
Stuttgart : Metzler, 1992
(Sammlung Metzler ; Bd. 267)
ISBN 978-3-476-10267-6
NE: Steuer, Daniel:; GT

ISBN 0058-3667
ISBN 978-3-476-10267-6
ISBN 978-3-476-03968-2 (eBook)
DOI 10.1007/978-3-476-03968-2

SM 267

© 1992 Springer-Verlag GmbH Deutschland
Ursprünglich erschienen bei J.B. Metzlersche Verlagsbuchhandlung
und Carl Ernst Poeschel Verlag GmbH in Stuttgart 1992

Inhalt

Vorwort IX

Angabe der Zitierweise und der verwendeten Siglen . . XIII

1. Ein halbes Leben (1889–1930) 1

2. *Tractatus logico-philosophicus* 18
  2.1 Entstehung und Publikation des *Tractatus* . . 20
  2.2 Die äußere Gestalt der Abhandlung 24
  2.3 Kritik der Sprache 26
    2.3.1 »Die Tatsachen gehören alle nur zur Aufgabe, nicht zur Lösung« 30
    2.3.2 Welt und Abbild: »Was sich überhaupt sagen läßt« 32
    2.3.2.1 Tatsache, Sachverhalt, Gegenstand 33
    2.3.2.2 Abbildtheorie 39
    2.3.3 Die »*Logik* der Tatsachen« 43
    2.3.3.1 Wahrheit und ihre Bedingungen 44
    2.3.3.2 Die allgemeine Form des Satzes 46
    2.3.3.3 Kritik der Typentheorie und ›Grundgedanke‹ des *Tractatus* 47
    2.3.4 »Die Logik ist keine Lehre« 53
    2.3.4.1 Logik und Ästhetik 58
    2.3.5 »Die Philosophie ist keine Lehre« 60
  2.4 Und darüberhinaus? 63

3. Biographisch-Philosophisches zu den Jahren 1929–1951 69
  3.1 Philosophisches 69
  3.2 Biographisches 74
  3.3 Zettels Alptraum – Das ›Werk‹ Wittgensteins . 81

4. Eine neue alte Methode: Erkenntnis durch Vergleichen und Ordnen 85
  4.1 Wittgenstein und Goethe 85

4.2 Die Methode der Farbenlehre (Ideale und
   Urphänomene) 86
4.3 Bilder und Grenzen 87
4.4 Spenglers ›Morphologie der Weltgeschichte‹ und
   die Rolle von Idealen 89
4.5 Wittgenstein und die Farbenlehre:
   Formen des Realismus 91
4.6 Wittgensteins Morphologie der Wörter
   und Gebräuche 93
4.7 Prinzipien des Wandels? 95
4.8 Eine Morphologie des Irrtums? –
   Das Wort, das den Blick freigibt 95

5. Wittgenstein im Überblick 98
5.1 Wittgensteins Strukturmodelle für Sprache . . . 100
5.2 Wandlung der Modelle – Wandlung der
   Therapieformen 102
5.3 Bildbegriff 103

6. Wittgensteins Selbstkritik 105
6.1 Stilwandel 105
6.2 *Philosophische Bemerkungen:* Zeichen und
   unmittelbare Erfahrung 107
6.3 Maßstäbe und Syntax 109
6.4 Grammatik 110
6.5 Die gemeinsame unmittelbare Erfahrung 111
6.6 Regeln I 112
6.7 Privatregeln und Verstehen 114
6.8 Die Unmöglichkeit von Meta-Operationen . . 115
6.9 Der Trieb zum Mißverstehen 116
6.10 Innen und Außen (Behaviorismus) 117
6.11 Sprache und Handeln I (Russells Mentalismus) . 119
6.12 Schmerz 122
6.13 Die Flucht ins Innere (Super-Regeln) 122

7. Exkurs: Wittgenstein und die Mathematik . . . 124
7.1 Mathematik und System 124
7.2 *Moderne und Gegenmoderne in der Mathematik.* 126
7.2.1 Grundlagentheorie 127
7.2.2 Formalisierung der Mathematik
   (Projektive Geometrie) 128

7.2.3 Formalismus (Hilbert) und
       Intuitionismus (Brouwer, Frege) 131
7.3 Wittgensteins Alternative 134
7.4 Widerspruch, Beweis, Logik 136
7.5 Cantors Diagonalverfahren
    (Die Grammatik von ›unendlich‹) 141

8. Weltbild und Aberglaube – der Grat
   zwischen Rationalität und Irrationalität 146
   8.1 *Über Gewißheit:* die Therapie Moores 146
       8.1.1 Moores ›Verteidigung des gesunden
             Menschenverstandes‹ 150
       8.1.2 Über Gewißheit 153
       8.1.3 Kritik an Moore 154
       8.1.4 Wissen/Zweifel 155
       8.1.5 *Bedingung der Möglichkeit von Urteilsspielen* . 158
       8.1.6 *Erfahrung und Urteil* 159
   8.2 Handeln II 161
   8.3 Regeln II 162
   8.4 Logische, grammatische, empirische Sätze . . . 163
   8.5 Erziehung 164
   8.6 Primäre und sekundäre Sprachspiele? 168

9. Philosophie und ihre Therapie 171
   9.1 Wittgenstein und Psychoanalyse 171
   9.2 Psychoanalyse von Theorien 177
   9.3 Gesellschafts- und kulturtheoretische
       Ergänzungen 178

Nachwort 181

Bibliographie 192

Personenregister 210

Für Paul
K. B.

To Alison
D. S.

Vorwort

Vor einiger Zeit klagte ein Rezensent, es gebe »eine Unzahl Spezialuntersuchungen zur Philosophie Ludwig Wittgensteins«. Einführungen gebe es kaum. (Joachim Güntner, FAZ, 6. 4. 1989). Das Gegenteil ist der Fall. Wohl kaum ein philosophisches Werk verführt und verführte so sehr zu einleitenden Überlegungen und stimulierte so viele Ansätze zur zusammenfassenden Gesamtbewertung wie das Werk Wittgensteins. Beinahe jeder weiß etwas dazu zu sagen, es zu loben oder zu verdammen, und die letzte These des *Tractatus* gehört inzwischen zum Zitatenschatz, ist fast schal geworden. Wittgensteins Denken schöpft und nährt sich aus ganz unterschiedlichen Quellen (unter denen die philosophische Tradition nur eine ist). Musik und Literatur spielen eine wichtige Rolle, ebenso Physik, Mathematik, Psychologie, Psychoanalyse und Anthropologie. All diese kulturellen und wissenschaftlichen Muster gehen in Wittgensteins Denken ein, welches sie sich anverwandelt und so wieder aus sich entläßt, daß neue Perspektiven und Fragestellungen möglich werden. Daher bieten seine Texte vielen Denkweisen Ansatzpunkte, ohne daß die Philosophie zum Plagiat würde. Der Reiz des Unerhörten verbindet sich mit der Möglichkeit, von häufig einander entgegengesetzten Standpunkten aus auf das Werk zuzugehen.

Wittgensteins Philosophie, die stets sehr schnell durchscheinen läßt, daß sie mit sich selbst, mit philosophischer Bemühung generell unzufrieden ist, muß deshalb auch immer wieder Deutungen provozieren, die sich der Anstrengung philosophischer Analyse nicht erst unterziehen wollen, welche doch den selbstreflexiven und -kritischen Zügen des Gedankens voranzugehen hätte. Auch das ist ein fruchtbarer Boden für Einführungen in das Werk, die über das teuflische Detail hinweggehen können und es aus Gründen der Verständlichkeit auch häufig müssen. Prognosen sind riskant, doch scheint sicher, daß Ludwig Wittgenstein als das philosophische Leitbild des 20. Jahrhunderts, ja als Guru einer doch exakten Disziplin auf die Nachwelt kommen wird.

Es ließe sich sagen, daß man in Wittgensteins Werk überhaupt *nur* einführen könne, soll bloße Paraphrase einerseits, die verfälschende Reduktion der Gedanken auf bestimmte systematische Probleme auf der anderen Seite vermieden werden. Die Frühphilosophie des *Tractatus* erscheint als letztes (und auch – johanneisch – als erstes) Wort: Hier ist alles, und alles endgültig gesagt. Darüberhinausgehen können nur Belanglosigkeiten. Wie die Notizbücher zeigen, sind die in epigrammatischer Kürze ausgedrückten Gedanken Ergebnisse einer langen und mühsamen Auseinandersetzung mit bestimmten philosophischen, im engeren Sinne logischen Problemen: Ergebnisse, die für sich sprechen, ihre Genese absichtlich unterschlagen und keine weitere Argumentation zulassen wollen. Wittgenstein selbst betrachtete es als Frevel, die sakrosankten Bestimmungen des *Tractatus* mit Erläuterungen zu beflecken: Ebenso wie Russells Einleitung vor ihm keine Gnade fand, lehnte er es auch ab, seine Gedanken selbst durchsichtiger zu machen.

Die spätere Philosophie stellt die Interpretation seltsamerweise vor ähnliche Probleme. Merkwürdig, hat sich doch das Denken Wittgensteins anscheinend ganz und gar gewandelt. Führt der *Tractatus*, auf beschwerlichem und verzweigtem Wege zwar, aber letztlich doch ausgerichtet, einen Grundgedanken durch (vergleichbar vielleicht einer Fuge), so bevorzugen die späteren Schriften den Gang durch verwinkelte Straßen, unter ihnen auch Sackgassen, in die sie Leser oder Leserin führen, um sie dann scheinbar alleinzulassen (Das Thema begibt sich in Variationen und kommt darin um).

»Und dies hing freilich mit der Natur der Untersuchung selbst zusammen. Sie nämlich zwingt uns, ein weites Gedankengebiet, kreuz und quer, nach allen Richtungen hin zu durchreisen. – Die philosophischen Bemerkungen dieses Buches sind gleichsam eine Menge von Landschaftsskizzen, die auf diesen langen und verwickelten Fahrten entstanden sind.« (PU, Vorwort).

Stets wird enttäuscht, wer nach sicheren, auf eine philosophische Systematik beziehbaren Resultaten Ausschau hält. So soll dem Irrenden klar werden, daß nicht philosophische Doktrin verkündet, sondern eine neue Methode der Betrachtung vorgeführt wird. Und diese Methode der immanenten, schauenden und an der Verwendung der Sprache interessierten Darstellung wird an einer Unmenge von Beispielen demonstriert. Wo der *Tractatus* über zu vieles schweigt, reden die späteren Texte von zu vielem. Und die Beschäftigung mit bestimmten Problemen sowie deren Einordnung in philosophische Tradition fühlt sich angesichts des ununterbrochenen Selbstgesprächs Wittgensteins hier leicht als Störenfried, als plumper Eindringling in ein sensibles Netz von Beziehungen, das die Orientierung an den klassischen Fragen der Philosophie nicht erträgt.

Die vorliegende Einführung erhebt nicht den Anspruch, all den Fallstricken im komplizierten Gewebe der Wittgensteinschen Texte entkommen zu sein. Viele lassen sich auch gar nicht umgehen, ohne das ›Fliegenglas‹ zu zerbrechen, das letztlich auch dieses Denken darstellt, und ohne Wittgenstein dann auf solche Weise zu verfehlen. Und anderen einleitenden Darstellungen wird auch nichts derartiges vorgeworfen. Angesichts der Hermetik der Gedankenwelt vor allem des späteren Wittgenstein gibt es nur die Möglichkeit, sich in ihr zu verlieren oder sie mit anderen Welten zu konfrontieren; man kann ihr auf eigenem Gebiet nicht gerecht werden. Es ist kein Zufall, daß die interessantesten Weiterentwicklungen nicht philosophieimmanent, sondern im Bereich der Psychoanalyse, Soziologie und der Kulturwissenschaften stattfanden.

›Reine‹ Weiterführung einer Philosophie, die radikale Denkkritik sein will und nicht ohne distanzierte Fragestellung auskommt, wie sie auch aus solcher entstanden ist, muß vor die mitgeteilte Methode zurückfallen. Wittgensteins Philosophie fordert Anwendung und bedarf des Widerspruchs und der Ergänzung; es ist mit ihrer Ansicht von der Natur der Vernunft nicht nur konsistent, es folgt aus ihr, daß auch diese Philosophie selbst ihre blinden Flecken hat.

Einige der unterschiedlichen Bezüge des Denkens Wittgensteins zu anderen, philosophischen wie nicht-philosophischen Theorien kommen zur Sprache – im Vordergrund steht jedoch jenes Denken selbst. Es leitet die Interpretation, damit im Kontrast oder in der Analogie anderes (Beeinflussendes und Bewirktes) deutlich wird.

Die Darstellung der späteren Philosophie hält sich im Aufbau nicht streng an die Themenabteilungen, wie sie in der fachphilosophischen Diskussion entstanden sind. Die Absicht ist, durch eine Verdeutlichung der Wittgensteinschen Methode und die ausführliche Erörterung zweier Schwerpunkte, ›Mathematik‹ und ›Gewißheit/Weltbild‹, den Leser oder die Leserin in die Lage zu versetzen, sich in der Forschung schnell zu orientieren.

Ein Wort zum Exkurs über ›Wittgenstein und die Mathematik‹ (Kap. 7): Er enthält nichts, was in den späteren Kapiteln vorausgesetzt oder nicht auch in anderem Zusammenhang angesprochen würde. Wer ihn überspringen möchte, kann am

Ende zu ihm zurückkehren und wird das vielleicht zentrale Anliegen des Wittgensteinschen Denkens – Klarheit – auf ein Gebiet angewendet finden, von dem das landläufige Urteil wähnt, hier gehe es doch ohnehin klar und übersichtlich, wenn auch abschreckend abstrakt, zu.

Eine umfassende Rezeptionsgeschichte kann nicht Ziel sein: Sie hätte im Falle Wittgensteins unter anderem auf die Entwicklung der gesamten sogenannten ›Analytischen Philosophie‹ einzugehen. Und die Biographie tritt hinter das Werk Wittgensteins ebenso zurück, wie dieser selbst die alltäglichen Erfordernisse (die seinen und die anderer) den Aufgaben des Denkens unterordnete.

Angaben der Zitierweise und der verwendeten Siglen

Wittgensteins Schriften werden, wo das möglich ist, nach der Werkausgabe des Suhrkamp-Verlages zitiert. Angegeben sind der Titel (abgekürzt) und die Seite oder die Nummer des Abschnitts (in diesem Fall erscheint anstelle der Seitenangabe eine einfache Zahl).

Aus dem *Tractatus* wird unter Angabe der Satznummer zitiert. Tagebuchstellen tragen das Datum des Eintrags.

Zitate aus der Sekundärliteratur und aus anderen Texten sind durch den Namen des Autors (oder Herausgebers), das Erscheinungsjahr der zugrundeliegenden Ausgabe und die Seitenzahl gekennzeichnet. Genauere Angaben macht die Bibliographie am Ende des Buches.

Siglen:

PU	*Philosophische Untersuchungen*
AüL	*Aufzeichnungen über Logik*
VüE	*Vortrag über Ethik*
PB	*Philosophische Bemerkungen*
WWK	*Wittgenstein und der Wiener Kreis*
Frazer	*Bemerkungen über Frazers ›Golden Bough‹*
PG	*Philosophische Grammatik*
BB	*Das Blaue Buch*
BGM	*Bemerkungen über die Grundlagen der Mathematik*
VGM	*Vorlesungen über die Grundlagen der Mathematik*
LA	*Lectures and Conversations on Aesthetics, Psychology and Religious Belief*
BPP	*Bemerkungen über die Philosophie der Psychologie*
BüF	*Bemerkungen über die Farben*
ÜG	*Über Gewißheit*
VB	*Vermischte Bemerkungen*

»Ich bin mir heute ziemlich sicher, auch wenn ich weiß, daß alles das Unsicherste ist, daß ich nichts in der Hand habe, daß alles nur eine wenn auch immer wieder und allerdings ununterbrochene Faszination als verbliebene Existenz ist, und es ist mir heute ziemlich alles gleichgültig, insoferne habe ich tatsächlich in dem immer verlorenen Spiel auf jeden Fall meine letzte Partie gewonnen.«

(Thomas Bernhard)

1. Ein halbes Leben (1889–1930)

Selbst wenn sein Denken zuweilen für rätselhaft und dunkel gehalten wird, das Leben Ludwig Wittgensteins muß nicht als mysteriös gelten. Unbekannt bleibt manches, aber eben nicht mehr, als bei biographischer Nachforschung zu erwarten ist.

Getrost kann jedenfalls mit Blick auf die meisten Lebensjahre Wittgensteins G. H. von Wright widersprochen werden, der allerdings ein tiefsitzendes Vorurteil wiedergibt, wenn er meint: »Der die Sätze schrieb ›Das Rätsel gibt es nicht‹ und ›Was sich überhaupt sagen läßt, läßt sich klar sagen‹, war seinerseits ein Rätsel [. . .].« (v. Wright 1990, S. 44).

Mit einer breit angelegten Darstellung, *Wittgensteins frühe Jahre* (Frankfurt a. M. 1988), deren zweiter Teil noch aussteht, hat der Oxforder Philosoph Brian McGuinness das lesenswerte, wenn auch in Teilen recht ermüdende Ergebnis gewissenhafter Forschung und langjähriger Recherchen vorgelegt. Und 1990 erschien in London eine 654 Seiten starke Biographie aus der Feder von Ray Monk, *Ludwig Wittgenstein. The Duty of Genius.* Wer über die für eine Einführung notwendigen Informationen zur Person hinaus weiteres Interesse hat, kann also aus ergiebigen Quellen schöpfen.

Die ausführliche Darstellung eines Lebens tendiert notwendig zum Voluminösen (wie bei McGuinness und Monk zu sehen ist), sie muß auf der anderen Seite aber auch die Fadheit eintöniger Auflistung vermeiden (›Wittgensteins Leben von Tag zu Tag‹ steht zur Zeit noch aus). Wie zu so vielem findet sich auch hier die passende Bemerkung des Denkers: »[. . .] alles was halbwegs interessant wäre, läßt sich tatsächlich nicht schreiben und alles Tatsächliche ist nicht interessant.« (W. an Ludwig Hänsel, 23. 8. 1921. Zit. nach Wünsche 1985, S. 307).

In diesem Kapitel folgt daher nur eine Übersicht. Die Biographie soll den Blick auf die Philosophie nicht trüben und beeinflussen, was gerade bei Wittgenstein nur allzu oft geschieht, wenn Biographen einzelnen Ereignissen oder Lebensumständen die Bedeutung von Sachargumenten beimessen.

Am 26. April 1889 kommt Wittgenstein in Wien als jüngstes Kind von Karl und Leopoldine Wittgenstein (geborene Kalmus) zur Welt. Er wird wie seine sieben Geschwister – drei

Mädchen und vier Jungen – römisch-katholisch getauft. Die Familie indes ist, von seiten des Vaters wie der Mutter, ursprünglich jüdischer Abkunft. Der Ursprung des Familiennamens gab zu Spekulationen Anlaß. Eine Verbindung zur gleichnamigen Adelsfamilie besteht nicht, auch wenn die staunende Ehrfurcht seiner Umgebung Ludwig Wittgenstein während seiner Lehrertätigkeit in Niederösterreich schon einmal für einen Grafen hielt. Sein Urgroßvater Moses Meier Wittgenstein stand in Diensten des Adelshauses im oberhessischen Wittgensteiner Land und nahm den Namen seines Brotgebers an, als Jerome Bonaparte, Bruder Napoleons und von dessen Gnaden König von Westfalen, seinen jüdischen Untertanen befahl, Familiennamen zu führen.

Der Großvater Hermann Christian Wittgenstein ließ sich als Kaufmann zuerst in Leipzig und später in Wien nieder. Er begründete den sagenhaften Reichtum der Familie, in die Ludwig hineingeboren wurde.

Nach schulischen Schwierigkeiten und nachdem er sich – von daheim ausgerissen – zwei Jahre in den Vereinigten Staaten durchgeschlagen hatte, stieg Wittgensteins Vater Karl (1847–1913) zum Magnaten der österreichischen Stahlindustrie auf. Sein Einfluß war immens, seine Mittel unerschöpflich: Bereits mit 52 Jahren konnte er sich von seinen Geschäften zurückziehen.

Die wohlhabende Familie Wittgenstein unterstützte die schönen Künste. Die Mutter war eine begabte Pianistin – Wittgensteins Bruder Paul wurde Pianist, verlor im Weltkrieg den rechten Arm und beauftragte Komponisten wie Richard Strauß, Ravel und Prokofjew, für ihn Kompositionen für die linke Hand zu schreiben. Berühmte Musiker verkehrten im ›Palais Wittgenstein‹ in der Wiener Alleegasse: Brahms, Mahler, Bruno Walter und andere gehörten zum Kreis der Freunde und Geförderten. Als Gustav Klimt und einige andere Künstler die Wiener Akademie verließen und eine eigene Gruppe, die ›Sezession‹ gründeten, finanzierte Karl Wittgenstein den Bau des Gebäudes, das die Abtrünnigen beherbergen sollte. Da Geld zur Verfügung stand, war Mäzenatentum beinahe selbstverständlich: Ludwig Wittgenstein selbst spendete nach dem Tod seines Vaters eine bedeutende Summe für bedürftige Künstler.

Ludwigs ältester Bruder Hans, der musikalisch ebenfalls äußerst begabt war und den eine ihm zugedachte kaufmännisch-technische Karriere abstieß, kam 1902 ums Leben: Man sprach von Selbstmord. Rudolf, der drittälteste Sohn, vergiftete sich zwei Jahre später in Berlin. Naturgemäß können die Gründe einer solchen Tat nicht völlig aufgedeckt werden – jedenfalls haben zumindest im Falle Rudolfs dessen Homosexualität und damit verbundene psychische Probleme eine Rolle gespielt.

Es steht anscheinend außer Frage, daß auch Ludwig homosexuell war. Inwieweit seine sexuelle Neigung jedoch im Zusammenhang mit Wittgensteins häufigen Depressionen, Selbstvorwürfen und Selbstmordgedanken stand, muß letztlich wohl offen bleiben. William W. Bartley III hat in einer 1973 erschienenen Biographie mit derartigen Behauptungen und angeblichen Nachweisen Furore gemacht, von anderen wurde ihm heftig widersprochen (vgl. das ›Nachwort 1982‹ in der deutschen Ausgabe des Buches von 1983).

Ein weiterer Bruder des Philosophen, Kurt, Offizier im ersten Weltkrieg, erschoß sich im Oktober 1918, während sich die geschlagenen österreichischen Truppen auflösten und teilweise gegen ihre Vorgesetzten auflehnten.

Anders als seine Brüder zeigte Ludwig Wittgenstein zur Freude des Vaters technische Interessen. Seine Begabung auf diesem Gebiet reduziert sich in den Augen der Nachwelt auf die Anekdote von der berühmten Nähmaschine aus Streichhölzern, welche er im Kindesalter baute und die, wie es im Anschluß an die Erinnerungen der Schwester Hermine überall heißt, *sogar einige Stiche nähte.* (Vgl. Hermines Bericht in Rhees 1987).

Unterrichtet wurde Ludwig zunächst von Privatlehrern im elterlichen Hause. Latein kam dabei zu kurz, das Gymnasium daher nicht in Frage, und so besuchte er vom Herbst 1903 an die k. k. Staatsoberrealschule in Linz. Diese Lehranstalt genießt die extrem zweifelhafte Ehre, Adolf Hitler zu ihren Ehemaligen zu zählen. Ebenso alt wie Wittgenstein, war Hitler allerdings zwei Klassen zurückgeblieben. Wie McGuinness (1988, S. 95) bemerkt, war die Schule eine »Hochburg des deutschen Nationalismus«, von dessen Einfluß sich Wittgenstein offensichtlich erfolgreich freigehalten hat.

Mit Blick auf Wittgensteins spätere Tätigkeit als Lehrer heißt es bei Wünsche (1985, S. 34): »Wittgenstein war nie wirklich Schüler. Was hatte er dann für Vorstellungen von dem, was ein Lehrer sei?« – Schule und Mitschüler waren ihm fremd (Vgl. Hermines Erinnerungen in Rhees 1987). Ludwig siezte seine Klassenkameraden und verhielt sich – soweit man der Überlieferung trauen darf – abweisend bis arrogant-verunsichert. Ein Spottvers auf den fremdelnden Sprößling aus dem Wiener Industrieadel ist auf uns gekommen: »Wittgenstein wandelt wehmütig widriger Winde wegen wienwärts« (Zit. nach Wünsche 1985, S. 35), und die Tatsache hinter der poetischen Einkleidung ist, daß es ›Lucki‹ vom Vater recht gern gegönnt war, die Schule zu schwänzen, »um sich vorläufig einmal erst ordentlich auszufaulenzen.« (Karl Wittgenstein an seine Frau, 17. 2. 1905. Zit. nach Wünsche 1985, S. 33). Der Philosophie wird es nicht geschadet haben.

Die ›Matura‹ wird Ludwig Wittgenstein 1906 bescheinigt. Im selben Jahr verläßt er Österreich und beginnt ein Ingenieurstudium (Maschinenbau) an der Technischen Hochschule in Berlin-Charlottenburg.

Was bedeuten Wien, Österreich, Kultur und Unkultur der k. u. k. Gesellschaft für Wittgenstein, für das Verständnis seines Denkens?

1973 erschien in den Vereinigten Staaten Allan Janiks und Stephen Toulmins kulturgeschichtliche Darstellung *Wittgenstein's Vienna* (dt. Ausgabe 1984) – ein Buch mit hohem, geradezu revolutionärem Anspruch.

Um Wittgenstein und vor allem den *Tractatus* zu verstehen, um seine Philosophie von den, wie die Autoren meinen, unseligen Verengungen und Abstraktionen zu befreien, die die Beschäftigung mit diesem Denken vor allem im englischen Sprachraum noch immer leiteten, wenden sie sich der Herkunft des Denkers zu. »Wenn die Geschichte, die wir hier erzählen werden, irgendeine Art von Gültigkeit hat, dann wird eine ihrer Implikationen sein, daß die Vorurteile, mit denen seine englischen Hörer ihm gegenübertraten, sie fast gänzlich vom Wesentlichen seiner Aussagen ausschlossen.« (Janik/Toulmin 1984, S. 25).

Janik/Toulmin formulieren ihre ›Schlüsselfrage‹: »welche philosophischen Probleme hatte Wittgenstein selbst schon im Sinn, bevor er zum ersten Mal mit Frege und Russell in Berührung kam?« (Janik/Toulmin 1984, S. 33) – Von Philosophie ist indes in ihrer »umfassenden interdisziplinären Studie« (Janik/Toulmin 1984, S. 35) nicht viel die Rede: Das Wien der späten Jahre des Habsburger Reichs – Kakanien, wie es bei Musil genannt wird – steht im Vordergrund. Soziale und politische Entwicklungen, Kultur- und Wissenschaftsgeschichte im zeitgenössischen Österreich sowie Wittgensteins eigene Ansichten zu philosophischen und geistesgeschichtlichen Fragen sollen zu Wort kommen – exemplifiziert an einer ganzen Reihe von herausragenden Vertretern der kulturellen Strömung, welcher der

Tractatus angeblich zugehört: Karl Kraus, Arnold Schönberg, Hugo von Hofmannsthal, der Architekt Adolf Loos, der ›Sprachkritiker‹ Fritz Mauthner, Ernst Mach u. a. werden einem Publikum vorgestellt, dessen Ahnungslosigkeit vorausgesetzt wird, weil es in einer anderen, nämlich der angelsächsischen Tradition (einem anderen ›Diskurs‹ gar?) steht.

Unter dem greisen Kaiser Franz Joseph erscheint das Österreich jener Tage wie erstarrt unter einem Wust von Konventionen und Schöngeisterei: »Unechtheit und Scheinhaftigkeit waren in der habsburgischen Gesellschaft schließlich eher Regel als Ausnahme geworden.« (Janik/Toulmin 1984, S. 77). Das Grundmuster von ›Schein und Sein‹ läßt sich – einmal konturiert – auf die unterschiedlichsten Bereiche anwenden: Gustav Klimt und andere entziehen sich dem akademischen Kunstbetrieb, Schönbergs Kompositionslehre übertönt Bisheriges, die Dichtung wird umorientiert durch Hofmannsthal und durch den Expressionismus, Adolf Loos revolutioniert die Architektur, Mach die Naturwissenschaft; andere entdecken Altbekanntes neu wie der Physiker Hertz, der in seiner Revision mechanischer Theorien auf Kant zurückgreift (vgl. Janik/Toulmin 1984, S. 242 ff.). – Nebenbei: Solche Liste bleibt schmerzlich ungenau.

Wittgensteins Welt war jedoch nicht nur Wien. Seine Geistesverwandtschaft wirkt vielmehr reichlich kosmopolitisch. Unter anderen Gestalten müssen Goethe und Schopenhauer genannt werden, mehr oder weniger durch diesen vermittelt Kant, Kierkegaard und vor allem auch Tolstoi, dessen Schriften Wittgenstein insbesondere während der Kriegsjahre faszinierten und vielleicht seinen Entschluß beeinflußten, die Philosophie aufzugeben.

Die Wirkung Wittgensteinschen Denkens auf die angelsächsische Philosophie, welcher Janik und Toulmin so viele Mißverständnisse ankreiden, beginnt mit dem Erstaunen Russells über seinen jungen Studenten, der kam, hörte und Neues zu sagen hatte. Zumal in Russells Augen erschien Wittgenstein als Bote einer neuen Generation, nach dessen Ankunft man wohl resignieren müsse, das Geschäft aber auch getrost den Kommenden überlassen könne. Und schließlich ging Wittgenstein – war er überhaupt Erzösterreicher? – der Philosophie wegen nach Cambridge. Die englische und amerikanische Rezeption hat bis heute so vieles zum Verständnis des Denkens Wittgensteins beigetragen, daß der Pauschalvorwurf seinerseits zum Vorurteil wird.

5

Doch sicherlich kann Kulturgeschichte einen biographischen Hintergrund aufdecken, vor dem sich dann Philosophisches als eigenständige Leistung, nicht nur als Extrakt unterschiedlicher Einflüsse zeigt.

»Ich glaube, ich habe nie eine Gedankenbewegung *erfunden*, sondern sie wurde mir immer von jemand anderem aufgegeben. Ich habe sie nur sogleich leidenschaftlich zu meinem Klärungswerk aufgegriffen.« (VB, S. 476).

Im Sommer 1908 geht Wittgenstein von Berlin nach England, um sein Ingenieurstudium fortzusetzen. In Derbyshire beschäftigen ihn u. a. Drachenflugexperimente, und mit Aereonautik befaßt er sich auch weiterhin – 1911 wird er Russell besorgt fragen, ob er vielleicht die Philosophie lassen und Pilot werden solle. Im Herbst des Jahres schreibt er sich als ›research student‹ in Manchester ein. Seine Forschungen führen Wittgenstein zum Interesse an der Mathematik und ihren Grundlagen. 1911 besucht er Gottlob Frege, der als ›logisch-philosophischer‹ Einzelgänger in Jena lehrt. Dieser empfiehlt ihm, bei Bertrand Russell in Cambridge Logik zu studieren. Wittgenstein folgt dem Rat, siedelt in die berühmte Universitätsstadt über und wird im Februar 1912 offiziell Student am Trinity College. In den kommenden Jahren lernt er viele der lokalen Zelebritäten kennen, u. a. G. E. Moore und den Ökonomen John Maynard Keynes. Er nimmt, wenn auch zögernd und mit Unterbrechungen, am gesellschaftlich-akademischen Leben teil und widmet sich intensiv logischen Untersuchungen – einer Disziplin, welche durch Russells Schriften zu großer Bedeutung gelangt war.

Verehrung, energische Nachfrage und respektlose Kritik kennzeichnen Wittgensteins Verhältnis zu Russell. Dieser ist fasziniert von Wittgenstein und zugleich befremdet von dessen Ernst und Arbeitseifer. In Briefen berichtet er immer wieder über ›seinen Deutschen‹ oder ›seinen Österreicher‹.

Ende November 1911 stellt Wittgenstein Russell die schon erwähnte, berühmte ›Pilotenfrage‹: »Würden Sie mir bitte sagen, ob ich ein Vollidiot bin oder nicht?« – Auf Russells Erkundigung nach dem Sinn dieser Frage antwortet Wittgenstein: »›Deshalb, weil ich Pilot werde, falls ich ein Vollidiot bin; bin ich jedoch keiner, dann werde ich Philosoph‹.« (Aus Russells Autobiographie. Zit. nach McGuinness 1988, S. 158 Anm.)

Hermine Wittgenstein erinnert sich stolz eines Besuches in Cambridge, währenddessen Russell von den Erwartungen sprach, die man in ihren Bruder setzte: »We expect the next big step in philosophy to be taken by your brother.« (Hermines Erinnerungen in Rhees 1987).

Freundschaft schließt Wittgenstein mit dem Studenten David Pinsent. Zusammen verbringen sie – Wittgenstein verfügt über die Mittel zu solchen Unternehmungen – 1912 Ferien in Island, ein Jahr später in Norwegen. Abgesehen von kürzeren Unterbrechungen lebt Wittgenstein vom Herbst 1913 bis zum Sommer 1914 allein in Norwegen und arbeitet an den logischen und philosophischen Problemen, die sich ihm in Cambridge gestellt hatten, in der dortigen traditionell-akademischen Atmosphäre aber offensichtlich nicht zu lösen waren. Am Sognefjord läßt sich Wittgenstein ein Haus bauen, das er in den späteren Jahren während seiner Norwegenaufenthalte bewohnen wird. Als er, um Russell zu treffen, im Oktober 1913 nach Cambridge reist, entstehen in einer Art Interviewtechnik die Grundlagen der Schrift, die als *Aufzeichnungen über Logik* bekannt sind. Russell berichtet über den Besuch:

»Dann kam Wittgenstein, mein Österreicher, wie ein Wirbelwind hereingestürmt. Er war gerade aus Norwegen zurückgekehrt und entschlossen, sofort wieder dahin zurückzufahren, um da in völliger Abgeschiedenheit zu leben, bis er *alle* Probleme gelöst hat. Ich sagte zu ihm, dort werde es dunkel sein, und er erwiderte, er hasse das Licht des Tages. Ich sagte, es werde einsam sein, und er antwortete, durch Gespräche mit intelligenten Leuten habe er seinen Geist schon genügend prostituiert. Ich sagte, er sei verrückt, und er erwiderte, Gott bewahre ihn vor Verstandesgesundheit. (Den Gefallen wird Gott ihm wohl tun.) Nun hat Wittgenstein im August und September auf logischem Gebiet Dinge geleistet, die zwar noch nicht ganz ausgegoren sind, aber meiner Meinung nach mit zum Besten gehören, was in diesem Fach bisher getan worden ist.« (Russell an L. M. Donnelly, 19. 10. 1913. Zit. nach McGuinness 1988, S. 292).

Russell versucht also – im Gegensatz zu anderen und zuweilen auch zu Wittgensteins Selbsteinschätzung – merkwürdige Charakterzüge ›seines Österreichers‹ von dessen philosophischer Leistung klar zu trennen. Typisch für ihn ist der Versuch, die ohnehin schon diffizilen Fragen einer logischen Methodik nicht zusätzlich mit obskuren ›Lebensproblemen‹ zu befrachten.

In das Frühjahr des Jahres 1914 fällt ein zweiwöchiger Besuch Moores in Wittgensteins norwegischer Abgeschiedenheit. Das Ergebnis dieses Arbeitstreffens sind die *Aufzeichnungen, die G. E. Moore in Norwegen nach Diktat niedergeschrieben hat.*

Im Juli dieses Jahres begibt sich Wittgenstein zu seiner Familie nach Österreich. Im Januar 1913 war sein Vater gestorben, und Wittgenstein entschließt sich, 100 000 Kronen seines Erbteils zur Unterstützung von Künstlern aufzuwenden. Er richtet sich an Ludwig von Ficker, den Herausgeber der Kulturzeitschrift *Der Brenner*, und bittet ihn, ihm bei der Auswahl der Empfänger behilflich zu sein. Einer von ihnen ist Georg Trakl, den das sicherlich dringend benötigte Geld aber nicht mehr rechtzeitig vor seinem Zusammenbruch an der Ostfront des ersten Weltkriegs erreicht. Wittgenstein versuchte im November des Jahres, den Dichter kennenzulernen. Er wollte ihn im Krakauer Garnisonshospital besuchen, erfuhr aber bei seiner Ankunft, daß Trakl Selbstmord begangen hatte.

Bedacht werden außer Trakl u. a. Rainer Maria Rilke, Else Lasker-Schüler und Oskar Kokoschka. – Eine Liste der Empfänger findet man bei McGuinness (1988, S. 324–325).

Im August beginnt der erste Weltkrieg.

»Mir hat er das Leben gerettet; ich weiß nicht, was ohne ihn aus mir geworden wäre.« (Wittgenstein im Gespräch. Zit. nach McGuinness 1988, S. 321).

Daß Wittgenstein, der wegen eines Bruchleidens vom Militärdienst befreit war, sich sofort nach der Mobilmachung freiwillig meldete, darf sicherlich nicht auf eine dumpfe Kriegsbegeisterung zurückgeführt werden, wie sie damals in so vielen Ländern Europas zum Vorschein kam. Seine Lebenssituation hatte sich in den Jahren der Beschäftigung mit philosophischen Problemen, inmitten der schrillen akademischen Hautevolee und in der Einsamkeit Norwegens, offensichtlich so verwandelt, seine Isolierung und sein selbstquälerischer Ernst waren so übermächtig geworden, daß nur eine radikale Änderung der ›Lebensform‹ hoffen ließ.

Wittgenstein erwies sich im Krieg, den er im wesentlichen an der Ostfront erlebte, als tapfer; er empfing mehrere Auszeichnungen und wurde schließlich noch Anfang November 1918 zum Oberleutnant befördert. Er wird nicht um des Kämpfens willen oder aus unreflektiertem Patriotismus für das untergehende Österreich an grauenvollen Schlächtereien teilgenommen haben, aber es scheint auf der anderen Seite auch verfehlt, sein Verhalten zum Ausdruck »selbstmörderischer Todesverachtung« (Wuchterl/Hübner 1979, S. 58) oder gar eines entschiedenen Todeswunsches zu stilisieren.

Eingesetzt wird Wittgenstein zunächst auf einem Wachschiff, das die Weichsel patrouilliert; von Dezember 1914 an findet man ihn bei einer Artilleriewerkstätte in Krakau. Mit seiner Versetzung zu einem Werkstättenzug in Galizien ändert sich die Situation, und Anfang 1916 schließlich steht er als Artillerieobachter an der vordersten Front und inmitten der Kampfhandlungen. Im September des Jahres beginnt Wittgensteins Ausbildung an der Offiziersschule in Olmütz. Er lernt hier den Architekten Paul Engelmann kennen, einen Schüler von Adolf Loos, mit dem er die nächsten Jahre über in ständiger Verbindung bleiben wird. In den späten zwanziger Jahren entwerfen Wittgenstein und Engelmann gemeinsam für Wittgensteins Schwester Margarete Stonborough-Wittgenstein ein Haus in Wien.

Als Fähnrich kehrt er im Januar 1917 zu seinem Regiment zurück. Er wird im Februar zum Leutnant befördert. Die folgenden Monate bringen beinahe ständigen Einsatz im Schützengraben während heftiger Angriffs- und Abwehrschlachten. Der Frieden von Brest-Litowsk (März 1918) beendet nach der russischen Revolution den Krieg im Osten. Wittgenstein wird nun an die Südfront im nordöstlichen Italien versetzt, wo er ebenfalls blutige Stellungskriege und eine verlustreiche österreichische Offensive miterlebt. Hier erreicht ihn die Nachricht, daß sein Freund David Pinsent, der auf britischer Seite am Krieg teilnahm, bei einem Flugzeugabsturz ums Leben gekommen ist.

Zu Beginn eines Sommerurlaubs 1918 scheint Wittgenstein Selbstmordabsichten gehegt zu haben. Offensichtlich konnte ihn sein Onkel Paul von diesem Vorhaben abbringen, der Gedanke an Selbstmord jedoch begleitete ihn ein Leben lang.

Wittgenstein verbringt den Urlaub bei seinem Onkel in Salzburg und bei seiner Familie auf deren Landsitz, der ›Hochreith‹ bei Wien. Wie die Tagebücher der Jahre 1914 bis 1917 belegen, fällt die Arbeit an den Gedanken, die Wittgenstein schließlich zum *Tractatus* zusammenfügt, in die Zeit des Krieges. Und diese Abhandlung wird während jener Wochen im Sommer 1918 endgültig niedergeschrieben.

Ende September kehrt Wittgenstein an die Front zurück, wo der Krieg jedoch mit dem Sieg der Italiener Ende Oktober vorüber ist. Zu dieser Zeit benachrichtigt man ihn vom Selbstmord seines Bruders Kurt. Nach dem Waffenstillstand im November gerät Wittgenstein in Gefangenschaft. Von Anfang 1919 an ist er in Monte Cassino untergebracht. Die Familie unternimmt Schritte, seine Entlassung zu beschleunigen – u. a. wendet man sich an die vatikanische Diplomatie, die auch Bemühungen unternimmt. Keynes setzt sich von England aus ebenfalls für ihn ein. Wittgenstein allerdings lehnt alle diese Versuche, deren Erfolg er als Bevorzugung ansehen müßte, kategorisch ab.

Erst Anfang August 1919 ist er wieder in Wien. Die nächste Zeit scheint sehr schwierig und bedrückend gewesen zu sein – eine Folge vielleicht der Rückkehr in eine durch die schrecklichen Erfahrungen als fadenscheinig erkannte Alltagswirklichkeit; ähnliches machen Kriegsheimkehrer offenbar gemeinhin durch. Wittgenstein allerdings reagiert besonders radikal. Der Miterbe eines riesigen Vermögens, das auch über den Krieg gerettet werden konnte, verschenkt alles, was er besitzt – an seine Geschwister. Die Familie ist bestürzt, der Notar spricht von ›finanziellem Selbstmord‹ – was, gewissermaßen als Ersatzhandlung betrachtet, eine makabre Wahrheit hat. Schließlich läßt man Wittgenstein seinen Willen und übernimmt das Vermögen. In finanzielle Not aber gerät Wittgenstein deshalb im späteren Leben wohl kaum jemals: Ihm stand immer Geld zur Verfügung (z.B. für weite Reisen), und er wendete sich stets ohne weiteres u.a. auch an seine Geschwister, wenn er etwas benötigte.

Es nimmt nicht wunder, wenn die (scheinbare) Entschiedenheit solchen Verhaltens den Wittgenstein-Mythos kolorierte: »Jetzt mußte er durch sein Leben zeigen, was er in seiner Schrift so indirekt mitzuteilen versucht hatte.« (McGuinness 1988, S. 428).

Wittgenstein lebt nun allein und niedergeschlagen in Wien. Er entschließt sich, von philosophischen Unternehmungen zu lassen – er hatte sie im *Tractatus* allerdings auch für definitiv beendet erklärt – und Lehrer zu werden. Im September 1919 tritt er in die Lehrerbildungsanstalt in Wien (Kundmanngasse 20) ein. Der Unterricht dort ist wenig befriedigend, und was der erste Schritt zu einem ›neuen Leben‹ hätte werden können, wird schon von Beginn an wiederum düster geschildert: »Ich sitze also wieder in der Schule; und das klingt komischer als es ist.« (W. an Paul Engelmann, 25. 9. 1919. Briefe, S. 93).

Wittgenstein fühlt sich den viel jüngeren Kommilitonen oder Mitschülern überlegen – sie hatten wohl in der Mehrzahl ihr philosophisches Buch noch zu schreiben und auch nicht in Cambridge studiert –, zugleich aber auch machen sie ihn unsicher. »Es fällt mir nämlich ungemein schwer; ich kann mich nicht mehr so benehmen wie ein Mittelschüler, und – so komisch es klingt – die Demütigung für mich ist eine *so* große, daß ich sie oft kaum ertragen zu können glaube!« (ebd.). Dazu kommt die Enttäuschung darüber, daß seine *Logisch-philoso-phische Abhandlung* kein Interesse bei Verlegern findet. Veröffentlicht wurde das Werk nach vielen Bemühungen schließlich erst 1921 in Deutschland und 1922 in England (s. u. zur Veröffentlichungsgeschichte des *Tractatus*).

Um die Publikation zu fördern, trifft er sich Mitte Dezember 1919 in Den Haag mit Russell, dem an seinem ehemaligen Schüler Veränderungen auffallen:

»Aus seinem Buch hatte ich schon einen Anflug von Mystik herausgespürt, war aber doch erstaunt, als ich herausfand, daß er ganz zum Mystiker geworden ist. Er liest solche Leute wie Kierkegaard und Angelus Silesius und denkt ernsthaft darüber nach, Mönch zu werden.« (Russell an Lady Ottoline, 20. 12. 1919. Zit. nach McGuinness 1988, S. 432).

Recht wenig weiß man von Wittgensteins Jahren als Lehrer in Niederösterreich (Herbst 1920 bis April 1926). Einige Biographen haben versucht, Nachforschungen anzustellen, man befragte Bekannte aus dieser Zeit und spürte ehemalige Schüler und Kollegen auf. Der Berliner Erziehungswissenschaftler Konrad Wünsche hat diesen ›verlorenen Jahren‹ (Wuchterl/Hübner 1979, S. 84) eine materialreiche Untersuchung gewidmet. Dort gibt er (Wünsche 1985, S. 11 ff.) auch Informationen über andere, die sich den detektivischen Mühen unterzogen haben, mehr über diese Zeit in Erfahrung zu bringen. Die Fülle von ›authentischen‹ Zeugnissen und Belegen, die Wünsche vorstellt, beeindruckt trotz eines recht schrulligen, bisweilen zwanghaft individuell wirkenden Stils der Überlegungen. Interessant jedenfalls ist die Studie allein schon deshalb, weil sie einige neue Einzelheiten über Lebensumstände und Charakter Wittgensteins zutage fördert. Daher hat der biographisch interessierte Leser an ihr eine wahre Fundgrube. Nebenbei wird das Leben der Bewohner österreichischer Provinz in den wirtschaftlich schwierigen 20er Jahren plastisch deutlich. Land und Leute wirken insgesamt bedrückend und gedrückt. Zuweilen fühlt man sich an die Romane Thomas Bernhards erinnert, dessen Inspiration der Genius Loci aber wohl günstiger gestimmt war als dem Philosophen aus reichem Hause.

Dem Volksschullehrer Ludwig Wittgenstein wird im Spätsommer 1920 zunächst eine Stelle im Wallfahrtsort Maria Schutz – nicht weit von Wien und viel besucht – angewiesen. Dieser Ort aber ist ihm nicht recht, noch zu städtisch. Er hätte Entlegeneres vorgezogen, um seine Abkehr vom profanen Wohlleben zu fördern, welcher auch schon der Verzicht auf sein Erbteil gegolten hatte: »Ich habe hier einen Springbrunnen und einen Park gesehen, das ist nichts für mich, ich wünsche ganz ländliche Verhältnisse.« (Zit. nach Wünsche 1985, S. 167). Auf Anraten des örtlichen Oberlehrers begibt er sich sodann nach Trattenbach, wo er im September 1920 seine erste Stelle antritt – als ›provisorischer‹, d. h. der Überprüfung und Aufsicht der Schulbehörde ausgesetzter Lehrer. In Trattenbach bleibt er bis zum Sommer 1922, wechselt dann für nur kurze Zeit nach Haßbach und läßt sich schließlich in Puchberg am Schneeberg nieder. Dort legt er im November 1922 die ›Lehrbefähigungsprüfung für allgemeine Volksschulen‹ ab, ist nun also ein selbständiger Lehrer. Der häufige Stellenwechsel zeigt Unstetigkeit – seine Schul- und Studienjahre hatten ihn ja auch schon an den verschiedensten Orten gesehen – und sicher wird auch deutlich, daß das neue Leben auf dem Lande nicht ganz seinen Erwartungen entspricht. Im Herbst 1924 beginnt dann Wittgensteins Tätigkeit am letzten seiner Dienstorte, in Otterthal, in direkter Nachbarschaft zu Trattenbach gelegen.

Wittgenstein tritt während dieser Jahre als Einzelgänger auf. Nur wenig Kontakt hat er zur dörflichen Bevölkerung. Abgesehen von einer gewissen Vertrautheit mit wenigen, z. B. dem Trattenbacher Dorfpfarrer Neururer, bleibt er isoliert. »Wittgenstein hatte ausgeprägte Eigenheiten, die uns unverständlich blieben«, berichtet einer seiner damaligen Kollegen, »Wittgenstein wurde von uns jedoch wenig beachtet.« (Zit. nach Wünsche 1985, S. 186).

Ganz übrigens reißt seine Verbindung zur großen Welt nicht ab. Die Schulferien sehen ihn nicht in der ländlichen Einsamkeit, er verbringt sie zumeist auf dem Landsitz der Familie; im Sommer 1921 reist er mit dem langjährigen Freund Arvid Sjögren nach Norwegen, und 1925 besucht er England, auch Cambridge wieder. Zudem empfängt er häufig Gäste in seinen unterschiedlichen Eremitagen: Den Wiener Gymnasiallehrer Ludwig Hänsel kennt er aus der Zeit der Kriegsgefangenschaft. Hänsel macht sich häufig auf, Wittgenstein zu sehen. Er kümmert sich auch sehr rührig um praktische Dinge, macht Besorgungen in Wien u. a. Die Verbindung zur Schwester Hermine kann, wenn auch zuweilen auf Umwegen, ebenfalls gewahrt bleiben.

Die Philosophie läßt nicht völlig von ihm ab: 1922 trifft Wittgenstein sich mit Russell in Innsbruck. Frank Ramsey, Mitübersetzer des *Tractatus*, macht von September 1923 an einige Besuche beim ehemaligen Sonderling der Cambridger Avant-garde, der jetzt als Hinterwäldler in einem verlassenen Winkel des Kontinents lebt. Im Dezember 1924 beginnt Moritz Schlick, Philosoph aus Wien und Haupt der später sogenannten ›Wiener Schule‹, mit Wittgenstein Briefe zu wechseln. Man hat vom *Tractatus* gehört, philosophische Seminare darüber veranstaltet und interessiert sich nun für den Urheber der eindrucksvollen Abhandlung.

Wittgensteins Unterricht war offensichtlich das, was die pädagogische Methodik ›frontal‹ nennt, seine Schüler blieben meist passiv; selbst wo sie zu eigener Erfahrung angeleitet wurden, war es der Herr Lehrer, der zu verstehen gab, was eigentlich sie da erfahren durften. Und Wittgenstein ging – wie Wünsche darlegt – auch nicht, jedenfalls nicht immer und bei allen Kindern, von deren Bedürfnissen, von ihnen Vertrautem aus, betonte im Gegenteil häufig die ›wissenschaftliche‹ Seite des Unterrichtsstoffs.

Man gewinnt den Eindruck, daß Wittgenstein seinen Schülern beinahe so etwas wie eine ›Universalbildung‹ angedeihen lassen wollte. Mathematik wurde sehr betont, hier auch Algebra, was vor allem bei den Eltern auf Unwillen, bei den Kindern auf Unverständnis stieß. Grammatik und Rechtschreibung waren wichtig, die Literatur wurde nicht vernachlässigt – seinen Freund und Adlatus Ludwig Hänsel schickte er in Wien herum, um Klassensätze von Märchen, Sagen, Fabeln und Legenden zu beschaffen. Während der Lehrerausbildung hatte Wittgenstein das Klarinettenspiel erlernt, und sein Talent, ›ganze Symphonien‹ zu pfeifen, ist ja ohnehin berühmt-berüchtigt: So kam auch die Musik nicht zu kurz. Wittgenstein hatte stets Lieblingsschüler, weniger -schülerinnen, denen er zusätzlichen Unterricht erteilte, in welchem man sich gar mit Latein befaßte. Überdies führte er Exkursionen durch (eine beeindruckende Liste bei Wünsche, S. 90–91) – des öfteren nach Wien, wo er die Schüler im Hause seiner Schwester Hermine unterbrachte, die ein Kinderheim leitete. Und schließlich weiß man von allerlei praktischen, handwerklich-technischen Experimenten und Vorführungen (die Sage geht von Dampfmaschinen, Töpferscheiben und präparierten Tierskeletten).

1926 veröffentlicht der Wiener Verlag Hölder/Pichler/Tempsky Wittgensteins zweites Buch, das *Wörterbuch für Volksschulen*, welches die Rechtschreibung seiner jungen Leser fördern sollte, das aber wohl niemals tatsächlich erreichte, weil es schlicht nicht benutzt wurde und auch nur eine Auflage erfuhr. Mehr aus Interesse am Philosophen als an Sprachdidaktik wurde das *Wörterbuch* 1977 noch einmal veröffentlicht (*Wörterbuch für Volksschulen* 1977. Vgl. zum *Wörterbuch:* Wünsche 1985, S. 92–110). Vorstufen des Buches wurden zum Teil im Unterricht erarbeitet, indem Wittgenstein lange Reihen von Wörtern diktierte und die so entstandenen Listen dann von den Kindern selbst alphabetisch ordnen und zu einem Heft binden ließ (künstlerisches Werken!). Die endgültige Fassung wurde von Wittgenstein erstellt und zum Teil kurz vor der Drucklegung noch verändert, da er auch diesmal Schwierigkeiten mit dem Verlag bekam. Das anscheinend auch deshalb, weil ein Wörterbuch für Schulkinder nichts Neues mehr war und Wittgensteins Didaktik bei der Auswahl und der im wesentlichen alphabetischen Anordnung der Wörter zu wünschen übrigließ.

Wittgensteins ›Geleitwort‹, das 1926 nicht abgedruckt worden war, gibt Aufschluß über einige Methoden und Zwecksetzungen des *Wörterbuches für Volkschulen* (vgl. dazu Wünsche 1985, S. 105 ff.).

Wünsches Darstellung der Lehrmethoden und -didaktik Wittgensteins erweckt den Eindruck, die armen Kinder hätten es mit einem geistig unterforderten, pedantisch-wissenschaftlichen Großphilosophen als Volksschullehrer zu tun gehabt. Die Erinnerungen vieler Schüler, die das Buch aufführt, sprechen allerdings häufig dagegen. (Zu Wittgenstein aus der Sicht seiner Kollegen, Schüler u. a. vgl. Wünsche 1985, S. 115–116). Sicher war Wittgenstein vor der Klasse sehr beeindruckend, und sein Unterricht ermöglichte es zumindest begabten und von daheim geförderten Schülern und Schülerinnen, Wissen zu erlangen, das ihnen ohne ihren kauzigen Magister verwehrt geblieben wäre.

Wittgensteins Methodik und Didaktik standen der österreichischen Schulreformbewegung der 20er Jahre nicht so nah, wie man glaubte (vgl. Bartley 1970 und 1983). Vielmehr entsprach sein Unterricht dem Neo-Rousseauismus einiger pädagogischer Konzeptionen (vgl. Wünsche 1985, S. 232–237) durchaus nicht. Denn als grundsätzlich kindgemäß und das ›Gruppenleben‹, die ›Einfügung‹ in (Traditions-)Zusammenhänge fördernd, können die meisten der geschilderten Lehrformen Wittgensteins wohl nicht gelten. Er entzog sich Ideen und Visionen »pädagogischer Seherinnen« (Wünsche 1985, S. 234).

Indem Wünsche den reformpädagogischen Ansatz gegen die Unterrichtspraxis Wittgensteins auszuspielen sucht, gerät letzterer selbst ins Zwielicht. Berichtet wird vom rechtsextremen, jugendbewegten ›Bund Neuland‹, dem der Philosoph gemeinsam mit seinem Freund Hänsel nahegestanden habe (Vgl. Wünsche 1985, S. 238–245). Die Programmatik dieser zweifelhaften Schar faselt unentwegt von Volk, Gemeinschaft, Natur und Heimat – Austrokatholizismus und -faschismus reichen sich die Hand (Hitlers späterer Reichsverweser Seyß-Inquart stand der Gruppe nahe) – und zum Vorschein kommt die dummdreiste Wirklichkeit hinter Thomas Bernhards wunderbaren poetischen Ausfällen gegen diese Allianz.

Daß der Verfasser des *Tractatus* dieser Gruppe nahegestanden, deren pubertär-bündischen Parolen Aufmerksamkeit gewidmet habe, ist bloße Unterstellung. Wenn Wittgenstein in diesen Jahren meistens in Lederjacke und mit offenem Kragen auftrat, so kann das wohl kaum als Argument gegen ein philosophisches Denken bestehen, welches solchen Unsinn verbietet.

Wittgenstein war ein strenger Lehrer, der seine Schüler oft mit körperlicher Gewalt strafte (Vgl. Wünsche 1985, S. 134–146). Er war nervös und ungeduldig, der Unterrichtsstoff häufig für die Kinder schwer zu begreifen. Übermittelt sind eine Reihe von Vorfällen, deren Folge es meistens war, daß Wittgenstein sich ohne langes Zögern bei den Opfern entschuldigte, und noch im Jahre 1937 besuchte er die Dörfer auf einer Österreichreise wieder und tat Abbitte bei einigen seiner ehemaligen Schulkinder.

Im April 1926 beendete Wittgenstein seine Zeit als Volksschullehrer. Vorausgegangen war diesem plötzlichen Entschluß ein Skandal: Einer seiner Schüler war ohnmächtig zusammengebrochen, nachdem Wittgenstein ihn geohrfeigt hatte. Man vermutet, daß der Junge schon vorher krank war – wenige Jahre später starb er an Leukämie. Sein Lehrer jedenfalls brach sofort den Unterricht ab und verschwand noch am selben Tag aus dem Dorf.

Wittgenstein arbeitet nun für kurze Zeit als Gärtner in einem Kloster und beginnt im Herbst des Jahres zusammen mit Paul Engelmann die Planung eines Hauses für seine Schwester Margarete – im 3. Bezirk Wiens und in eben der Kundmanngasse gelegen, in welcher Wittgenstein einige Jahre zuvor die Schulbank der Lehrerbildungsanstalt drücken mußte.

Die Ausführung des Planes wurde von Wittgenstein penibel überwacht (Vgl. Hermines Erinnerungen in Rhees 1987). Er scheute keine Kosten, konzipierte und gab Aufträge, ohne die Möglichkeit ihrer Verwirklichung zu berücksichtigen. Ein ganzes Jahr verging vom Entwurf bis zum Einbau zweier Heizkörper; Türen und Fenster waren so vorgesehen, daß es beinahe unmöglich war, den Wünschen des Architekten zu entsprechen – ein Ingenieur der Baufirma brach während der Verhandlungen in Tränen aus. Man wollte schon mit letzten Reinigungsarbeiten beginnen, als Wittgenstein es für nötig befand, die Decke eines Saales um drei Zentimeter anheben zu lassen. Was schließlich errichtet wurde, ist nicht funktionalistisch, wohl aber von kalter Eleganz und schnörkelloser Pracht. – Etwas entstellt und dienstbar gemacht, beherbergt das Haus heute die Kulturabteilung der bulgarischen Botschaft in Wien und kann besichtigt werden.

Hermine, in deren Erinnerung der Bruder ohnehin zur Ikone gerät (vgl. Rhees 1987), sieht Götter eher als Menschen sich in der Villa heimisch fühlen. Wahrscheinlich wäre es unvernünftig und überspannt, einem Zusammenhang dieser punktgenauen Planung mit Wittgensteins Philosophie nachzugehen. Doch selbstverständlich zieht man auch diese Parallele »The house was designed with little regard to the comforts of ordinary mortals. The qualities of clarity, rigour and precision which characterize it are indeed those one looks for in a system of logic rather than in a dwelling place.« (Monk 1990, S. 237). Ein gefeierter amerikanischer Wittgenstein-Kenner soll übrigens bei Besichtigung des architektonisch extrem strengen Hauses bemerkt haben, dessen Unmenschlichkeit passe zur Philosophie Wittgensteins.

Thomas Bernhards Roman *Korrektur*, dessen Protagonist (von nah und fern an Wittgenstein erinnernd) einen Kegel als Haus konstruiert, erhellt den Charakter des Baus und seines Erbauers vielleicht am besten.

Während dieser Jahre in Wien traf er ab und an mit Moritz Schlick, Friedrich Waismann, Rudolf Carnap und anderen Mitgliedern der später als ›Wiener Kreis‹ bekannten Gruppe zusammen, die sich 1930 mit der Zeitschrift *Erkenntnis* ein eigenes Publikationsorgan beschaffte. Wittgenstein nahm ab Frühjahr 1927 häufig an Diskussionen teil, kam aber wohl nie zu einer der offiziellen Runden. Man verehrte seinen *Tractatus*, doch der programmatische Ansatz dieser positivistischen Richtung gefiel Wittgenstein nicht; er trug den Herren manchmal aus Tagores Dichtungen vor. – »»Absage an die Metaphysik‹! Als ob *das* was Neues wäre. Was die Wiener Schule leistet, muß sie *zeigen*, nicht *sagen* . . . Das Werk muß den Meister loben.« (W. an Waismann. Zit. nach WWK, S. 18, Vorwort des Hg.).

Der Kontakt zu Mitgliedern des ›Wiener Kreises‹ blieb noch eine Weile bestehen, nachdem Wittgenstein wieder in Cambridge war. Vorbereitet wurde dieser Schritt durch ein immer stärkeres Interesse an Grundlagenfragen der Mathematik – ganz ähnlich wie bei seiner ersten Hinwendung zur Philosophie in den Jahren vor 1911.

Anfang 1929 kehrt er nach Cambridge zurück, den *Tractatus* erkennt man im Juni als Dissertation an, und 1930 wird Wittgenstein Fellow am Trinity College.

2. Tractatus logico-philosophicus

Manche Thesen des Buches scheinen dunkel, doch das bedingt nicht allein, daß man im *Tractatus* auf Unerschöpfliches stößt – mit der Einsicht, daß dem berechtigten Verlangen nach gesicherten Erkenntnissen Grenzen gesetzt sind, ist dem Buch bereits eine wichtige Aussage abgewonnen.

Wittgenstein erlaubt sich, seinen Lesern und dem philosophischen Denken indessen nicht, den weiten Bereich des Sagbaren, das Terrain vernünftiger Nachfrage und Problemlösung von vorneherein zugunsten einer mystischen ›Hinterwelt‹ zu vernachlässigen. »Was sich überhaupt sagen läßt, läßt sich klar sagen« (*Tractatus*, Vorwort) – untrennbar miteinander verbunden sind genaue Analyse sinnvoller Sprache und die paradoxe Andeutung eines transzendenten »Sinnes der Welt« (6.41). Jahrelange skrupulöse Auseinandersetzung mit Fragen der Logik, mit den Arbeiten auch seiner Vorgänger auf diesem Gebiet, Frege und Russell, führt den jungen Autor des *Tractatus* schließlich zu der hochfahrenden Behauptung, »die Probleme im Wesentlichen endgültig gelöst zu haben« *(Tractatus,* Vorwort) – die Lösung der methodischen Fragen ist notwendig, gerade wenn sich *zeigen* soll, »wie wenig damit getan ist, daß diese Probleme gelöst sind.« (ebd.)

So hat der *Tractatus* völlig ohne Zweifel zwei Seiten: Reduktion und klare Darstellung einerseits, aber auch das ständige Insistieren darauf, daß die Tatsachenwelt und die ihr korrespondierenden sinnvollen Sätze bloß einen Aspekt eines Ganzen darstellen, dem allerdings nur sehr problematische Überlegungen gelten können. Es fällt leicht, zu erkennen, daß beide Elemente miteinander verbunden sind, daß in verschiedener Weise das eine ohne das andere nicht so beschreibbar bzw. anzudeuten wäre. Die Geschichte der *Tractatus*-Rezeption bis in die Gegenwart hat darauf auch häufig Rücksicht genommen. Sicherlich war die frühe Aufnahme des Werkes (durch den sogenannten ›Wiener Kreis‹ und die Logischen Positivisten um Schlick und Carnap oder auch im angelsächsischen Raum) stärker der Seite des Sagbaren, der logischen Methodik zugewandt – doch immer schon verwirrte das – wie Wittgenstein es vielleicht etwas unglücklich nennt – ›Mystische‹ an diesem Denken (Russell

z. B. erschien dieser Aspekt verdächtig, wohl auch im Vergleich mit den logischen Grundsatzüberlegungen des *Tractatus* zu vernachlässigen). Wo dann die ›kontinentale‹ oder auch die deutsche philosophische Tradition sich mit Wittgenstein, besonders mit seinem frühen Werk zu beschäftigen begann, erzürnte gerade das streng Systematische und Logische und wurde – z. B. von Herbert Marcuse – als Ausdruck einer wissenschaftlich bornierten, positivistischen Starre mißverstanden. Im Überblick über die Rezeptionsgeschichte bis in die Gegenwart aber zeigt sich doch ein ausgewogenes Verhältnis – beide Momente werden in ihrer Dialektik berücksichtigt, wobei naturgemäß Arbeiten zu Einzelproblemen nur bestimmte Theorieelemente erörtern und so manchmal den Anschein erwecken müssen, das Ganze in seiner ›Tiefe‹ und umfassenden Bedeutung nicht genügend zu beachten. »Bösen Willen« (Schulte 1989b, S. 7, Vorwort des Hg.) sollte man jedoch hinter eher ›positivistischen‹ Auslegungen des *Tractatus* nicht vermuten. Denn der absichtsvolle Mißbrauch ausgewählter Sätze findet, wenn überhaupt, doch ebenso dort statt, wo man den ›Mystiker‹ Wittgenstein hochhält und zumal die Schlußthesen des *Tractatus* zu allerlei feuilletonistischen Ergüssen herhalten müssen.

Wittgenstein jedenfalls war sich des Doppelcharakters seiner Schrift stets bewußt:

»Ich wollte einmal in das Vorwort einen Satz geben, der nun tatsächlich nicht darin steht, den ich Ihnen aber jetzt schreibe, weil er Ihnen vielleicht ein Schlüssel sein wird: Ich wollte nämlich schreiben, mein Werk bestehe aus zwei Teilen: aus dem, der hier vorliegt, und aus alledem, was ich *nicht* geschrieben habe. Und gerade dieser zweite Teil ist der Wichtige.« (W. an v. Ficker, Oktober oder November 1919. Briefe, S. 96).

Die Darstellung der Philosophie des *Tractatus* begegnet einem schwerwiegenden Einwand: Sie muß sich philosophischer und logischer Termini bedienen, deren Sinn – folgt man Wittgensteins rigorosem Begriff von Philosophie (6.53) – mehr als fraglich ist. Die Darlegung einiger theoretischer Grundelemente des Buches muß dieses Risiko eingehen. Ebenso wie der *Tractatus* scheut sie sich nicht, Begriffe zu verwenden, die am Ende möglicherweise obsolet werden.

2.1 Entstehung und Publikation des Tractatus

Im ersten Band der Werkausgabe (Frankfurt a. M. [1]1984) sind – neben den *Philosophischen Untersuchungen* – folgende für die sogenannte ›Frühphilosophie‹ wichtige Schriften enthalten (und auf den Seiten 619–621 auch Informationen zur Entstehung und Publikation der Texte):

1. Die *Logisch-Philosophische Abhandlung (Tractatus logico-philosophicus).* Erste Veröffentlichung unter dem deutschen Titel 1921 in Wilhelm Ostwalds *Annalen der Naturphilosophie* (Bd. 14, Heft 3–4). Deutsch-englische Ausgabe (Übersetzung von F. P. Ramsey und C. K. Ogden) 1922 in London. Neuauflage 1933.
2. Drei Tagebücher (Aug.–Okt. 1914; Okt. 1914–Juni 1915; April 1916–Januar 1917) – Veröffentlicht als *Tagebücher 1914–1916.*
3. Die *Aufzeichnungen über Logik (Notes on Logic* 1913). Beruhend auf Diktat Wittgensteins anläßlich eines Besuches bei Russell im Jahre 1913 und auf Manuskripten, die von Russell ins Englische übertragen wurden.
4. Die *Aufzeichnungen, die G. E. Moore in Norwegen nach Diktat niedergeschrieben hat (Notes Dictated to Moore* 1914).

In der kritischen Ausgabe des *Tractatus* (Hg. von Brian McGuinness und Joachim Schulte. Frankfurt a. M. 1989) findet man den vom Entdecker des Manuskripts G. H. von Wright sogenannten *Prototractatus* (1918). Es handelt sich um ein Notizbuch aus dem letzten Kriegsjahr, das eine handgeschriebene (vollständige) Vorform des späteren Werks enthält. Im wesentlichen stimmt dieser Text mit dem *Tractatus* überein. Das Vorwort entspricht genau dem des abgeschlossenen Buches – abgesehen davon, daß im *Prototractatus* Wittgensteins Onkel Paul und Russell mit einer Danksagung bedacht werden. Das Manuskript ist im Besitz der Bodleian Library, Oxford.

Vielleicht eher von biographischem Interesse sind die sogenannten Kriegstagebücher Wittgensteins mit Bemerkungen teils allgemeinen, meist persönlichen Charakters, die er zusammen mit den philosophischen Vorarbeiten zur Abhandlung, aber kodiert in seine Tagebücher schrieb (vgl. McGuinness 1988, S. 331 ff.).

Wittgensteins *Vortrag über Ethik (Lecture on Ethics* – 1929 oder 1930 in Cambridge gehalten) erschien erstmals 1965, auf deutsch ist er jetzt zugänglich in L. W.: *Vortrag über Ethik und andere kleine Schriften.* Hg. von Joachim Schulte. Frankfurt a. M. 1989. – Dieser interessante Text weist in Teilen über die *Tractatus*-Philosophie hinaus ebenso wie die *Philosophischen Bemerkungen* (1929/30 – Werkausgabe Bd. 2) und die Aufzeichnungen von Wittgensteins Gesprächen mit Mitgliedern des sogenannten ›Wiener Kreises‹ um Moritz Schlick Ende der zwanziger bis Anfang der dreißiger Jahre (Werkausgabe Bd. 3: *Wittgenstein und der Wiener Kreis. Gespräche, aufgezeichnet von Friedrich Waismann).*

Im Mai 1969 übergaben die Nachlaßverwalter – wie einer von ihnen, Georg Henrik von Wright, berichtet (v. Wright 1990, S. 16) – die Manuskripte und Typoskripte, die sie nach mehrjähriger Anstrengung zusammengetragen hatten, der Bibliothek des Trinity College, Cambridge. Auf die Beheimatung des Werks Wittgensteins machen jedoch aus unterschiedlichen Gründen unterschiedliche Plätze und Institutionen Anspruch, und so muß v. Wright Klage führen, es seien die »Anstrengungen, den Nachlaß zu sammeln, [. . .] nicht ganz erfolgreich« (ebd.) gewesen. Auch nach Wien und Oxford muß sich infolgedessen begeben, wer mehr zu Gesicht bekommen will.

Der Nachlaß Wittgensteins ist allerdings in einigen großen Bibliotheken auf Mikrofilm einzusehen.

Detailinformationen über den Nachlaß und über Entstehung sowie Publikation des *Tractatus* gibt v. Wright in seinen Aufsätzen *Wittgensteins Nachlaß* und *Die Entstehung des Tractatus* (In: G. H. von Wright: *Wittgenstein.* Frankfurt 1990) – (Vgl. u. a. auch Brian McGuinness 1988 und Schulte 1989 a).

Wittgenstein hat nur wenig veröffentlicht: Neben dem *Tractatus* nur eine Rezension in der *Cambridge Review* 34 im Jahre 1913, das *Wörterbuch für Volksschulen* (1926) am Ende seiner Zeit als Lehrer in der österreichischen Provinz, einen von ihm ungeliebten Aufsatz mit dem Titel *Some Remarks on Logical Form* (*Aristotelian Society Supplementary Volume* 9 (1929), S. 162–171. – Dt. in: *Vortrag über Ethik* 1989) und einen Brief an den Herausgeber der philosophischen Zeitschrift *Mind.*

Die Beschäftigung mit dem *Tractatus* hat jedenfalls *den* Vorteil, daß das Werk tatsächlich und zu Lebzeiten Wittgensteins, wenn auch nicht unter dessen vollständiger Aufsicht, veröffentlicht wurde. So blieb ihm das Schicksal einer Verstümmelung, die Verwendung als ›Steinbruch‹ für die mehr oder weniger beliebige Zusammenstellung von ›Werken‹ erspart, die dem Verständnis der späteren Philosophie den Zugang erschweren. (Zur

Veröffentlichung von Wittgensteins späteren Texten vgl. unten 3.3)

Dennoch existieren oder existierten viele Manuskripte und Typoskripte, die während der Zeit der Arbeit am *Tractatus* oder in Vorbereitung der Publikation entstanden. Diese komplizierte Textlage (von v. Wright in den genannten Aufsätzen dokumentiert) hängt nicht zuletzt mit Wittgensteins Schwierigkeiten zusammen, einen Verleger für das Buch zu finden – schließlich waren mehrere Kopien der Schrift im Umlauf auf der Suche nach einer willigen Druckerpresse.

Zunächst und noch im Sommer 1918 bietet Wittgenstein seine Abhandlung dem Wiener Verlag Jahoda & Siegel an (dem Verlag von Karl Kraus). Im Oktober wird die Veröffentlichung abgelehnt. Dann kommt – im Sommer 1919 – Russell ins Spiel. Er soll auf Bitten Wittgensteins ein Empfehlungsschreiben für den Verlag von Wilhelm Braumüller verfassen, der Otto Weiningers Werk publiziert hatte. Braumüller stimmt nur unter der Bedingung zu, daß Wittgenstein die Druckkosten übernimmt, was der Autor des *Tractatus* ablehnt, da er es, wie er sagt, für »unanständig« hält, das Buch dem Publikum, der ›Welt‹, »aufzudrängen« (W. an v. Ficker, Mitte Oktober 1919. Briefe, S. 95). Frege wird zu Vermittlungsbemühungen herangezogen, doch die philosophische Zeitschrift *Beiträge zur Philosophie des deutschen Idealismus* läßt sich auf einen Abdruck nicht ein, es sei denn, Wittgenstein ›verstümmele‹, wie er schreibt, das Werk »von Anfang bis Ende« (ebd.). Mitte Oktober 1919 schließlich wendet sich Wittgenstein an Ludwig von Ficker, mit dem er bereits im Zusammenhang mit der Künstlerspende Kontakt aufgenommen hatte. Er berichtet dem Herausgeber des *Brenner* von seinen bisherigen Mißerfolgen und bittet ihn, das Buch zu drucken. Ficker läßt sich das Manuskript schicken, lehnt die Veröffentlichung aber im November ab. Vielleicht mußte er zögern und zurückscheuen, da ihm doch vom Verfasser mitgeteilt worden war, der wichtige Teil des Buches sei der nicht geschriebene, ›zweite‹ Teil des *Tractatus* – jenen Aspekt umfassend, über den am Schluß des geschriebenen Werkes das berühmte Redeverbot und Schweigegebot verhängt wird. Im weiteren soll schließlich noch Rilkes Einfluß geltend gemacht werden, und durch Vermittlung Fickers scheint Wittgenstein eine Veröffentlichung im Insel-Verlag möglich. Dieses Projekt verläuft jedoch offensichtlich im Sande.

Als sich Wittgenstein und Russell im Dezember 1919 in Holland treffen, zeigt sich der berühmte Mentor bereit, eine Einleitung zum *Tractatus* zu verfassen, die Wittgenstein im April des folgenden Jahres erreicht.

»Besten Dank für Dein Manuscript. Ich bin mit so manchem darin nicht ganz einverstanden; sowohl dort, wo Du mich kritisierst, als auch dort, wo Du bloß meine Ansicht klarlegen willst. Das macht aber nichts. Die Zukunft wird über uns urteilen. Oder auch nicht – und wenn sie schweigen wird, so wird das auch ein Urteil sein.« (W. an Russell, 9. 4. 1920. Briefe, S. 109–110).

Schließlich aber verbietet Wittgenstein den Abdruck der Einleitung, als er seine Schrift dem Leipziger Reclam-Verlag zusendet, der sie, wie Wittgenstein schon ahnt, letztlich ebenfalls zurückweist.

»Nun wirst Du aber auf mich böse sein, wenn ich Dir etwas erzähle: Deine Einleitung wird nicht gedruckt und infolgedessen wahrscheinlich auch mein Buch nicht. [. . .] Aber darüber habe ich mich bereits beruhigt; und zwar mit folgendem Argument, das mir unantastbar erscheint: Meine Arbeit ist nämlich entweder ein Werk ersten Ranges, oder sie ist kein Werk ersten Ranges. Im zweiten – wahrscheinlicheren – Falle bin ich selbst dafür, daß sie nicht gedruckt werde. Und im ersten ist es ganz gleichgültig ob sie 20 oder 100 Jahre früher gedruckt wird. [. . .] Und nun sei nicht bös! Es war vielleicht undankbar von mir, aber ich konnte nicht anders. (W. an Russell, 6. 5. 1920. Briefe, S. 110–111).

Nachdem Wittgenstein die Veröffentlichung nicht weiter vorantreiben wollte und Russell dieses Geschäft überlassen hat, wird über das weitere Schicksal des *Tractatus* nun in England entschieden. Die Cambridge University Press zeigt sich uninteressiert, und so setzt man sich mit deutschen Fachzeitschriften in Verbindung. Bei einer von ihnen, den Leipziger *Annalen der Naturphilosophie*, hat man Erfolg. Man fühlt sich dort offensichtlich geehrt, mit der Einleitung einen Autor wie Russell abdrucken zu dürfen, und nimmt Wittgensteins *Logisch-philosophische Abhandlung* an. Sie erscheint – nachlässig gesetzt und von Wittgenstein später als ›Raubdruck‹ verworfen – 1921 im Heft 3/4 des 14. Bandes dieser Zeitschrift, die mit diesem Heft ihr Erscheinen einstellt.

Eine zweisprachige Ausgabe wird, nun unter dem Titel *Tractatus logico-philosophicus*, im November 1922 in London veröffentlicht.

Der Vorschlag für den lateinischen Titel stammt von Moore und spielt auf einen Titel Spinozas an. Die Idee fand Wittgensteins vorsichtige Zustimmung (W. an Ogden, 23. 4. 1922. In: Letters to C. K. Ogden, S. 20), obwohl er selbst einmal *Der*

Satz erwogen hatte. Als die zweisprachige Ausgabe vorbereitet wurde, war eine zeitlang *Philosophische Logik* im Gespräch, was Wittgensteins verbitterten Hohn provozierte: »Ich weiß gar nicht, was das heißt! So etwas wie philosophische Logik gibt es doch gar nicht. (Es sei denn, man meint, da das ganze Buch Unsinn ist, dürfe der Titel selbst getrost ebenfalls unsinnig sein).« (ebd. – Dt. Übersetzung bei McGuinness 1988, S. 460).

2.2 Die äußere Gestalt der Abhandlung

Wittgenstein stellt dem *Tractatus* ein Motto voran – es handelt sich um einige Zeilen des Wiener Schriftstellers Ferdinand Kürnberger (1821–1879):

». . . und alles, was man weiß,/nicht bloß rauschen und brausen gehört hat,/läßt sich in drei Worten sagen.«

Soll das Motto den Inhalt eines Buches konzentrieren, vielleicht auch die Lektüre leiten, so ist hier eindeutig und selbstbewußt die Möglichkeit und Notwendigkeit sinnvoller Rede betont, ist Sagbarkeit versprochen – nicht hinter sie verwiesen. Weniges weiß man zwar nur, doch das ist bestimmt. Zuvor hatte Wittgenstein ein anderes Motto geplant, es aber offensichtlich wieder verworfen. Die dritte Strophe aus Matthias Claudius' berühmtem *Abendlied* erwähnt explizit ein Ganzes, dessen Gestalt allerdings dem gewöhnlichen Blick verborgen bleibt:

»Seht Ihr den Mond dort stehen?
Er ist nur halb zu sehen
Und ist doch rund und schön!
So sind wohl manche Sachen,
Die wir getrost belachen,
Weil unsre Augen sie nicht sehn.«

Das anschließende Vorwort Wittgensteins unterrichtet verständlich, wenn auch etwas arrogant über Problemstellung, Zielsetzung und die unantastbare Wahrheit der folgenden Gedanken.

Wenn Leser oder Leserin sich nun dem philosophischen Inhalt des Buches widmen wollen, treffen sie zunächst auf eine seltsame Numerierung, deren Funktion offenbar eines Kommentars bedarf: Es sollen, so Wittgenstein in einer Fußnote zur ersten These des *Tractatus*, die »Dezimalzahlen als Nummern der einzelnen Sätze [. . .] das logische Gewicht der Sätze [. . .], den Nachdruck, der auf ihnen in meiner Darstellung liegt«, anzeigen. Die Gedanken des Textes gruppierten sich somit in Komplexen, jeweils angeordnet um die sieben Hauptthesen und in weiterer Verschachtelung um die nächstfolgenden Sätze. Wittgenstein war dieses Gefüge sehr wichtig: Ohne die Dezimalnumerierung erschien ihm der Text unklar, »weil sie allein dem Buch Übersichtlichkeit und Klarheit geben und es ohne diese Numerierung ein unverständlicher Wust wäre«. (W. an v. Ficker, 5. 12. 1919. Briefe, S. 103).

Es fällt jedoch recht schwer und behindert sogar das Verständnis, dieser verschränkten Ordnung bis in ihre Abzweigungen nachzugehen. Und zumal eine überprüfbare Rekonstruktion bestimmter Argumentationslinien kann der Aussagekraft von Dezimalstellen nicht vertrauen. Was als Kommentar einzelnen Behauptungen folgt, muß bei der Erörterung der philosophischen Probleme häufig vorgezogen und mit anderen, mehr oder weniger ›gewichtigen‹ Sätzen verglichen werden, so daß als Ergebnis endlich bedeutendere Thesen aufgestellt und verstanden werden können: Eine Methode der Interpretation, die wohl auch der Textgenese angemessen ist. Wittgensteins ursprünglich zögernde Orientierung in den Fragen (vgl. die Notizbücher) wird vom abgeschlossenen, autoritären Werk verleugnet.

»Die peinlich genaue Numerierung der *Tractatus*-Fragmente ist eher angetan, den Leser zu düpieren, als daß daraus eine kohärente, die logische Vernetzung der Gedanken transparent machende Gliederung ablesbar wäre.« (Frank/Soldati 1989, S. 42). Fraglich allerdings ist, ob man deshalb nun gerade den *Tractatus* als Präsentation wesentlich unabgeschlossener ›Fragmente‹ betrachten darf (vgl. Frank/Soldati 1989), deren Offenheit allein schon quasi ästhetisch über die in ihnen proklamierte Grenze verwiese.

Mit der fremdartigen Gestalt der Darlegungen ist jedenfalls eine im Vergleich zur Umgangssprache und zur herkömmlichen philosophischen Rede größere Logizität angestrebt. Das Ziel mag nicht erreicht worden sein, aber die Bezifferung soll Fundamentales eindeutig markieren, während der üblichen Abfolge von Aussagen implizit vorgeworfen wird, ihre basale Verfassung zu überdecken oder zu mißachten – keine Spur hier von blindem Vertrauen, daß sich eine Ordnung schon *zeige* – Beziehungen und Gewicht der Thesen werden ausdrücklich vermerkt.

Die thematische Anordnung der Problemkomplexe und Einheiten hintereinander – unabhängig von ihrer logischen Gewichtung – soll wohl für sich selbst sprechen: Wittgenstein äußert sich nicht dazu. Diese Reihenfolge wird dem Leser des *Tractatus* jedoch ebenfalls schnell problematisch; ihm fällt auf, daß weit auseinanderliegende Abschnitte sich ergänzen und gegenseitig erläutern. Das gilt sowohl für ganze Themenkomplexe wie auch für kleinere Gedankendurchführungen. Die ›ontologischen‹ Thesen am Anfang des *Tractatus* sind, wie zu zeigen ist, in engem Zusammenhang mit Aussagen zur Sprache und ihrer Logik zu lesen – sonst bliebe vieles an ihnen unklar, nicht zuletzt ihre Genese (vgl. Black 1964, S. 8). Die Bemerkungen des *Tractatus* zur Umgangssprache sind z. B. im Text verstreut: Man findet sie in den Abschnitten 3.323–3.325, 4.002–4.0031 und 5.5563. Ähnliches gilt für kritische Aussagen zur Philosophie und zur philosophischen Sprache u. a.

Im *Tractatus* wie im späteren Werk hängt wohl die sonderbare Form der Verlautbarungen letztlich mit der Eigenart philosophischer Nachfrage, d. h. »mit der Natur der Untersuchungen selbst zusammen«, wie es im Vorwort der *Philosophischen Untersuchungen* heißt.

2.3 Kritik der Sprache

»Dieses Buch wird vielleicht nur der verstehen, der die Gedanken, die darin ausgedrückt sind – oder doch ähnliche Gedanken – schon selbst einmal gedacht hat.« (*Tractatus*, Vorwort).

Die Abhandlung, die doch so klar festlegen will, was sich sagen läßt und was nicht, wird, wie ihr Autor immer wieder verkündet, kaum einem Leser verständlich sein. Und das nicht nur, weil dem Publikum die philosophischen Grundlagen fehlten, auch Experten – gerade sie? – sind zum Scheitern verurteilt. So schreibt Wittgenstein im Spätherbst 1919 an Ludwig von Fikker, nachdem dieser ihm mitgeteilt hatte, daß er den *Tractatus* wohl nicht werde drucken können:

»Ja, wo meine Arbeit untergebracht werden kann, das weiß ich selbst nicht! Wenn ich nur selbst schon wo anders untergebracht wäre als auf dieser beschissenen Welt! –
Von mir aus können Sie das Manuscript dem Philosophieprofessor zeigen (wenn auch eine philosophische Arbeit einem Philosophieprofessor vorzulegen heißt, Perlen . . .) Verstehen wird er übrigens kein Wort.« (W. an L. v. Ficker, 22. 11. 1919. Briefe, S. 99–100).

Einem seiner Lehrerkollegen in Österreich entgegnet er auf die Bitte, das Buch ausleihen zu dürfen: »Ich geb's Ihnen gerne, aber verstehen werden sie es nicht.« (Zit. nach Wünsche 1985, S. 183). Und Frank Ramsey schreibt während seines ersten Besuchs in Puchberg: »Er glaubt nicht, daß jemand lesend sein Werk, seine Ideen verstehen kann, sondern daß eines Tages irgendeiner diese Ideen für sich wiederentdecken wird [. . .].« (F. Ramsey an seine Mutter, 20. 9. 1923. Zit. nach Wünsche 1985, S. 195).

Die Frage ist, was am *Tractatus* denn so grundsätzlich unzugänglich bleiben muß. Die logischen Arbeiten Freges und Russells, auf die sich Wittgenstein immer wieder bezieht, waren zwar Neuheiten, dadurch aber ebenso wie ihre Kritik und Weiterentwicklung im *Tractatus* doch nicht notwendigerweise dem Verständnis enthoben. Das Buch raunt wohl am Ende von Mystischem (6.522), schlägt sogar einige paradoxe selbstkritische Volten (6.53, 6.54), versichert aber auf der anderen Seite doch auch »*Das Rätsel* gibt es nicht« – dann müßte doch *alles klar* sein?

Die Gedanken des *Tractatus* sind kompliziert, sie sind komplex, ihr Zusammenhang aber ist schwer zu durchschauen, die Sätze und Satzgruppen wirken unverbunden, die Überlegungen zur Logik werden nicht immer nachvollziehbar, die eher allgemeinen philosophischen Anmerkungen nicht immer transparent vorgetragen. Doch der gründlichste Irrtum – und einer, den Wittgenstein bei seinen Warnungen im Sinn hatte – besteht darin, den *Tractatus* als diskursive Abhandlung philosophischer Themenbereiche und als endgültige Festlegung wahrer Thesen über sie mißzuverstehen.

Wittgenstein beschreibt eine begriffliche Bewegung, die sich an ihrem Ende reflexiv auf sich selbst zurückbezieht. Nur so entgehen die Gedanken einem ›performativen Selbstwiderspruch‹, der seiner eigenen Argumentation schließlich eben das untersagt, was sie zuvor eifrig in Anspruch genommen hat. Der *Tractatus* ist in dieser Weise selbstreflexive Sprachkritik, und »Alle Philosophie ist ›Sprachkritik‹.« (4.0031).

Der zitierte Satz sagt offensichtlich etwas aus über das Ganze, dem Gedanken, die in einem philosophischen Werk zu finden sind, zugehören: die Philosophie selbst. Seiner Stellenzahl nach untergeordnet, verkündet der Satz dennoch eine ›Wahrheit‹ über die gesamte Thesenfolge. Die Anführungszeichen weisen auf das sprachkritische Hauptwerk Fritz Mauthners hin, das zu Anfang des Jahrhunderts erschienen war (vgl. dazu: Janik/Toulmin 1984, S. 164ff.). Daß Wittgenstein den *Tractatus* also wesentlich sprachkritisch verstanden wissen will, unterstreicht der

Satz 4.0031; darüberhinaus aber ist zu fragen, ob sich mit ihm ein normativer oder deskriptiver Anspruch verbindet. Ersteres liegt nahe, da Sprachkritik als Philosophiekritik, wie sich zeigen wird, im *Tractatus* eine herausragende Rolle spielt. *Von nun an* oder *richtigerweise* hätte alle Philosophie dann Sprachkritik zu sein – eine Norm, die Kritik an anderen, sprachvergessenen Formen von Philosophie zum Programm macht, damit sich ergeben kann, »daß die tiefsten Probleme eigentlich *keine* Probleme sind« (4.003). Bereits im Vorwort der Abhandlung ist die philosophiekritische Intention des sprachtheoretischen Unternehmens annonciert: »Das Buch behandelt die philosophischen Probleme und zeigt – wie ich glaube –, daß die Fragestellung dieser Probleme auf dem Mißverständnis der Logik unserer Sprache beruht.«

Ganz von der Hand zu weisen ist allerdings ein deskriptives Verständnis der genannten These nicht. Philosophie wäre dann *immer schon* oder *eigentlich* Sprachkritik, und dieser Behauptung käme die triviale Tatsache zu Hilfe, daß der philosophische Gedanke sich stets in sprachlicher Form äußert, sich dieser anvertrauen muß, daß er in begrifflicher Rede Probleme aufwirft und konstruktiv Lösungen vorschlagen mag. Ist es also nicht ausgeschlossen, daß der Satz 4.0031 Deskription bedeutet, dann erscheint es berechtigt, auch ein innovatives Werk wie den *Tractatus* mit anderen Konzeptionen zu vergleichen. Nicht zuletzt gerät Sprachkritik dann in die Nähe der transzendentalphilosophischen Vernunftkritik Kants. Wittgensteins Werk wurde dieser Art von geistesgeschichtlichem Vergleich mit früherem Denken schon häufig unterworfen. So fiel z. B. – neben der Affinität zu Russell und Frege, deren unmittelbarer Einfluß bezeugt ist – die Nähe des *Tractatus* zu Kants Transzendentalphilosophie, aber etwa auch zu Kritikern des Idealismus wie Schopenhauer und Kierkegaard auf (vgl. z. B. Stenius 1969; Stegmüller 1978; Janik/Toulmin 1984). Erik Stenius nennt den *Tractatus* gar eine »Kritik der reinen Sprache« (Stenius 1969, S. 287).

In mehrfacher Hinsicht ist im *Tractatus* Sprachkritik am Werk: Grundlegend werden die abbildende Struktur der Sprache und ihr erkenntniskonstituierender Zusammenhang mit der Tatsachenwelt erörtert. Hier ist Kritik der Sprache *Sprachtheorie, logische Theorie*, d. h. Aufklärung über das Medium, in welchem sich das artikulierte Denken stets schon befindet. Zudem aber bemängelt der *Tractatus* offensichtlich ein Defizit: Wo immer man bestrebt war, im Griff auf *das Höhere* Metaphysik und

Religion zu *formulieren*, über »unsere Lebensprobleme« in einer endgültigen Einsicht Klarheit zu gewinnen, stellt sich nun heraus, daß Sprache dazu nicht in der Lage ist. Und schließlich reiht sich Wittgensteins philosophisches Werk ein in die Selbstkritik moderner Reflexion: Der *Tractatus* ist Kritik philosophischer Sprache, die Philosophie richtet über sich.

(1) Kritik der Sprache soll generell zeigen, »daß, selbst wenn alle *möglichen* wissenschaftlichen Fragen beantwortet sind, unsere Lebensprobleme noch gar nicht berührt sind.« (6.52). Wird den Problemen eine ›Lösung‹ eben dadurch zuteil, daß sie sich als *Fragen* gar nicht mehr stellen (6.5), so mag das schließlich Resultat sein, die Kritik daher im Grunde gegenstandslos werden. Diese Kritik muß jedoch der ›Lösung‹ vorangehen, und in diesem vorläufigen Sinne ist die Bemängelung eines, wie man sagen könnte, *metaphysischen Defizits* unserer Sprache als ein Ansatzpunkt der kritischen Überlegungen des *Tractatus* aufzufassen.

(2) Sprachkritik liegt, und das ist ihre wesentliche, zweite Version, nicht nur *im Tractatus*, sondern *mit ihm* vor. Das Werk stellt als Sprachphilosophie die logisch-theoretische Begründung für die Kritik an der Sprache dar. Daß der Sprache Metaphysisches niemals zur Verfügung stehen kann, hat seine Ursache darin, daß ihr ein bestimmtes Gebiet zugewiesen ist – zugewiesen natürlich von ihr selbst, indem sie als Kritik der Sprache die Grenze erst zeigt. Nur innerhalb dieses Gebiets, so wird ihr Bescheid gesagt, ist sinnvolles Sprechen möglich: Die Welt, nicht die Hinterwelt, ist die Domäne der Rede.

»Dieses Land aber ist eine Insel, und durch die Natur selbst in unveränderliche Grenzen eingeschlossen. Es ist das Land der Wahrheit (ein reizender Name), umgeben von einem weiten und stürmischen Ozean, dem eigentlichen Sitze des Scheins, wo manche Nebelbank, und manches bald wegschmelzende Eis neue Länder lügt, und indem es den auf Entdeckungen herumschwärmenden Seefahrer unaufhörlich mit leeren Hoffnungen täuscht, ihn in Abenteuer verflechtet, von denen er niemals ablassen und sie doch auch niemals zu Ende bringen kann« (Kant: *Kritik der reinen Vernunft*, B 294–295).

(3) Nachdem die kritische Grundlegung (2) die Ursache für das bemängelte Defizit der Sprache (1) beleuchten konnte, richtet sich die Argumentation schließlich ausgrenzend gegen bestimmte, besonders philosophische Sprachformen. Dieses Vorgehen ist – alle Philosophie ist Sprachkritik – originäres Anliegen der Philosophie selbst. Die Interpretation erkennt hier den

eigentlichen Philosophiebegriff des *Tractatus*: ohne, pragmatisch-positivistisch, Magd der Naturwissenschaften zu werden, entspringt die Philosophie dem Gang ihrer Selbstreflexion als sprachkritische Arbeit: »Die Philosophie ist keine Lehre, sondern eine Tätigkeit« (4.112).

»Das Buch behandelt die philosophischen Probleme und zeigt – wie ich glaube –, daß die Fragestellung dieser Probleme auf dem Mißverständnis der Logik unserer Sprache beruht« (*Tractatus*, Vorwort). Die ›Fragestellung‹ der Probleme muß von der Philosophie, entspricht sie ihrem eigentlichen Charakter, also ›behandelt‹ werden. Mit dieser selbstkritischen Philosophie soll *gezeigt* werden, nicht etwa *behauptet*, daß ein ›Mißverständnis‹ die Wurzel des Übels ist. Diese Unterscheidung von *sagen/behaupten* und *zeigen* schon aus dem Vorwort stellt sich der Interpretation als Konsequenz des Sprach- und Philosophiebegriffs des *Tractatus* dar.

Im Zusammenwirken jedoch der unterschiedlichen kritischen Intentionen ist, wie paradox auch immer, dem überkommenen philosophischen Anliegen entsprochen, Umfassendes zu bedeuten. Es stellt sich heraus, daß Wittgensteins Philosophie sich selbst nicht aufgibt, daß sie noch im verstiegenen Selbstverdikt, in der Selbstaufhebung Philosophie bleibt, daß im Grunde der Philosoph *als Philosoph* die Philosophie nicht destruieren kann, da man ihm noch jeden verneinenden Gestus als geschicktes Argument auslegen muß. Die Kritik der Sprache ist der Weg, auf dem die Sprache, die sich selbst zum Thema wird, eines Anderen als ihrer selbst gewahr wird. Sprachkritik ist somit jedenfalls auch Kritik der Sprache an ihrem eigenen Anspruch auf Totalität.

2.3.1 »Die Tatsachen gehören alle nur zur Aufgabe, nicht zur Lösung.«

Zunächst ist der *Tractatus* sprachkritischer Ausdruck der Resignation, einer problematischen Beschränkung ansichtig zu sein. Wenn die Gewißheit besteht, »die Probleme im Wesentlichen endgültig gelöst zu haben« (*Tractatus*, Vorwort), wird gerade offenbar, »wie wenig damit getan ist, daß diese Probleme gelöst sind« (ebd.). Vor allem gegen Ende des Werks kleidet sich diese Resignation angesichts der Unfähigkeit der Sprache zu treffender Metaphysik in Worte. Naturgemäß verschwimmen dort die Grenzen zwischen aphoristischer, nur mehr uneigentlicher Andeutung und philosophischer Sprache, und dennoch müssen diese Sätze im Gefüge des gesamten Werks berücksichtigt werden.

Unleugbar ist in den Thesen des Buches, die *diese* Sprachkritik formulieren, ein – dem Totalen der Sprache und ihrer Welt gegenüber – Anderes eingeklagt. Der Bereich, auf dem die Sätze e negativo insistieren, kann gar nicht dementiert werden. Er ist zutiefst problematisch und bietet doch der Sprache keinen Ansatzpunkt. Die Negation des Anderen, des ›Sinns der Welt‹, ist ebenso unmöglich wie seine Behauptung.

Der inkriminierte Mangel darf nicht kurzerhand der Philosophie und ihren verqueren Fragestellungen angelastet werden (wie der spätere Wittgenstein meint, wenn er die Probleme im Blick auf einen eingeübten Sprachgebrauch als parasitäre Außenseiter behandelt und zum Verschwinden bringen will). Was überhaupt nicht sprachlich markiert werden kann, erlangt seine Bedeutung und seine aufdringlichen Konturen auch nicht daher, daß Philosophen einst wähnten, davon zu sprechen. Stets entzieht sich z. B. das Problem der Existenz der Welt, damit auch der je eigenen Existenz: »Nicht *wie* die Welt ist, ist das Mystische, sondern *daß* sie ist.« (6.44). Doch die Einsicht in das Unvermögen der Sprache, jenseits des begrenzten Ganzen zuzutreffen, läßt eben auch die Formulierung dieser Einsicht stokken: »Die ›Erfahrung‹, die wir zum Verstehen der Logik brauchen, ist nicht die, daß sich etwas so und so verhält, sondern, daß etwas *ist*: aber das ist eben *keine* Erfahrung« (5.552). Da wahre und sinnvolle Rede den Tatsachen der Welt koordiniert ist, verstummt sie vor dem Anspruch eines Anderen, wobei dieser Anspruch zwangsläufig nicht gerechtfertigt werden kann.

Nur mittels versteckter Hinweise, geradezu als würde dadurch die Sprachlichkeit der Aussage abgemindert, verhalten sich die Thesen zum prinzipiell Unvermittelten: »Gott offenbart sich nicht *in* der Welt« (6.432). Auf der verbotenen Bedeutung besteht hier allein die Sperrung der Präposition, und solcherart versuchen alle entsprechenden Sätze, sich der ganzen Gewalt des Vorwurfs zu entziehen, scheinen zu wollen, was sie niemals sein können: Verweisungen auf etwas, auf das nicht verwiesen werden kann. Solches Ansinnen ist sinnlos und hoffnungslos, und daraus erwächst Kritik – Kritik an der Sprache, nicht jedoch am in ihr formulierten, in sie transformierten Problem. Zur verdienten Ruhe kommt das Paradox von sprachlichem Anspruch und dessen Verbot konsequent erst mit dem Selbstverdikt (Satz 6.54) am Schluß des *Tractatus*.

Wo Sprachkritik protokolliert, daß alle metaphysische Rede unsinnig ist und ihre Behauptungen »auf keine Weise verbürgt« (6.4312) sind, wird die Konsequenz dieser Erkenntnis sein, die Sprache hinsichtlich der Lösung von »Lebensproblemen« (6.52) völlig zu verwerfen, solange zumindest, wie die Sprache als Totales und totalitäres Ganzes nicht erschüttert ist. Da aber Ausgrenzung bewußt ist und umfassende Begründung sich nicht sinnvoll einstellen will, kann es im *Tractatus* nur Resignation sein, die den Versuch aufgibt, metaphysisch zu sprechen, und feststellt: »*Das Rätsel* gibt es nicht.« (6.5).

Das Verdienst des Tractatus liegt darin, diese Ausgrenzung zu begründen, die aller Metaphysikkritik zugrundeliegt und zugrundegelegen hat. Das kritische Unternehmen richtet sich allerdings nicht gegen die Sprache im allgemeinen, schlägt sie nicht undifferenziert dem Unsinn zu. Wittgensteins *Tractatus* argumentiert antiskeptizistisch. Ohne daß Sagbares bestimmt würde, könnte sich – vernünftig – anderes gar nicht zeigen.

2.3.2 Welt und Abbild: »Was sich überhaupt sagen läßt«

Der *Tractatus* – ein Werk, das alle Philosophie als Sprachkritik kennzeichnen wird – beginnt mit Aussagen über die Welt (1–2.063). Unterschieden ist zwischen Tatsache und Sachverhalt, zwischen Bestehendem und Möglichem, Begriff und Funktion von Gegenständen werden erörtert.

Wittgensteins Buch ist dennoch und entgegen jenem ersten Anschein Sprachtheorie, *Kritik der Sprache*. Die Interpretation muß daher die einleitenden Thesen des Buches miteinbeziehen und so den Nachweis erbringen, daß diese Behauptungen den unmittelbar sprachphilosophischen Äußerungen der Abhandlung entsprechen, daß sie konstitutive Bestandteile einer Analyse der Sprache sind.

Es kann anhand der Thesen zu Beginn des Buches die *Ursache* der Resignation erläutert werden, die sich einstellt, wenn die Sprache und Logik ihre Grenzen überschreiten wollen: Die Sprache ist an die Welt, an das »Leben in Raum und Zeit« (6.4312) gebunden, sie hat Verweisungsfunktion, Sinn, allein »*in* der Welt« (6.432). Der *Tractatus* deckt die Bedingung der Möglichkeit dieser Verweisung auf, er beschreibt das Inventar des Raums, auf den sprachlich Bezug genommen wird, und legitimiert so die beklagenswerte Vertreibung der Transzendenz aus der Sprache.

Um die Bindung an Erfahrbares und den konsequenten Verzicht auf Metaphysik als notwendig zu erweisen, führt Wittgensteins Abhandlung die Argumentation zu einer ursprünglichen Koordinierung von Sprache und Welt, welche empirische Erkenntnis sichert. »Die Gesamtheit der wahren Gedanken sind ein Bild der Welt« (3.01); »Der Satz ist ein Bild der Wirklichkeit« (4.01). Die erfahrbare Außenwelt ist Bezugsraum der Sprache: An ihr entscheidet sich, ob der sinnvolle Satz wahr oder falsch ist: »In der Übereinstimmung oder Nichtübereinstimmung seines Sinnes mit der Wirklichkeit besteht seine Wahrheit oder Falschheit.« (2.222).

Aussagen über die erfahrungsweltliche Instanz sind allerdings immer sprachliche Gebilde: Eine Trivialität, aber was sich zu Beginn des *Tractatus* an Sätzen über die Welt findet, ist stets Ontologie, über das, »was der Fall ist« (Satz 1), wird *gesprochen*. Und die Thesen über Sachverhalte, Tatsachen und Gegenstände reflektieren ihre Sprachlichkeit. Liest man »Die Tatsachen im logischen Raum sind die Welt« (1.13), so folgt später, »Der Satz bestimmt einen Ort im logischen Raum« (3.4), und an anderer Stelle heißt es »Der Gedanke enthält die Möglichkeit der Sachlage, die er denkt« (3.02). Selbstreflexion der Rede findet statt. Sie ist Reflexion der Rede *als Rede über Welt und Wirklichkeit,* und die einleitenden Thesen sind ein Teil im gedanklichen Rhythmus des gesamten Werks, welcher als Konsequenz der Einsicht in die Koordination von Sprache und Welt anzusehen ist.

2.3.2.1 Tatsache, Sachverhalt, Gegenstand

Der Zusammenhang von ›Tatsache‹, ›Sachverhalt‹ und ›Gegenstand‹ belegt die sprachtheoretische Reflexion der Eingangssätze. »Was der Fall ist, die Tatsache, ist das Bestehen von Sachverhalten« (Satz 2); »Die Gesamtheit der bestehenden Sachverhalte ist die Welt« (2.04). Mit dem Begriff des Sachverhalts kann operiert werden, unabhängig davon, ob der Sachverhalt besteht oder nicht: Der Fall zu sein, ist nicht sein wesentliches Merkmal, wesentlich ist, daß er bestehen *kann.* Tatsachen sind bestehende Sachverhalte, und »die Gesamtheit der Tatsachen bestimmt, was der Fall ist und auch, was alles nicht der Fall ist.« (1.12). Das die Welt die »Gesamtheit der Tatsachen, nicht der Dinge« (1.1) sei, gehört zu den strittigsten Thesen des *Tractatus*. Erläutert wurde diese Behauptung u. a. im Rekurs auf Gestaltpsychologie (vgl. Stenius 1969) – bei Wittgenstein selbst findet man ein vergleichbares Beispiel (5.5423): An der geometrischen Abbildung eines Würfels, über dessen Lage im Raum die Lage der Eckpunkte in der Tiefendimension entscheidet, wird verdeutlicht, daß die primäre Zugangsweise zu Gegebenem die Wahrnehmung eines Komplexes ist (– das Auge sieht den Würfel wahlweise ›von oben‹ oder ›von unten‹; es kann springen).

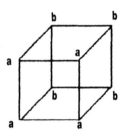

Ohne Klarheit darüber, welche komplexen, im Beispiel räumlichen Verhältnisse in einem bestimmten Fall bestehen, ohne Klarheit also über eine Tatsache, ist das Objekt der Anschauung nicht eindeutig zu identifizieren. Die Welt ist immer schon zu Tatsachen zusammengestellt – es herrscht eine Ordnung.

Die sprachlich-gedankliche Form, in der über Bestehendes geurteilt wird, macht die Priorität der Tatsache nun ebenfalls deutlich. Nur, *daß* etwas vorliegt, ist in einer Aussage behauptet, Gegenstände ergeben sich nur als Komponenten von Sachverhalten. »Beiläufig gesprochen: Die Gegenstände sind farblos« (2.0232). Wir sehen nicht den roten Gegenstand, so gewöhnlich diese Redeweise auch ist, sondern uns ist nur die Tatsache bemerkbar, *daß* der Gegenstand rot ist. Das Urteil legt den Komplex von Gegenständen gewissermaßen sichtbar auseinander, wenn z. B. eine Prädikation vorgenommen wird. Der Satz ›Der Ball ist rot‹ behauptet eine Tatsache und *zeigt*, daß die Komponenten verbunden sind. Hier erweist sich deutlich die sprachtheoretische Reflexion der ontologischen Aussagen. Die Rede über die Welt hat ihr Ebenbild in der Rede über Sätze. Heißt es demnach im Text, »Der Sachverhalt ist eine Verbindung von Gegenständen (Sachen, Dingen)« (2.01), so ist diese These auch als Hinweis auf ihre eigene Aussageform zu verstehen.

Wittgenstein redet von »Gegenständen (Sachen, Dingen)« (2.01), die »wesentlich [. . .] Bestandteil eines Sachverhaltes«(2.011) sein können. Ihr Wesen ist also ihre Funktion im Sachverhalt und eben deshalb ihre Funktion im Satz als Bedeutung von Namen, die als Träger semantischer Rollen für die Gegenstände stehen. Gegenstände bilden in Wittgensteins Theorie den Fundus für die Zusammensetzung von Sachverhalten, ohne daß sie außerhalb solchen Konnexes bestimmbar wären. »Das Ding ist selbständig, insofern es in allen *möglichen* Sachlagen vorkommen kann, aber diese Form der Selbständigkeit ist eine Form des Zusammenhangs mit dem Sachverhalt, eine Form der Unselbständigkeit.« (2.0122). Zwar kann der Philosoph die Notwendigkeit von Gegenständen aus der Möglichkeit sinnvoller Sätze und bestehender Sachverhalte in der Welt ableiten, dennoch aber nimmt die sprachliche Verfaßtheit, deren Diktat sich die Ontologie im Rahmen der Sprachanalyse zu beugen hat, der Rede von Gegenständen die merkwürdige Spekulativität: »It is useful to think of the ›objects‹ as the meanings of simple signs« (Black 1964, S. 57). Entspricht »Fa« einer Tatsache, so wäre es dennoch möglich, daß z. B. Fb oder Ga der Fall wären. Fa aber nicht: Mit »Fa« ist also ein möglicher Sachverhalt ausgesagt, ebenso mit »Gb«. Was als Basis einer solchen, möglichen Veränderung bliebe, wenn Wittgenstein auf das Postulat von Gegenständen verzichtete, läßt sich innerhalb der folgenden Klammer zeigen: (). »Es wäre dann unmöglich, ein Bild der Welt (wahr oder falsch) zu entwerfen.« (2.0212).

Wenn man übrigens die Gegenstände als Erfordernis der transzendentalen Koordinierung von Welt und Sprache versteht, kann vielleicht auch auf das zweifelhafte Postulat verzichtet werden, sie seien in irgendeiner *absoluten* Weise ›einfach‹ – *Einfachheit* wäre dann etwas, was theorieimmanent der *Komplexität* von Sachverhalten zugrundeliegt. So ist es als Eingeständnis dieser Immanenz zu verstehen, wenn Wittgenstein von den Namen sagt: »Diese Elemente nenne [!] ich ›einfache Zeichen‹« (3.201).

Die Möglichkeit eines Sachverhalts, nicht seine *zufällige* Tatsächlichkeit, muß seiner Behauptung bereits vorausgesetzt sein. Seine Möglichkeit entspricht der seiner Behauptung. Als Konfiguration von Gegenständen bedarf der Sachverhalt ihrer als der gegebenen Mannigfaltigkeit, die doch *als solche*, ohne im Komplex zu fungieren, niemals erscheint, vielmehr ontologisch abgeleitet ist aus dem, was Wahrnehmung und Urteil primär vorfinden. Die (onto-)logische Analyse aber führt zu der These:

»Die Gegenstände bilden die Substanz der Welt.« (2.021); »Die Substanz ist das, was unabhängig von dem, was der Fall ist, besteht.« (2.024). Der ›Ehrentitel‹ der *Substanz* gebührt dem Gegenstand: »Der Gegenstand ist das Feste, Bestehende; die Konfiguration ist das Wechselnde, Unbeständige.« (2.0271). Doch die Substanz ist wesentlich Element von Sachverhalten, und diese werden im Satz*sinn* dargestellt, gemeint, was die Doppelrolle der Substanz in Sprache und Welt ausmacht. Die Substanz ist Substanz der *Immanenz*, daß sie Substanz ist, bestimmt die Analyse, liegt dieser nicht *unvordenklich* zugrunde. – Somit vertritt der *Tractatus* keine ›metaphysische‹ Auszeichnung von Gegenständlichem und kann sie gar nicht vertreten. Sinnvollem Sprechen geht die Möglichkeit von Sachverhalten in der Welt voraus, und Sachverhalte sind, anders als die einfachen Gegenstände, komplex, sind allein in sprachlich-gedanklichem Zugriff faßbar.

Dennoch hat die sinnliche Erfahrung von Welt durchaus Eigenständigkeit. Sie entscheidet nicht über den Sinn, aber über Wahrheit und Falschheit von Sätzen. Die Erfahrung ist allerdings stets schon auf bestimmte Möglichkeiten bezogen und beschränkt, insofern durch das Urteil strukturiert. So bedingt die transzendentale Koordination von Sprache/Denken und Welt auch die mögliche Erfahrung – abgesehen von der stummen Unmittelbarkeit, mit der gegenwärtig wird, »daß etwas *ist*« (5.552), und welche das Problem der Existenz dringlich macht, bezüglich dessen der *Tractatus* aber den Verzicht auf Fragestellung anrät.

Gegenstände konfigurieren, wie gesehen, wesentlich in Sachverhalten: Sie sind daher nur in dem *Wie* eines Zusammenhangs, nicht aber als ›Dinge an sich selbst‹ denkbar: »Jedes Ding ist, gleichsam, in einem Raume möglicher Sachverhalte. Diesen Raum kann ich mir leer denken, nicht aber das Ding ohne den Raum.« (2.013) – Diese These des *Tractatus* entspricht übrigens beinahe wörtlich einer Feststellung aus der *Kritik der reinen Vernunft*, wo es heißt:

»Man kann sich niemals eine Vorstellung davon machen, daß kein Raum sei, ob man sich gleich ganz wohl denken kann, daß keine Gegenstände darin angetroffen werden können. Er [der Raum] wird also als die Bedingung der Möglichkeit der Erscheinungen, und nicht als eine von ihnen abhängende Bestimmung angesehen [. . .].« (*Kritik der reinen Vernunft*. B 38–39).

Namen (3.2–3.263) zeichnen verantwortlich für die sprachliche Präokkupation von Gegenständen, aber nicht deshalb, weil sie

Sprache und Welt gewissermaßen magisch miteinander verbänden, sondern weil die Vertretung der Gegenstände der immanenten Tatsachenwelt durch Namen deren Funktion in der transzendentalen Koordination von Sprache und Welt ist. »Die Gegenstände kann ich nur *nennen*. Zeichen vertreten sie. Ich kann nur *von* ihnen sprechen, *sie aussprechen kann ich nicht*« (3.221).

Diese These wiederholt nur die nun schon bekannte Priorität des Sachverhaltes, dem Gegenstände wesentlich angehören, und die Anzeichen dieser Dominanz auf der Ebene der Sprache. Keinerlei geheimnisvolle Fähigkeit wird den Namen damit zugesprochen. Ihre Gebundenheit an die Rolle im Satz macht klar, daß sie nicht das bedeuten, »was an und für sich ist« (PU 46), wie Wittgenstein in Verkennung seiner eigenen früheren Theorie später meinen wird. So wird im *Tractatus* auch die These aufgestellt, daß ein Name »nur im Zusammenhange des Satzes« (3.3) Bedeutung habe, was bei einem angeblich ›unmittelbaren‹ Zugang dieser bedeutungsträchtigen Zeichen zu einer unabhängigen Dingwelt nicht zu rechtfertigen wäre. Wie stets im *Tractatus* so muß man auch hier jeden Bezug auf vermeintlich Vorfindliches, vielleicht sogar auf solches, von dem man *sagt*, es sei ›an und für sich‹, unter der Prämisse sprachlicher Reflexion betrachten.

Der Begriff des ›Gegenstandes‹ im *Tractatus* hat zu heftigen und hochinteressanten Kontroversen geführt: Verfechter einer sozusagen ›externen‹ Position sehen Wittgensteins ›Gegenstände‹ als schlicht und unmittelbar hinzunehmende materiale Gegebenheit an, während auf der anderen Seite die ›Internalisten‹ auf das Prärogativ der Sprache, der Sprachanalyse zur Bestimmung einer ›Substanz‹ pochen.

Der Sammelbegriff *Texte zum Tractatus* (Schulte 1989b) dokumentiert die erbitterte Kontroverse mit zwei Aufsätzen: Hidé Ishiguro: *Namen. Gebrauch und Bezugnahme.* Norman Malcolm: *Sprache und Gegenstände* (In: Schulte 1989b, S. 96–135 bzw. S. 136–154). (Vgl. auch: Brian McGuinness' Aufsatz in Block 1981 – dt. in: Haller 1981: *Der sogenannte Realismus in Wittgensteins ›Tractatus‹.*).

Bezeichnend ist, daß diese scheinbar doch so spezielle, auf ein bestimmtes Problem im *Tractatus* bezogene Diskussion letztlich auch zu ›höheren Zwecken‹ geführt wird. Der unschuldige Begriff des Gegenstands soll nämlich entscheiden helfen, inwieweit es eine Kontinuität zwischen Wittgensteins früher Philosophie und seinen späteren Ansichten gibt. Im übrigen ist der

Streit ohnehin uralt – zumindest schon Kants *Kritik der reinen Vernunft* verwies mit ihrer Konzeption vom ›Ding an sich‹ die Kritiker in entsprechende Lager.

Bei Ishiguro heißt es:

»Die ›Gegenstände‹ des *Tractatus* sind keine einzelnen Entitäten in irgendeinem üblichen Sinne, sondern Entitäten, die herangezogen werden, um sich in eine semantische Theorie einzufügen [. . .].« (Schulte 1989b, S. 98).

»Der *Tractatus* liefert, im Gegensatz zu einer mitunter vertretenen Auffassung, keine extensionale Grundlage der semantischen Analyse. Die Gegenstände des *Tractatus* gleichen keinen extensional individualisierbaren Dingen in der empirischen Welt – und seien diese Dinge noch so einfach« (Schulte 1989b, S. 134).

Die Bezugnahme von Namen auf Gegenstände funktioniert intern.

Die ›Taufe‹ von Gegenständen verlangt keinen wie immer unmittelbaren Zugang zu Gegebenem, die Sprache leistet sie selbständig – wenn sie sinnvoll *gebraucht* wird. Mit solcher Interpretation, welche die vielgeschmähte, externe, eben deshalb aber magische Referenz von Namen im *Tractatus* nicht erkennt, wären zumindest einige der Hindernisse beseitigt, die den Weg des Verständnisses vom frühen zum späteren Denken Wittgensteins verlegen.

Malcom gibt zurück:

»Nach meiner Interpretation des *Tractatus* werden Gedanken wie das Vorhandensein einer festen Form der Welt, die Existenz der einfachen Gegenstände usw. von der dort vertretenen Theorie der Sprache *vorausgesetzt.*« (Schulte 1989b, S. 141).

›Vorausgesetzt‹ – das soll für Malcolm nicht nur heißen ›in der Theorie vorgesehen‹, sondern vor allem ›von der Theorie als externe Bedingung ihrer Geltung und als Bedingung sinnvoller Sprache erkannt‹. Malcolm ist nicht ganz wohl dabei, und er weist auch darauf hin, daß die ›Gegenstände‹ offensichtlich schon recht seltsame Gebilde sein müssen, abgesehen davon, daß das Problem bleibt, wie diese einfachen Urelemente aufzuspüren und *als einfache* auszumachen wären. Doch ist es Malcolm auch gar nicht um ein einsichtigeres Konzept zu tun; er will den externen ›Gegenstand‹ so seltsam und absurd wie möglich erscheinen lassen, will ihn als ›metaphysisch‹ erweisen (wie es in seltsam unreflektierter Diktion nicht nur bei Malcolm immer mal wieder heißt). Angesichts solcher paradoxen Theorieelemente nämlich glänzt die angebliche Gegenposition des späteren Wittgenstein dann in um so hellerem Licht. (Vgl. PU 46f. mit Wittgensteins eigener Kritik am Begriff des ›Gegenstands‹ im *Tractatus*).

Es bleibt die (deutsche) Frage nach einer Vermittlung der konträren Positionen: Kann nicht der *Tractatus* (und auch Malcolm) von zugrundeliegender ›Substanz‹ oder notwendiger ›Voraussetzung‹ sprechen, ohne einer trügerischen Unmittelbarkeit das Wort zu reden? Der Vorschlag ist billig, aber es könnte sich der Begriff des Gegenstandes vielleicht mit dem Schicksal zufriedenstellen, daß ›Unvordenklichkeit‹ gedacht werden muß.

So würde Wittgensteins *Tractatus* den unseligen Gegensatz von ›Skeptiker‹ und ›Realist‹, von ›Sprachanalyse‹ und ›Metaphysik‹ eben mit den Thesen ad absurdum führen oder, um die anachronistische Wendung zu verwenden, aufheben, bei deren Diskussion der Streit noch einmal fröhliche Urständ feiert.

2.3.2.2 Abbildtheorie

Wie die Überlegungen zu *Sachverhalt* und *Gegenstand* schon zeigten, geht Wittgenstein nicht zu gänzlich Neuem, nunmehr Bild- und Sprachtheoretischem über, wenn er nach den ›ontologisch‹ zu verstehenden Thesen (Satz 1–2.063) nun auf Abbildung zu sprechen kommt: »Wir machen uns Bilder der Tatsachen.« (2.1); »Das Bild stellt die Sachlage im logischen Raume, das Bestehen und Nichtbestehen von Sachverhalten, vor.« (2.11); »Das Bild ist ein Modell der Wirklichkeit.« (2.12); »Den Gegenständen entsprechen im Bilde die Elemente des Bildes.« (2.13).

Der Begriff des ›logischen Raums‹ erläutert die (transzendentale) Zuordnung von Sprache und Welterfahrung. Auch der logische Raum muß wesentlich unter dem Aspekt seiner Sprachlichkeit betrachtet werden: »Die Tatsachen im logischen Raum sind die Welt.« (1.13); »Der Satz bestimmt einen Ort im logischen Raum.« (3.4). »Der räumliche Gegenstand muß im unendlichen Raume liegen. (Der Raumpunkt ist eine Argumentstelle.)« (2.0131). Eine Markierung im Raum, die Bestimmung eines Gegenstands, entspricht dem Ort, an dem ein Name in die Argumentstelle einer Funktion eingesetzt werden kann – auch damit zeigt sich der ›Raum‹ des *Tractatus* also vordringlich als ein sprachlicher, logischer.

Der Satz bereitet der zufälligen Tatsache sozusagen das Terrain, indem er Möglichkeiten absteckt, d.h. den »Spielraum, der den Tatsachen durch den Satz gelassen wird.« (4.463). Wenn der Satz das Bestehen eines Sachverhaltes behauptet, ist diese spezielle Konfiguration von Gegenständen eindeutig bestimmt und muß prinzipiell von allen anderen Sachverhalten unterschieden werden, die ebenfalls bestehen könnten. »Obwohl der Satz nur einen Ort des logischen Raumes bestimmen darf, so muß doch durch ihn schon der ganze logische Raum gegeben sein.« (3.42). – Im ›logischen Raum‹ also legt der Satz einen ›logischen Ort‹ fest. »Was – zum Teufel – ist aber dieser ›logische Ort‹!?« (18. 11. 1914). Im System möglicher Sachlagen, das der Satz eröffnet und voraussetzt, trifft er zugleich eine Entscheidung – behauptet das Bestehen eines eindeutig bestimmten Sachverhalts. Er ortet die Gegenstände im Raum mittels einer Operation, für welche die Satzlogik verantwortlich zeichnet – erst logische Verknüpfung formt elementare Gegenstände (die Substanz der Welt) zu Komplexen (Sachverhalten), die bestehen oder nicht bestehen können: Der Satz, den logische Operation zusammengestellt (z. B. »p v q«, d. h. »p oder q«), kann innerhalb des Raums wahr oder falsch sein. »Das Satzzeichen und die logischen Koordinaten: Das ist der logische Ort.« (3.41).

Wittgenstein analogisiert diesen Zusammenhang in der Rede vom »Farbenraum« (2.0131), in dem jede bestimmte Farbe, vom Feld aller Tonhöhen, in dem jeder bestimmte Ton einen Platz einnehmen. »Der Fleck im Gesichtsfeld muß zwar nicht rot sein, aber eine Farbe muß er haben: er hat sozusagen den Farbenraum um sich. Der Ton muß *eine* Höhe haben, der Gegenstand des Tastsinnes *eine* Härte, usw.« (2.0131). So ist der logische Raum der Wahrheit oder Falschheit der Sätze voraus entworfen. Die sprachkritische Resignation findet hier eine Ursache, da ihr doch eine »Lösung« nur »*außerhalb* von Raum und Zeit« (6.4312) so notwendig wie letztlich undenkbar ist.

Die Fähigkeit des Satzes, den logischen Raum zu eröffnen, verdankt sich seiner Faktizität: »Das Bild ist eine Tatsache.« (2.141); »Das Satzzeichen ist eine Tatsache.« (3.14). Die Satztatsache – die Tatsache des vorfindbaren Satzzeichens – bestimmt einen Ort im logischen Raum wie jede Tatsache. Damit prästrukturiert sie die ihr korrespondierende Wirklichkeit, und diese kann durch die Bestimmung mit dem behaupteten Sachverhalt verglichen werden, die Behauptung also wahr oder falsch sein.

Ein begriffliches Verwirrspiel des *Tractatus* wurde bisher unterschlagen:

»Daß sich die Elemente des Bildes in bestimmter Art und Weise zu einander verhalten, stellt vor, daß sich die Sachen so zu einander verhalten. Dieser Zusammenhang der Elemente des Bildes heiße seine Struktur und ihre Möglichkeit seiner Form der Abbildung.« (2.15).

»Die Form der Abbildung ist die Möglichkeit, daß sich die Dinge so zu einander verhalten, wie die Elemente des Bildes.« (2.151); »Die Tatsache muß, um Bild zu sein, etwas mit dem Abgebildeten gemeinsam haben.« (2.16); »Was jedes Bild [. . .] mit der Wirklichkeit gemein haben muß, um sie überhaupt – richtig oder falsch – abbilden zu können, ist die logische Form, das ist, die Form der Wirklichkeit.« (2.18); »Das Bild hat mit dem Abgebildeten die logische Form der Abbildung gemein.« (2.2); und schließlich: »Das Bild enthält die Möglichkeit der Sachlage, die es darstellt.« (2.203 – vgl. für den ›Satz‹ entsprechend 3.02).

›Form der Abbildung‹, ›logische Form‹, ›Form der Wirklichkeit‹ und ›Möglichkeit der Sachlage‹: Was auf den ersten Blick disparat erscheint, erweist sich bei näherer Betrachtung als Spiel mit identischen Begriffen – eine Identität, die zugleich noch einmal belegt, wie behauptete Wirklichkeit (Sachlage) der Sprache (Bild und Satz) koordiniert ist. Die Zusammenstellung zeigt: Die ›Form der Abbildung‹ (›logische Form‹) *ist* genau ›die Möglichkeit der Sachlage‹, die ›Form der Wirklichkeit‹! Bild und Wirklichkeit teilen sich in die Form, mögen sie *äußerlich* auch nichts gemeinsam haben. Was sonst denn gliche in der Welt – schaut man z. B. aus dem Fenster – in irgendeinem materiellen Sinne etwa dem doch durchaus sinnvollen Satz ›Die Sonne scheint.‹?

Diese »Möglichkeit, daß sich die Dinge so zu einander verhalten, wie die Elemente des Bildes« (2.151) – also (ebd.) die ›Form der Abbildung‹ – ist also »die Möglichkeit der Sachlage« (2.203), die das Bild darstellt, als eine Möglichkeit, die sich der Satztatsatze verdankt, daß »sich die Elemente des Bildes in bestimmter Art und Weise zu einander verhalten« (2.15), und dem damit, durch diese Tatsache (den Satz, das Satzzeichen) eröffneten logischen Raum.

Die ›Form der Abbildung‹ als »die Möglichkeit der Sachlage« (2.203), die das Bild darstellt, ist (2.202 und 2.221) der ›Sinn‹ der Satztatsache. Der Sinn des Bildes, des Satzes, ist also die »Möglichkeit der Sachlage, die es darstellt« (2.203), und der sinnvolle Satz wird bejaht oder verneint abhängig davon, ob die Sachlage besteht, Tatsache ist, oder nicht. Die Gleichsetzung macht die transzendentale Koordination von Sprache *und* Welt, als immanentem Verweisungsraum der Sprache, deutlich. Denn indem die Satztatsache die Möglichkeit einer *Erfahrung* von Faktizität enthält, setzt sie zugleich die (Dimension der) Tatsachenwelt selbst in der Eröffnung des Bild und Sachverhalt gemeinsamen logischen Raums aus sich heraus: Sie stellt die Wirklichkeit, also das »Bestehen und Nichtbestehen von Sachverhalten« (2.06) dar. Vor allem in diesem Zusammenhang ist das Denken des *Tractatus* sprachkritische Modifikation der Kantschen Transzendentalphilosophie: »die Bedingungen der *Möglichkeit der Erfahrung* überhaupt sind zugleich die Bedingungen der *Möglichkeit der Gegenstände der Erfahrung.*« (*Kritik der reinen Vernunft*, B 197).

Vgl. dazu z. B. auch Ramseys Rezension des *Tractatus* (Schulte 1989b, S. 11–31), der die Übersetzung des schwierigen Begriffs ›Form der Abbildung‹ in ›Möglichkeit der Sachlage, die es [das Bild] darstellt‹ aus Gründen der besseren Übersicht und Verständlichkeit empfiehlt (S. 15). Und Ramsey erläutert darüberhinaus den Begriff des ›Bildes‹ auch generell: Nichts Geheimnisvolles verbirgt sich hinter dem Konnex von Bild und Wirklichkeit. Ramsey: »Diese abbildende Beziehung ›gehört also zum Bilde‹ (2.1513), was meines Erachtens bedeutet, daß uns immer wenn wir von einem Bild reden, eine abbildende Beziehung vorschwebt, durch die es zum Bild wird.« (Schulte 1989b, S. 12) – Es gehört schlicht zum *Begriff* des Bildes, daß *etwas* durch das Bild abgebildet wird.

Wie oben schon erörtert wurde, begreift der *Tractatus* die Gegenstände als »die Substanz der Welt« (2.021). Und mit dieser Auszeichnung treten nun auch sie in das Spiel der gegenseitigen Ersetzbarkeit von ›Form der Abbildung‹, ›logischer Form‹ und ›Möglichkeit der Sachlage‹ ein: »Die Gegenstände enthalten die Möglichkeit aller Sachlagen« (2.014). Es muß »die Möglichkeit des Sachverhaltes im Ding bereits präjudiziert sein.« (2.012). Substantiell – so macht die Logik klar – bedarf es also keiner anderen – *immanent bestimmten* – Bedingung für die Möglichkeit der Tatsachenwelt und der sinnvollen Sätze als der Gegenstände – das vereinfacht die ›Ontologie‹ und das ›ontologische‹ Vokabular des *Tractatus* natürlich erheblich, welche doch in ihrem komplexen Zusammenhang mit der Abbildtheorie zunächst so erschreckend mannigfaltig erschien.

Der dargestellte konstitutive Zusammenhang von Abbildung/ Satz, Sinn des Satzes, Form der Abbildung, logischer Form, Sachverhalt und dessen Möglichkeit macht den wesentlichen Inhalt der sogenannten ›Abbildtheorie‹ des *Tractatus* aus. Dieser Terminus ist brauchbar und gerechtfertigt, wenn bedacht wird, daß Bild und Abgebildetes nicht *grundlegend*, also in keiner Weise absolut getrennt sind. Die Trennung *ergibt* sich erst – ihr voraus liegt eine Koordination, die sinnvolle – wahre oder falsche – Behauptung erst ermöglicht.

Nur darüber, was der Fall ist oder doch in der Welt der Fall sein könnte, kann sinnvoll geredet werden. Nachgewiesen ist die gründliche Gebundenheit der Sprache an die Welt: Sie führt zwar zu dem ›metaphysischen Defizit‹ der Sprache, sichert aber – gegen den Skeptizismus – zugleich die empirische Erkenntnis. Daß *beides* geleistet wird, zeichnet den *Tractatus* übrigens vor so widersprüchlichen sprachkritischen Rundumschlägen aus, wie sie vor allem im zeitgenössischen Österreich – man denke an Mauthners Konzeptionen oder Hofmannsthals *Chandos Brief* – kursierten. (Vgl. Janik/Toulmin 1984, S. 164–181 bzw. S. 153–157).

Der Status der Sätze, welche die geschilderten Zusammenhänge darlegen, ist allerdings problematisch. Die Gesamtheit grundlegender, den Raum sinnvoller Rede betreffender und begrenzender Gedanken nennt Wittgenstein ›Logik‹, und »Die Logik ist transzendental.« (6.13). Wenn im Zuge des philosophie- und selbstkritischen Unternehmens schließlich die transzendentalphilosophischen Thesen, die die Logik auf den Begriff bringen, reflektiert und zuletzt überwunden werden, so ist doch der ganze Aufbau des Werks nicht möglich ohne eben diese Sätze, die darum ernstzunehmen sind.

2.3.3 Die »Logik der Tatsachen«

Diejenigen Gedanken des *Tractatus*, die logischen Problemen im engeren Sinne nachgehen, gehören, wie die langjährigen Vorarbeiten zur Abhandlung zeigen, zu den frühesten philosophischen Überlegungen Wittgensteins. (vgl.: Brian McGuinness: *Der Grundgedanke des* ›*Tractatus*‹. In: Schulte 1989b).

Wittgenstein untersucht die Funktion ›logischer Konstanten‹ u. a. für die Negation, Konjunktion und Alternation. Er propagiert mit den sogenannten ›Wahrheitstafeln‹ eine neue Notation für die logische Analyse von Sätzen. In Satz 6 des *Tractatus* wird »die allgemeine Form des Satzes« angegeben. Zudem deuten diese Erläuterungen aber auch auf grundlegende, ihnen zugrundeliegende Fragen. Was technisch scheint, weist über die reine Methodik hinaus. In Auseinandersetzung mit Frege und

Russell, deren Arbeit weitergeführt und revidiert wird, gelangt Wittgenstein zu elementaren Einsichten, die Stellung, den Wert von Logik und Philosophie selbst betreffend. Das analytische Instrumentarium des *Tractatus* soll kurz im Überblick vorgestellt werden.

2.3.3.1 Wahrheit und ihre Bedingungen

Was im Satz den Gegenständen entspricht, sind ›Namen‹. Ein Name jedoch behauptet nichts. Er hat ›Bedeutung‹ – seine Bedeutung ist eben der Gegenstand, den der Name nennt, ohne daß damit eine Festlegung derart erreicht wäre, daß Zustimmung oder Verneinung erfolgen könnte. Im ›Elementarsatz‹ stehen »Namen in unmittelbarer Verbindung« (4.221), und der »einfachste Satz, der Elementarsatz, behauptet das Bestehen eines Sachverhaltes.« (4.21). Die Komplexität augenfälliger Sachverhalte in der Welt indes schlägt sich erst im sprachlichen Abbild nieder, wenn sich mittels logischer Operationen Verbindungen von Elementarsätzen ergeben. Da der Satz – im Gegensatz zum bloßen Namen – wahr oder falsch sein kann, läßt sich theoretisch aus der Wahrheit oder Falschheit von Elementarsätzen auf die der komplexen Sätze schließen. Und logische Analyse üblicher Sätze geht gewissermaßen (nach dem Muster der Chemie) den umgekehrten Weg: Sie löst, angeleitet durch die logischen Grundregeln, die Satzverbindungen in ihre Elemente auf.

Ein einzelner Elementarsatz ist entweder wahr oder falsch – es bestehen also zwei ›Wahrheitsmöglichkeiten‹. Bei zwei Elementarsätzen können entweder beide wahr, oder beide falsch oder je einer wahr und einer falsch sein. Und davon hängt dann ab, ob der zusammengesetzte Satz wahr oder falsch ist. »Die Wahrheitsmöglichkeiten der Elementarsätze sind die Bedingungen der Wahrheit und Falschheit der Sätze.« (4.41). Die Elementarsätze treten in den mittels logischer Verknüpfung aus ihnen gebildeten Satz ein wie die Argumente in eine mathematische Funktion. Daher sagt Wittgenstein: »Der Satz ist eine Wahrheitsfunktion der Elementarsätze.« (5). Über den Wert einer Funktion entscheidet, was in sie eingesetzt wird, die Argumente; über den ›Wahrheitswert‹ (wahr oder falsch) einer Wahrheitsfunktion, eines Satzes entscheiden die Elementarsätze. So wird der Satz »p v q« (»p oder q«) dann wahr sein, wenn entweder »p« oder »q« oder beide, »p« und »q«, wahr sind, falsch aber nur dann, wenn beide falsch sind.

Die ›Wahrheitstafel‹ (vgl. u. a. 4.31 u. 5.101) ist eine Möglichkeit, den Satz als »Wahrheitsfunktion der Elementarsätze« aufzuweisen. Sie ist jedoch mehr als nur eine tabellarische Übersicht. Werden in jeweils einer Spalte alle Wahrheitsmöglichkeiten der zugrundeliegenden Elementarsätze angegeben, so kann zusätzlich in einer dritten der jeweils resultierende Wahrheitswert des zusammengesetzten Satzes, der Funktion erscheinen. In dieser dritten Spalte fände sich für das Beispiel dann ›(W W W F)‹, da der Satz unter drei Wahrheitsbedingungen wahr, unter einer aber falsch war.

Entscheidend ist, daß die Wahrheitstafel kein künstlicher Zusatz, kein bloßes, mehr oder weniger übersichtliches Hilfsmittel der Analyse ist. Sie ist vielmehr eine andere Schreibweise für Sätze. Sie ist Symbol für den Satz, nicht dessen Erklärung. Die Tafeln haben denselben Status wie die Sätze selbst – die Logik spricht aus ihnen, wird nicht an sie angelegt wie ein ihnen äußerliches Instrument. »(W W W F) (p, q)« sagt nichts anderes als »p v q« selbst (vgl. 4.442).

Wittgenstein behandelt (4.46ff.) zwei interessante Sonderfälle – die Tautologie und die Kontradiktion:

»Unter den möglichen Gruppen von Wahrheitsbedingungen gibt es zwei extreme Fälle.
In dem einen Fall ist der Satz für sämtliche Wahrheitsmöglichkeiten der Elementarsätze wahr. [. . .].
Im zweiten Fall ist der Satz für sämtliche Wahrheitsmöglichkeiten falsch. [. . .].
Im ersten Fall nennen wir den Satz eine Tautologie, im zweiten Fall eine Kontradiktion.« (4.46).

Ein Beispiel für eine Tautologie wäre »p v ~ p« (»p oder nicht-p« – etwa: »Es regnet oder es regnet nicht«). Dieser Satz ist unter allen Umständen wahr, unabhängig davon ob »p« wahr ist oder falsch, der Sachverhalt also besteht oder nicht besteht. Eine Kontradiktion wäre »p. ~ p« (»p und nicht-p«), denn dieser Satz ist immer falsch.

»Tautologie und Kontradiktion sind sinnlos.« (4.461), sie sind »aber nicht unsinnig« (4.4611). Sie zeigen etwas, sagen nichts, stehen außerhalb des logischen Raums möglicher Sachverhalte (da sie sinnlos sind, zeigen sie keinen möglichen Sachverhalt), können aber in dieser Distanz den Blick auf den ganzen logischen Raum gerade öffnen: »Die Tautologie läßt der Wirklichkeit den ganzen – unendlichen – logischen Raum; die Kontradiktion erfüllt den ganzen logischen Raum und läßt der Wirklichkeit keinen Punkt.« (4.463).

Einfach zwar, jedoch nicht läppisch sind diese Erörterungen. Denn die »Sätze der Logik sind Tautologien« (6.1) – was eine logische Untersuchung an Analysen und Thesen enthält ist demnach selbst sinnlos, die Situation der *Logisch-philosophischen Abhandlung* daher äußerst prekär.

Die Sätze der Logik belegen die logische Form der Welt: »Daß die Sätze der Logik Tautologien sind, das *zeigt* die formalen – logischen – Eigenschaften der Sprache, der Welt.« (6.12).

Aussagen über die logische Form sind unmöglich, was wesentlich Form ist, kann nicht zum Inhalt einer These gemacht werden. An den »Grenzfälle[n] der Zeichenverbindung«, an deren »Auflösung« (4.466) zeigt sich »das Wesen der Welt.« (5.4771).

2.3.3.2 Die allgemeine Form des Satzes

»Die allgemeine Form der Wahrheitsfunktion ist [p̄, ξ̄, N (ξ̄)].«
Dies ist die allgemeine Form des Satzes.« (6).

Wittgenstein gibt ganz allgemein und daher formal-abstrakt das grundlegende logische Modell der Wahrheitsoperationen an, durch die alle Sätze (Wahrheitsfunktionen) aus Elementarsätzen gewonnen werden.

»Es ist klar, daß bei der Beschreibung der allgemeinsten Satzform *nur* ihr Wesentliches beschrieben werden darf, – sonst wäre sie nämlich nicht die allgemeinste.« (4.5).

Die Variable ›p‹ steht für Elementarsätze, ›ξ‹ allgemein für eine Gruppe von Sätzen in einem Klammerausdruck (vgl. 5.501). Der Querstrich über ›p‹ und ›ξ‹ deutet die Vertretung *sämtlicher* Elemente einer bestimmten Menge von Sätzen an (vgl. ebd.). Der Ausdruck »N (ξ̄)« ist zu verstehen als die *wiederholte* Anwendung der sogenannten Sheffer-Strich Operation (»weder p noch q« – in anderer Notation »p | q«. Vgl. 5.1311) als der einzig notwendigen logischen Konstante auf die betroffenen Sätze (vgl. 5.5 ff. u. 6.001) – wobei die Elementarsätze den Anfang machen können und die Verknüpfung im weiteren auf die jeweiligen Resultate der vorangegangenen Operation angewendet wird.

»Man könnte sagen: Die eine logische Konstante ist das, was *alle* Sätze, ihrer Natur nach, mit einander gemein haben.« (5.47). Wiederholte Wahrheitsoperationen mit dieser Konstante generieren sämtliche möglichen Aussagen: »Die Anzahl der nötigen Grundoperationen hängt *nur* von unserer Notation ab.« (5.474).

So kann z. B. »p v q« (»p oder q«) nun ausgedrückt werden als »p | q . | . p | q« (»weder ›weder p noch q‹ noch ›weder p noch q‹«) – »p v q« ist nämlich nur dann falsch, wenn sowohl »p« als auch »q« falsch sind; das »weder – noch« dagegen macht eine zusammengesetzte Aussage wahr im entgegengesetzten Fall, d. h. wenn »p« und »q« beide falsch sind. Und so führt nun die Anwendung dieser »weder – noch« Konstante auf die *beiden* Teilaussagen zu demselben Ergebnis wie »p v q« – es dürfen nicht beide Teilaussagen wahr sein (»p« und »q« also beide falsch), damit der Gesamtausdruck wahr ist.

Alle Sätze ergeben sich aus Elementarsätzen, »p̄«, auf welche die Operation mit der Verknüpfung angewendet wird, für die der Ausdruck »N (ξ̄)« steht.

Die *Allgemeine Form des Satzes* gibt die Art und Weise an, wie Sätze (als Wahrheitsfunktionen) aus anderen Sätzen, letztlich aus Elementarsätzen aufgebaut sind. Wittgenstein ist es hier um völlige Vereinheitlichung des logischen Apparates und um den Nachweis zu tun, daß die Elementarsätze tatsächlich zuzüglich einer logischen Konstante letztlich in sämtliche Sätze eingehen.

»Die allgemeine Satzform ist das Wesen des Satzes.« (5.471); »Das Wesen des Satzes angeben, heißt, das Wesen aller Beschreibung angeben, also das Wesen der Welt.« (5.4711).
»Die Beschreibung der allgemeinsten Satzform ist die Beschreibung des einen und einzigen allgemeinen Urzeichens der Logik.« (5.472).

2.3.3.3 Kritik der Typentheorie und ›Grundgedanke‹ des Tractatus

Bei Wittgensteins Entschluß, einer Karriere als Ingenieur (oder als Pilot?) zu entsagen und sich der Logik zu widmen, hat sicherlich die Lektüre einiger der folgenden Werke mitgespielt, wobei Freges *Grundgesetze* und Russells *Principles* entscheidend waren.

Gottlob Frege (1848–1925): *Begriffsschrift* (1879); *Die Grundlagen der Arithmetik* (1884); *Grundgesetze der Arithmetik* (1893 1. Bd./1903 2. Bd.).

Bertrand Russell (1872–1970): *The Principles of Mathematics* (1903); Ders. (mit A. N. Whitehead): *Principia Mathematica* (3 Bde. 1910–1913). – Für einen Überblick vgl. Russell 1979).

Im Vorwort des *Tractatus* gibt Wittgenstein zu verstehen, es sei ihm »gleichgültig [. . .], ob das, was ich gedacht habe, vor mir schon ein anderer gedacht hat.« Dem folgt jedoch Dank:

Wittgenstein nennt die »großartigen Werke Freges« und die Arbeiten Russells, denen er »einen großen Teil der Anregung« zu seinen Gedanken schulde.

Sichtbar wird diese ›Anregung‹ in den Thesen zur logischen Methodik, und hier sind es vor allem die *Einwände* Wittgensteins, die ins Auge fallen. Solange es nur um Instrumentelles (z. B. den Begriff der Funktion, die logische Notation) geht, bewegt sich das Buch in den Spuren der genannten Vorväter – hinsichtlich der Konsequenzen dieser technischen Elementarlehre für den weiteren Gedankengang der Philosophie aber zieht Wittgenstein seine eigene Bahn.

Ein wesentlicher Ansatzpunkt für Wittgensteins Kritik an seinem Mentor Bertrand Russell ist dessen ›Typentheorie‹ – den angeblich ›logischen‹ Festlegungen, die Russell mit diesem Konzept vornimmt, widerspricht der *Tractatus* und entwickelt dagegen seinen eigenen Begriff von Logik:

Russell geht aus von der scheinbar sinnvollen und alltäglichen Feststellung, daß es Klassen gibt, die nicht Element ihrer selbst sind. Im Gegensatz etwa – wie man denken könnte – zur Klasse aller Klassen, die doch auch eine Klasse sein müßte, ist z. B. die Klasse aller Tische oder Stühle selbst kein Tisch oder Stuhl. Der Begriff der ›Klasse aller Klassen, die nicht Element ihrer selbst sind‹, führt jedoch zu einem Widerspruch: Wie steht es denn eben mit der umfassenden ›Klasse aller Klassen, die nicht Element ihrer selbst sind‹? Ist sie Element ihrer selbst? Ist sie es, dann ist sie es nicht, da sie dann ja Element einer Klasse aller derjenigen Klassen wäre, die nicht Element ihrer selbst sind. Umgekehrt funktioniert das natürlich auch. – Das klingt eher akademisch, hat aber, wie sich zeigen wird, durchaus gewichtige Konsequenzen auch außerhalb der Mathematik: So kann der Widerspruch als abstrakte Form des berühmten und elenden Lügnerparadoxes gelten (in seiner einfachen Form der Satz ›Ich lüge‹ – Ist der Satz wahr, so scheint es, dann ist er falsch, gelogen, und umgekehrt). Und Wittgensteins Kritik an Russells Versuch, den Widerspruch aufzulösen, führt vor Augen, wie solche Fragen im Zusammenhang stehen mit der *Tractatus*-Philosophie und ihren Gedanken über die Stellung logischer Aussagen.

Zur Lösung der Widersprüche bemerkt Russell:

»So haben alle unsere Widersprüche die Annahme einer Gesamtheit gemeinsam, die, wenn sie legitim wäre, sogleich durch neue Elemente erweitert würde, die mit ihrer Hilfe definiert wären. Dieses Ergebnis führt uns zu der Regel: Was immer alle Elemente einer Menge involviert, kann kein Element dieser Menge sein. Oder umgekehrt: Wenn eine Menge, die eine Gesamtheit darstellt, Elemente besitzt, die nur mit Hilfe dieser Gesamtheit definierbar sind, dann stellt die besagte Menge keine Gesamtheit dar.« (Russell 1979, S. 26).

Diese Regel soll z. B. das Lügnerparadox aus der Welt schaffen.

Die Selbstreflexivität bestimmter Aussagen wird, um die Paradoxa aufzulösen, in eine Hierarchie von Typen und immer neuer möglicher Metasprachen umgewandelt. Die Einsicht, daß bestimmte Aussagen in bezug auf andere metasprachlichen Rang haben, ihr Gegenstandsbereich also einem höheren, dem nächst höheren Typ zugehört, soll Widersprüche wie die Selbstanwendung des Satzes ›ich lüge‹ auflösen: ›Ich lüge‹ wäre demnach ein – recht seltsamer und so eigentlich nicht gebräuchlicher – metasprachlicher Ausdruck *in bezug auf* oder *über* alle meine *sonstigen* lügnerischen Aussagen – und keine dieser Aussagen selbst.

»Jede Aussagefunktion hat einen bestimmten *Signifikanzbereich*, in dem die Argumente liegen, für die die Funktion Werte hat. Innerhalb dieses Argumentbereichs ist die Funktion wahr oder falsch, während sie außerhalb dessen sinnlos ist.« (Russell 1979, S. 35–36).

»Ein *Typ* ist definiert als Signifikanzbereich einer Aussagefunktion, d. h. als Menge der Argumente, für die die fragliche Funktion Werte hat. [. . .]. Die Gliederung der Objekte in Typen ist wegen der sonst entstehenden reflexiven Trugschlüsse notwendig.« (Russell 1979, S. 38).

Wittgensteins Theorie, die nur Namen als Zeichen für Gegenstände kennt und der der Gegenstand das letzte, einfachste und vor allem das einzige ist, dem Bedeutung zukommt, muß dieser aus der Not geborenen Vielfalt widersprechen. Hier waren doch gewissermaßen ontologische Differenzierungen eingeführt worden, um die Logik gegen Paradoxien zu schützen.

»Unser Grundsatz ist, daß jede Frage, die sich überhaupt durch die Logik entscheiden läßt, sich ohne weiteres entscheiden läßt.
(Und wenn wir in die Lage kommen, ein solches Problem durch Ansehen der Welt beantworten zu müssen, so zeigt dies, daß wir auf grundfalscher Fährte sind.)« (5.551).

»In der logischen Syntax darf nie die Bedeutung eines Zeichens eine Rolle spielen; sie muß sich aufstellen lassen, ohne daß dabei von der *Bedeutung* eines Zeichens die Rede wäre« (3.33).

»Von dieser Bemerkung sehen wir in Russells ›Theory of Types‹ hinüber: Der Irrtum Russells zeigt sich darin, daß er bei der Aufstellung der Zeichenregeln von der Bedeutung der Zeichen reden mußte. (3.331).

Wittgensteins Argumentation gegen Russells Typentheorie macht sich die Unterscheidung von ›Zeichen‹ und ›Symbol‹ zunutze. Das ›Zeichen‹ ist vorfindlich – es steht auf dem Papier oder klingt ans Ohr. Das ›Symbol‹ dagegen hat eine eindeutig festgelegte Bedeutung. »Zwei verschiedene Symbole können also das Zeichen (Schriftzeichen oder Lautzeichen etc.) miteinander gemein haben – sie bezeichnen dann auf verschiedene Weise.« (3.321). Das Symbol ist Element einer »Zeichensprache [. . .], die der *logischen* Grammatik – der logischen Syntax – gehorcht.« (3.325), und seine Verwendung schaffte Widersprüche, die Russell mühsam und aufwendig lösen mußte, ohne weiteres aus der Welt:

»Eine Funktion kann deshalb nicht ihr eigenes Argument sein, weil das Funktionszeichen bereits das Urbild seines Arguments enthält und es sich nicht selbst enthalten kann.
Nehmen wir nämlich an, die Funktion F(fx) könnte ihr eigenes Argument sein; dann gäbe es also einen Satz ›F(F(fx))‹ und in diesem müssen die äußere Funktion F und die innere Funktion F verschiedene Bedeutung haben« (3.333).

Die Form der beiden Aussagen, der *in sich enthaltenen* und der *sich enthaltenden* Behauptung, ist in jedem Falle unterschiedlich, es handelt sich um unterschiedliche ›Symbole‹ (vgl. 3.32 ff.) – unabhängig von der zufälligen Tatsache, daß man es bei mangelhafter Notation und in Paradoxa wie dem ›Lügner‹ – mit ein und demselben materiellen Ausdruck (›Zeichen‹) zu tun hat. »Es kann nie das gemeinsame Merkmal zweier Gegenstände anzeigen, daß wir sie mit demselben Zeichen, aber durch zwei verschiedene *Beziehungsweisen* bezeichnen. Denn das Zeichen ist ja willkürlich.« (3.322).

Willkürlichkeit des Zeichens ist im Grunde eine der simpelsten Voraussetzungen der Theorie des *Tractatus*: Allein schon die offensichtliche Möglichkeit, daß Sätze, Sätze *jeder* Sprache und unterschiedliche Sätze einer Sprache eine Tatsache der Welt *abbilden* können, setzt die Beliebigkeit des Ausdrucks und, wie oben dargestellt, zugleich die Identität der Form (der Abbildung, d. i. der Wirklichkeit) voraus.

Russells Paradox wird nicht eigentlich auf dem Niveau des Widerspruchs gelöst, es »erledigt sich« (3.333) – »Die richtige Urteilstheorie muß es unmöglich machen, Unsinn zu urteilen.« (AüL, S. 191).

Als seinen »Grundgedanken« bezeichnet es Wittgenstein, »daß die ›logischen Konstanten‹ nicht vertreten. Daß sich die Logik der Tatsachen nicht vertreten läßt.« (4.0312).

Die Typentheorie Russells setzte voraus, daß logische Konstanten ›vertreten‹, da in ihr eine scheinbare Widersprüchlichkeit logischer Operationen zur Hierarchie von Aussagen über einfache Gegenstände und Aussagen höheren Typs – dadurch aber auch zu entsprechenden Differenzierungen unter den Signifikaten, in der Welt führte.

»Nie können wir einen logischen Typ von einem anderen unterscheiden, indem wir Angehörigen des einen Typs eine Eigenschaft zuschreiben, die wir den Angehörigen des anderen absprechen.« (AüL, S. 195).

In einem verwandten, doch allgemeineren Kontext zeigt sich die Bedeutung von Wittgensteins Grundgedanken deutlicher. So deklariert der *Tractatus:*
»Die Frage nach der Existenz eines formalen Begriffes ist unsinnig. Denn kein Satz kann eine solche Frage beantworten.« (4.1274). In den Bereich einer solchen, unsinnigen Frage gehört z. B. die Frage nach der Existenz von Gegenständen (s. o.). In dieser Allgemeinheit aufgeworfen, in Absehung vom sinnvollen Interesse an z. B. der ›Existenz‹ eines Tisches, fehlt dem ›Gegenstand‹ das innerweltliche Pendant: Tische, Stühle etc. sind wohl vorhanden, einen ›Gegenstand‹, zumal einen, der dem elementaren Gegenstandsbegriff des *Tractatus* Genüge täte, kann man nicht entdecken.

Im *Tractatus* wird der Gedanke strikt abgewiesen, der Gebrauch logischer Ausdrücke beruhe in Analogie zum Namen auf in irgendeiner Weise ›gegenständlicher‹, ›objektiver‹ Bedeutung. Daß z. B. dem Zeichen ›∼‹ für die Negation, aber auch dem ihm entsprechenden Ausdruck aus der nicht formalisierten Sprache irgend*etwas* entsprechen könnte, muß als absurd gelten. Denn die einfache Aussage behält doch bei doppelter Negation ihren Sinn, und das Spiel ließe sich beliebig fortsetzen:

»Daß aus einer Tatsache p unendlich viele *andere* folgen sollten, nämlich ∼∼p, ∼∼∼∼p etc., ist doch von vornherein kaum zu glauben. Und nicht weniger merkwürdig ist, daß die unendliche Anzahl der Sätze der Logik (der Mathematik) aus einem halben Dutzend ›Grundgesetzen‹ folgen.« (5.43). – (Vgl. AüI, S. 188).

Man könnte einwenden, die den logischen Konstanten entsprechende ›Objektivität‹ sei eben anders und in völliger Abkehr vom üblichen Verständnis zu denken. So waren ja auch die ›Gegenstände‹ des *Tractatus* jedenfalls nicht handgreiflich. Doch dort wie hier schneidet Wittgenstein solchen Spekulationen das Wort ab: »Alle Sätze der Logik sagen aber dasselbe. Nämlich nichts.« (5.43).

Was Wittgenstein als Tautologie *und* tautologisch faßt, erhält für Frege, wie es scheint, eine ausgezeichnete Stellung, die sich der normalen Geltung unserer Behauptungen entzieht: »[. . .] so sind auch die Gesetze des Wahrseins nicht psychologische Gesetze, sondern Grenzsteine in einem ewigen Grunde befestigt, von unserm Denken überfluthbar zwar, doch nicht verrückbar.« (*Grundgesetze der Arithmetik*. 1983. Bd. 1, S. XVIII. Zit. nach McGuinness 1988, S. 138).

Wittgenstein müßte seinem Exegeten McGuinness hier wohl wiedersprechen, der anmerkt, Frege, der »an dieser tief empfundenen Stelle« die grundsätzliche Differenz der Logik von anderen Wissenschaften doch anerkenne, gehe damit »immerhin ein Stück des Weges« (Schulte 1989 b, S. 35). Denn es handelt sich anscheinend um eine Sackgasse.

Auch Russell will objektivieren, was den Ausdrücken der Logik entspricht, »so daß das Bewußtsein in der gleichen Weise mit ihnen Bekanntschaft schließen kann wie mit der Röte oder dem Geschmack der Ananas« (*Principles of Mathematics*. London [1]1902 – Zit. nach McGuinness 1988, S. 140). Es falle »oft leichter zu erkennen, daß es solche Entitäten geben muß, als sie wirklich wahrzunehmen« (ebd.). Und Russell gesteht zu, »daß hier etwas nicht stimmt, doch was das ist, habe ich bisher nicht ermitteln können.« (ebd.).

Wo die Fragestellung bereits die falsche Richtung festgelegt hat, kann weitere Nachforschung nichts erbringen. Schon der *Tractatus* vermerkt befreiend, daß die Probleme »verschwinden« (PU, 133): »Hier zeigt es sich, daß es ›logische Gegenstände‹, ›logische Konstante‹ (im Sinne Freges und Russells) nicht gibt.« (5.4).

Was die Logik leistet, zeigt sich, wird nicht zum Inhalt, sondern ist Rahmen und bildet – formal – das ordnende Medium für Erkenntnis und Wirklichkeit.

In diesem Zusammenhang hat man übrigens, um die unterschiedlichen Auffassungen Russells (Freges) und Wittgensteins zu kennzeichnen, von einer ›platonischen‹ im Gegensatz zu einer ›aristotelischen‹ Konzeption gesprochen. (David Pears: *Die Beziehungen zwischen Wittgensteins Bildtheorie des Satzes und Russells Urteilstheorien*. In: Schulte 1989b, S. 61 u. 62).

Wie Äußerungen aus späteren Jahren zeigen, war Russell vom *Tractatus* und von der Kritik seines Freundes beeindruckt:

»Man braucht nicht in der wirklichen Welt nach einem Objekt zu suchen, das man mit dem Wort ›oder‹ bezeichnen und auf das man hinweisen könnte. Es gibt kein solches Ding.«

(Russell 1979, S. 208). – Diese Bemerkung findet man im Abdruck einer Vorlesung von 1918, der Russell einen Hinweis auf Wittgenstein voranstellt. Er sagt, was er vorzutragen habe, befasse »sich hauptsächlich mit gewissen Ideen, die von meinem Freunde und früheren Schüler Ludwig Wittgenstein stammen. Seit August 1914 habe ich nichts mehr von ihm gehört und weiß nicht einmal, ob er überhaupt noch lebt. Er trägt daher für das Folgende keinerlei Verantwortung [. . .].« (Russell 1979, S. 178).

Russel redet viel weniger apodiktisch als Wittgenstein, er ist sich seiner Sache – vielleicht unter dessen Einfluß – nicht mehr ganz sicher:

»Das sind Aussagen der Logik: Sie haben eine besondere Qualität, die sie von anderen Aussagen unterscheidet und die es uns ermöglicht, a priori zu wissen, daß sie wahr sind. Welche diese Qualität ist, kann ich jedoch nicht genau sagen. [. . .] Es tut mir leid, daß ich so viele Probleme habe offenlassen müssen. Ich muß mich immer wieder dafür entschuldigen. Aber die Welt ist wirklich sehr konfus. Ich kann ihr nicht helfen.« (Russell 1979, S. 238).

2.3.4 *»Die Logik ist keine Lehre«*

Die logischen Untersuchungen des *Tractatus* führen zu der Einsicht, daß die allgemeinen Sätze der Abhandlung selbst, d. h., generell gesagt, ›die Sätze der Logik‹ tautologisch sind, nichts über die Welt *sagen*, da sie keine möglichen Sachverhalte repräsentieren. Ein hoffnungsloses Unterfangen ist es deshalb, das belegt die Kritik Wittgensteins an Frege und Russell, in der Welt nach Gewähr für die problematischen logischen Thesen zu suchen:

»Die Logik muß für sich selber sorgen.« (5.473) – sie stützt sich nicht auf irgendeine, ihr entsprechende ›Objektivität‹. – Und in den Tagebüchern heißt es im Anschluß daran: »Dies ist eine ungemein tiefe und wichtige Erkenntnis.« (2. 9. 1914).

Der Versuchung, das, was die Logik ausdrückt, als Verweis auf Seiendes irgendwelcher, wenn auch sonderbarer und ausgezeichneter Art anzusehen, muß widerstanden werden – nur so sind unsinnige Fragestellungen und Scheinlösungen zu vermeiden:

»Die Entstehung der Probleme: die drückende Spannung, die sich einmal in eine Frage zusammenballt und sich objektiviert.« (24. 5. 1915).

Doch offensichtlich konturieren logische Sätze einen Rahmen für mögliche Erkenntnis, *zeigen* eine ›Form‹, deuten damit in einen Problembestand, dem der Mensch und die Philosophie trotz allem und durchaus berechtigt nachgehen können: »Die Menschen haben immer geahnt, daß es ein Gebiet von Fragen geben müsse, deren Antworten – a priori – symmetrisch, und zu einem abgeschlossenen, regelmäßigen Gebilde vereinigt liegen. Ein Gebiet, in dem der Satz gilt: Simplex sigillum veri.« (5.4541).

Der *Tractatus* steht insofern in jener Tradition, als er an der Schwelle zum Redeverbot grundlegende Einsichten postiert und Reflexionen über ein Ganzes darstellt: »Ja, meine Arbeit hat sich ausgedehnt von den Grundlagen der Logik zum Wesen der Welt.« (2. 8. 1916). – Das ›Wesen der Welt‹ eine Tautologie! – Nicht länger nur als Dementi hochgemuter philosophischer Spekulation ist das zu verstehen, es bedeutet vielmehr eine Erkenntnis, die nicht nur als solche festgestellt, sondern der darüberhinaus im *Tractatus* eine gewisse Struktur zugewiesen wird.

Die Logik drückt – mit einem alten Begriff – Kategoriales aus: An ihr zeigt sich, was sinnvolle Behauptung nicht übermittelt: Notwendigkeit, Möglichkeit oder Unmöglichkeit einer Sachlage:

»Die Wahrheit der Tautologie ist gewiß, des Satzes möglich, der Kontradiktion unmöglich.« (4.464).

»Gewißheit, Möglichkeit oder Unmöglichkeit wird nicht durch einen Satz ausgedrückt, sondern dadurch, daß ein Ausdruck eine Tautologie, ein sinnvoller Satz oder eine Kontradiktion ist.« (5.525).

Im Satz 4.126 ist in diesem Zusammenhang gar von ›formalen Begriffen‹ die Rede – das Kategorische, die Form, wird in problematischen Thesen erläutert.

Die Sinnlosigkeit der Logik ist nicht nur Manko: In ihrer elementaren Distanz zu Behauptungen über die Welt, über mögliche Sachverhalte, die durch den Blick in die Wirklichkeit verifiziert werden müssen, erlangen die Sätze der Logik den Rang eines Apriori. So können sie eo ipso kein Abbild sein, denn »Ein a priori wahres Bild gibt es nicht.« (2.225). – »Daß die Logik a priori ist, besteht darin, daß nicht unlogisch gedacht werden *kann*.« (5.4731). Von empirischer Sachkenntnis ist der Nachweis der Bedingung ihrer Möglichkeit nicht zu erwarten. Aufgeschreckt aus ihrem alltäglichen Geschäft, begegnet sie wehrlos dem Vorwurf der Kontingenz: »Alles was wir sehen, könnte auch anders sein. Alles, was wir überhaupt beschreiben können, könnte auch anders sein.« (5.634).

Die Gründe aber dieser Unsicherheit deckt eine Reflexion auf a priori, kategorisch Notwendiges, d. h. im Denken des *Tractatus* auf die Tautologie auf. Die Notwendigkeit der Logik begrenzt den ›Raum‹ möglicher Erfahrung: »*Die Grenzen meiner Sprache* bedeuten die Grenzen meiner Welt.« (5.6). »Die Logik erfüllt die Welt; die Grenzen der Welt sind auch ihre Grenzen.« (5.61).

Die transzendentale Nachfrage ist stets schwierig, was sie erreicht, höchst fragil, da sich niemals ein definitives Resultat ergeben kann. Was sie reflexiv einsieht, darf sich ihr nicht verfestigen. »Meine Methode ist es nicht, das Harte vom Weichen zu scheiden, sondern die Härte des Weichen zu sehen.« (1. 5. 1915). Wo sie scheinbar sicheren Grund erreicht hat, ist sie zu weit gegangen. Immer besteht die Gefahr, daß die Tautologie wie ein Bild erscheint, daß der Blick auf das Ganze wie dessen Teil behandelt wird.

»Die Logik ist keine Lehre, sondern ein Spiegelbild der Welt. Die Logik ist transzendental.« (6.13).

Eindrucksvoll belegen die Vorarbeiten Wittgensteins zum *Tractatus* die Anspannung eines Denkens, das sich von der Haftung an Objektivität lösen und deren Grund berühren will. Nach dem »erlösenden Wort« (20. 1. 1915) sehnt sich die Philosophie, und wo die Metaphorik des Schauens die Suche beschreibt, verstellt sie offensichtlich das Ziel zugleich: »Das klare Sehen will sich nicht einstellen.« (Kriegstagebücher, 13. 11. 1914. Zit. nach McGuinness 1988, S. 352).

Der Krieg beeinflußt die Bilder, die in den kodierten Tagebüchern Wittgensteins Lösungs- oder Erlösungsversuche charakterisieren:

»Sehr viel gearbeitet, zwar noch ohne Erfolg, aber mit Zuversicht. Ich *belagere* jetzt mein Problem.« (25. 10. 1914. Zit. nach McGuinness 1988, S. 352).

»Den ganzen Tag gearbeitet. Habe das Problem *verzweifelt* gestürmt! Aber ich will eher mein Blut vor dieser Festung lassen, ehe ich unverrichteter Dinge abziehe« (31. 10. 1914; ebd.).

»Wieder keine Klarheit des Sehens. Obwohl ich ganz offenbar vor der Lösung der tiefsten Frage stehe, daß ich mir fast die Nase daran stoße!!! Mein Geist ist eben jetzt dafür einfach blind! Ich fühle, daß ich *an dem*

Tor daran stehe, kann es aber nicht klar genug sehen, um es öffnen zu können.« (16. 11. 1914. Zit. nach McGuinness 1988, S. 354).

Poetische Einkleidung verdeckt hier, daß es im Grunde nichts zu *stürmen* gibt: Was sich zeigt, kommt ohnehin zum Vorschein – das ›Gesetz‹ verstellt keine Tür. Die logischen Untersuchungen des *Tractatus* belegen diese Einsicht – auch sie jedoch nur um den Preis ihrer eigenen Sinnleere, ihrer Weltlosigkeit: »Die logischen Sätze beschreiben das Gerüst der Welt, oder vielmehr, sie stellen es dar. Sie ›handeln‹ von nichts.« (6.124).

Die »Grenzen der Welt« (5.61) sind die der Logik, sind logische. Solche Grenzziehung ist eigentlich keine Beschränkung, sondern vielmehr die Öffnung hin auf alles Mögliche überhaupt. Die Öffnung ist dessen Bedingung als Eröffnung des logischen Raums. Der logische Raum aber entspricht der ›Grenze der Welt‹. Die sprachlich-gedankliche Fixierung der Grenzen ist nicht möglich, da die Logik die Bedingung möglicher Erfahrung und erkennender Erläuterung überhaupt darstellt, notwendig ist, nicht ›nur-möglich‹: »Etwas Logisches kann nicht nur-möglich sein.« (2.0121).

Was man die ›Subjektphilosophie‹ des *Tractatus* nennen könnte, steht in diesem Zusammenhang: »Das Subjekt gehört nicht zur Welt, sondern es ist eine Grenze der Welt« (5.632) – es kann im Grunde mit dem logischen Raum aller Möglichkeiten identifiziert werden und ist daher *in* der Welt nicht anzutreffen: »Das denkende, vorstellende, Subjekt gibt es nicht.« (5.631) – es ist also keine Tatsache, es gehört zur »Lösung«, nicht zur »Aufgabe« (6.4321). Wo allerdings philosophische Deduktion – wie problematisch auch immer – sich äußert, erschließt sich ihr Subjekt gerade als das Unhintergehbare, als eine Evidenz, die der Möglichkeit von Sprache, Erfahrung und Welt stets noch vorangeht. »Das Ich tritt in die Philosophie dadurch ein, daß ›die Welt meine Welt ist‹. [. . .] Das philosophische Ich ist [. . .] das metaphysische Subjekt, die Grenze – nicht ein Teil – der Welt.« (5.641). Die Identifikation von Subjekt, Logik und Grenze der Welt belegt eindrücklich die Nähe der Überlegungen zur Philosophie Kants. Wenn der *Tractatus* schließlich andeutet, »daß der Solipsismus, streng durchgeführt, mit dem reinen Realismus zusammenfällt« (5.64), entspricht er dem ›Lehrbegriff‹ der *Kritik der reinen Vernunft*, die als *transzendentaler Idealismus* mit der selbstbewußten Begrenzung der Domäne von Erkenntnis diese sicher gründet und daher ebenso gut als *empirischer Realismus* angesprochen werden kann:

»Der transzendentale Idealist kann hingegen ein empirischer Realist, mithin, wie man ihn nennt, ein *Dualist* sein, d. i. die Existenz der Materie einräumen, ohne aus dem bloßen Selbstbewußtsein hinauszugehen, und etwas mehr, als die Vorstellungen in mir, mithin das cogito, ergo sum, anzunehmen. Denn weil er diese Materie und sogar deren innere Möglichkeit bloß für Erscheinung gelten läßt, die, von unserer Sinnlichkeit abgetrennt, nichts ist: so ist sie bei ihm nur eine Art Vorstellungen (Anschauung), welche äußerlich heißen, nicht, als ob sie sich auf *an sich selbst äußere* Gegenstände bezögen, sondern weil sie Wahrnehmungen auf den Raum beziehen, in welchem alles außereinander, er selbst, der Raum, aber in uns ist. [. . .] Also ist der transzendentale Idealist ein empirischer Realist und gesteht der Materie, als Erscheinung, eine Wirklichkeit zu, die nicht geschlossen werden darf, sondern unmittelbar wahrgenommen wird.« (*Kritik der reinen Vernunft*, A 370–371).

Daß sinnvoll über die Welt, und nur über sie, geredet werden kann, ist die Grenzziehung, zu der die Kritik der Sprache, ihre Selbstreflexion, im *Tractatus* führt. Die Bedingungen der Möglichkeit sinnvoller Rede aber – die Grenze, der logische Raum und schließlich das metaphysische Subjekt – können gar nicht diskursiv begriffen werden.

»Das Ich, das Ich ist das tief Geheimnisvolle!« (5. 8. 1916). – Das Ich ist nicht ›Teil der Welt‹: Es kann weder geleugnet noch statuiert werden und ist daher als Gegenstand philosophischer Dogmen nicht zu haben. Wittgenstein konstruiert eine Andeutung e negativo seiner Notwendigkeit: In einem Buch »›Die Welt, wie ich sie vorfand‹« (5.631) wäre die gesamte kontingente Faktizität aufzuführen, nur das Subjekt nicht – »Von ihm allein nämlich könnte in diesem Buche *nicht* die Rede sein.« (5.631). Nirgendwo unter den bestehenden und möglichen Sachverhalten auszumachen und dennoch stets von unmittelbarere Evidenz, wird das Subjekt im *Tractatus* mit der Bedingung der Möglichkeit von Welt und Sprache identifiziert. Es etwa als ›Seele‹ beschreiben zu wollen, kann nur dazu führen, daß das, was eigentlich gemeint war, verfehlt, immanent bestimmt wird. Am Gegenstand dieser empirischen Bestimmung des Subjekts mag sich dann die ›Psychologie‹, die Wittgenstein unter die ›Naturwissenschaften‹ (4.1121) zählt, erproben. Wiederum zeigt sich die Verwandtschaft mit Transzendentalphilosophie, deren Unterscheidung von transzendentalem und empirischem Subjekt die Differenz von unhintergehbarem Selbstbewußtsein und artikulierter Selbsterfahrung ausdrückt.

Trotzdem kann um *begründender* Einsicht willen auf den Versuch philosophischer Rede nicht verzichtet werden, jene

Grenze zu bestimmen und sie auf ihre Bedingung hin zu überschreiten. In eindrucksvoller Parallele zu Wittgenstein schreibt Franz Kafka 1910 in sein Tagebuch:

»Endlich nach fünf Monaten meines Lebens, in denen ich nichts schreiben konnte, womit ich zufrieden gewesen wäre und die mir keine Macht ersetzen wird, trotzdem alle dazu verpflichtet wären, komme ich auf den Einfall, wieder einmal mich anzusprechen. Darauf antwortete ich noch immer, wenn ich mich wirklich fragte, hier war immer noch etwas aus mir herauszuschlagen [. . .]. Alle Dinge nämlich die mir einfallen, fallen mir nicht von der Wurzel aus ein, sondern erst irgendwo gegen ihre Mitte. Versuche sie dann jemand zu halten, versuche jemand ein Gras und sich an ihm zu halten das erst in der Mitte des Stengels zu wachsen anfängt. [. . .] Es ist das natürlich nicht alles, und eine solche Anfrage bringt mich noch nicht zum Reden. Aber jeden Tag soll zumindest eine Zeile gegen mich gerichtet werden, wie man die Fernrohre jetzt gegen den Kometen richtet.« (Franz Kafka: *Tagebücher*. Hg. von H. G. Koch, M. Müller u. M. Pasley. Frankfurt a. M. 1990, S. 13–14).

Das Bestreben, die Welt als begrenzte zu sehen, ist bei weitem ›nicht alles‹. Was sich klar sagen läßt beginnt ja quasi erst mit dieser Begründung. Doch das Sagbare selbst erscheint aus neuer Perspektive. *In ihr* bleibt alles beim alten, *an* der Welt zeigt sich, was Philosophie erreicht: »Kurz, die Welt muß dann dadurch überhaupt eine andere werden. Sie muß sozusagen als Ganzes abnehmen oder zunehmen.« (6.43).

2.4.3.1 Logik und Ästhetik

Der Bereich des ›Transzendentalen‹ bildet im *Tractatus* mit all seinen unterschiedlichen Bestimmungen – den sprachtheoretisch-logischen (Grenze, log. Raum, Möglichkeit der Sachlage etc.), den ›subjektphilosophischen‹ (metaphysisches Subjekt, meine Welt, Ich), der Ethik und der Ästhetik – im Grunde eine, wenn auch höchst problematische Einheit.

»Nur aus dem Bewußtsein der *Einzigkeit meines Lebens* entspringt Religion – Wissenschaft – und Kunst.« (1. 8. 1916)

Insofern läßt sich das Denken Wittgensteins, das alle grenzüberschreitende Theorie verweigert, gewissermaßen als philosophisches System *e negativo* verstehen: »Alles das, was *viele* heute *schwefeln*, habe ich in meinem Buch festgelegt, indem ich darüber schweige.« (W. an v. Ficker, Oktober oder November 1919. Briefe, S. 97).

Der *Tractatus* steht in philosophischer Tradition, indem er diese explizit ad absurdum führen will. Er bezieht neben der Logik auch Ethik und Ästhetik in seine kritische Reflexion ein und schlägt sie dem Unsagbaren zu.

»Alle Sätze sind gleichwertig.« (6.4).

»Darum kann es auch keine Sätze der Ethik geben.
Sätze können nichts Höheres ausdrücken.« (6.42).

»Es ist klar, daß sich die Ethik nicht aussprechen läßt.
Die Ethik ist transzendental.
(Ethik und Ästhetik sind Eins.)« (6.421).

Die *Logisch-philosophische Abhandlung* weiß allerdings nur recht wenig über Ethisches und über die Kunst zu sagen: Sie nimmt hier die Beschränktheit dessen, worüber man sprechen kann, ernster als im Falle der Logik, welche erst nach langen theoretischen Darlegungen ausdrücklich die Einsicht in ihre Sonderstellung gewinnt. Vor allem die Bemerkungen über die Kunst aber, wie man sie etwas häufiger noch als im *Tractatus* in den Tagebüchern findet, illustrieren die Bedeutung der sprachkritischen Reflexionen. So wird das musikalische Thema dem Satz verglichen:

»Die Kenntnis des Wesens der Logik wird deshalb zur Kenntnis des Wesens der Musik führen.« (7. 2. 1915).

»Die Melodie ist eine Art Tautologie, sie ist in sich selbst abgeschlossen; sie befriedigt sich selbst«. (4. 3. 1915).

Die ›ästhetischen‹ Thesen machen die opake Einheit des begrenzenden Ganzen transparenter – mit ihnen zeigt sich genauer, *was* nicht gesagt werden kann, *worauf* das Denken Verzicht tun muß. Daß sie aber die Kunst so auszeichnet, schlägt Wittgensteins Philosophie hier letztlich einer alten Tradition zu.

»Das Kunstwerk ist der Gegenstand sub specie aeternitatis gesehen; und das gute Leben ist die Welt sub specie aeternitatis gesehen. Dies ist der Zusammenhang zwischen Kunst und Ethik.
Die gewöhnliche Betrachtungsweise sieht die Gegenstände gleichsam aus ihrer Mitte, die Betrachtung sub specie aeternitatis von außerhalb.
So daß sie die ganze Welt als Hintergrund haben.
Ist es etwa das, daß sie den Gegenstand *mit* Raum und Zeit sieht statt *in* Raum und Zeit?
Jedes Ding bedingt die ganze logische Welt, sozusagen den ganzen logischen Raum. (Es drängt sich der Gedanke auf): Das Ding sub specie aeternitatis gesehen ist das Ding mit dem ganzen logischen Raum gesehen.« (7. 10. 1916).

Die hier vertretene Ästhetik ist nicht neu: Da der logische Raum als der Bereich des Möglichen, alles Möglichen angesehen wird, kann man diese Auszeichnung der Kunst, es mit dem Möglichen, nicht nur mit dem Wirklichen zu tun zu haben, getrost bereits Aristoteles zuschreiben. Die klassische Ästhetik z. B. Schillers klingt natürlich ebenfalls an, die am künstlerischen Gegenstand und an der Perspektive auf ihn eine bedeutsame Distanz vom Alltäglichen, ja ›Freiheit‹ ausmacht.

Und Schiller wird auch zitiert:

»Das künstlerische Wunder ist, daß es die Welt gibt. Daß es das gibt, was es gibt. Ist das Wesen der künstlerischen Betrachtungsweise, daß sie die Welt mit glücklichen Augen betrachtet?

Ernst ist das Leben, heiter ist die Kunst [Prolog zu *Wallensteins Lager*].« (20. 10. 1916).

Es wäre zu überlegen, ob Wittgensteins Konzept vom ›Sich Zeigen‹ des Transzendentalen, des Sinns nicht auch anklingt an idealistische Theoreme, z. B. an Schillers berühmte Definition der Schönheit als ›Freiheit in der Erscheinung‹. Daß nämlich das Grundlegende sich zeigt, wäre der Ästhetik (wie zumeist auch der Philosophie des Idealismus) ja doch nicht betrüblich gewesen – im Gegenteil zieht sie die scheinende, sich-zeigende Verwirklichung der Freiheit deren abstraktem Postulat und schierer Behauptung doch stets vor.

2.3.5 *»Die Philosophie ist keine Lehre«*

Daß wir »unsere Sprachlogik nicht verstehen« (4.003), generiert die Fragestellungen und Behauptungen der Philosophie. Ein solches Verständnis wäre die Einsicht in die transzendentale Koordination von Logik und Welt: Die irrige Annahme, den logischen Raum verlassen zu können, zeugt von mangelnder Einsicht in seine Notwendigkeit.

Bezöge sich die Sprache sinnvoll auf Metaphysisches, fiele, was einst Metaphysik hieß, tatsächlich in den Bereich des Sagbaren, ließen entsprechende Thesen also Zustimmung oder Verneinung zu, so hätten sie damit laut Wittgenstein ihren Anspruch bereits verloren – sie wären in die Immanenz gebannt und minderten das Defizit der Sprache nicht im geringsten: »Man sagte einmal, daß Gott alles schaffen könne, nur nichts, was den logischen Gesetzen zuwider wäre. – Wir könnten nämlich von einer ›unlogischen‹ Welt nicht *sagen*, wie sie aussähe.«

(3.031). Eine scheinbar über die Grenze ausgreifende, meta-physisch-theologische Behauptung entpuppt sich hier in Wahr-heit als Selbstreflexion der Sprache, als Aussage, welche das ex hypothesi Transzendente nicht etwa mit den Vorgaben mensch-lichen Denkens vermittelte, sondern es der Transzendenz be-raubt. Gleiches gilt für Spekulationen über die »zeitliche Un-sterblichkeit der Seele des Menschen« (6.4312). Solche An-nahme behaftete, was sie erwartet, mit denselben Makeln, die dem rätselhaften irdischen Leben eigentümlich sind: »Wird denn dadurch ein Rätsel gelöst, daß ich ewig fortlebe? Ist denn dieses ewige Leben dann nicht ebenso rätselhaft wie das gegen-wärtige? Die Lösung des Rätsels des Lebens in Raum und Zeit liegt *außerhalb* von Raum und Zeit.« (6.4312).

Gerade da es das Rätsel für den *Tractatus* nicht gibt (6.5), bleibt es unversehrt. Einmal innerhalb der Grenzen angesiedelt, welche als Logik der Sprache die Möglichkeiten für Bestehendes abstecken, verschwindet jede wesentliche Frage. Daran hat sich zu halten, wer trotz allem weiterdenken möchte:

»Schlick sagt, es gab in der theologischen Ethik zwei Auffassungen vom Wesen des Guten: nach der flacheren Deutung ist das Gute deshalb gut, weil Gott es will; nach der tieferen Deutung will Gott das Gute deshalb, weil es gut ist. Ich meine, daß die erste Auffassung die tiefere ist: gut ist, was Gott befiehlt. Denn sie schneidet den Weg einer jeden Erklärung, ›warum‹ es gut ist, ab, während gerade die zweite Auffassung die flache, die rationalistische ist, die so tut, ›als ob‹ das, was gut ist, noch begrün-det werden könnte.
Die erste Auffassung sagt klar, daß das Wesen des Guten nichts mit den Tatsachen zu tun hat und daher durch keinen Satz erklärt werden kann. Wenn es einen Satz gibt, der gerade das ausdrückt, was ich meine, so ist es der Satz: Gut ist, was Gott befiehlt: (WWK, S. 115).

Der *Tractatus* will dem philosophischen Denken untersagen, seine Fragen und vorgeprägten Antworten in alle die Bereiche einzuschreiben, die als »Lebensprobleme« (6.52) vielleicht, nie jedoch als ausdrückliche Problemstellungen erscheinen.

Die Thesen des *Tractatus* – die in ihm dargelegte ›Logik der Tatsachen‹ – erläutern die grundlegende Bindung der Sprache an die Welt und bestimmen somit beiden ihre gemeinsame Grenze. Daß sie zugleich aber dem sich ergebenden Sinnlosig-keitsverdacht ausgesetzt sind, läßt den neuen Begriff von Philo-sophie hervortreten:

»Der Zweck der Philosophie ist die logische Klärung der Gedanken.
Die Philosophie ist keine Lehre, sondern eine Tätigkeit.

Ein philosophisches Werk besteht wesentlich aus Erläuterungen.
Das Resultat der Philosophie sind nicht ›philosophische Sätze‹, sondern das Klarwerden von Sätzen.« (4.112).

Verstanden als mehr oder weniger systematische Präsentation gewichtiger Philosopheme, kann der *Tractatus* seinen eigenen Philosophiebegriff allerdings nicht erfüllen – der Leser wird aber durch die Erläuterungen, die Wittgenstein *mit* seinem Buch gibt, zur transzendentalen Einsicht geführt. Auch hier zeigt sich deutliche Nähe zu Kant, der zwar mit Blick auf die Philosophie und ihre Zukunft durchaus hoffnungsvoller ist, doch auch zu bedenken gibt, man könne

»keine Philosophie lernen; denn, wo ist sie, wer hat sie im Besitze, und woran läßt sie sich erkennen? Man kann nur philosophieren lernen, d. i. das Talent der Vernunft in der Befolgung ihrer allgemeinen Prinzipien an gewissen vorhandenen Versuchen üben, doch immer mit Vorbehalt des Rechts der Vernunft, jene selbst in ihren Quellen zu untersuchen und zu bestätigen, oder zu verwerfen.« (*Kritik der reinen Vernunft*, B 866).

Sinnvoll sprechen nach Wittgensteins *Tractatus* nur Sätze der Naturwissenschaft – »also etwas, was mit Philosophie nichts zu tun hat« (6.53). Philosophie hat sich in solcher Situation darauf zu beschränken, auf scheinbar ›metaphysische‹ Aussagen sprachkritisch zu reagieren (vgl. 6.53). Es muß jedoch zumindest bestimmt werden, »was sich überhaupt sagen läßt« (Vorwort) oder, wie es im Motto des *Tractatus* heißt, »was man weiß«. Auf eine reflexive Kritik der Sprache, die das metaphysische Defizit begründet und Philosophiekritik impliziert, kann also nicht verzichtet werden, obwohl die Sinnhaftigkeit der Thesen in deren eigenem Licht anzuzweifeln ist. Die schließliche Konsequenz ist das Selbstverdikt:

»Meine Sätze erläutern dadurch, daß sie der, welcher mich versteht, am Ende als unsinnig erkennt, wenn er durch sie – auf ihnen – über sie hinausgestiegen ist. (Er muß sozusagen die Leiter wegwerfen, nachdem er auf ihr hinaufgestiegen ist). Er muß diese Sätze überwinden, dann sieht er die Welt richtig.« (6.54).

Diese These kann durchaus so interpretiert werden, daß sich das ganze Gedankengebäude – *einschließlich* des Selbstverdikts selbst – in nichts auflöst. Wittgenstein verfehlen muß auf der anderen Seite auch eine Auslegung, die dieses Selbstverdikt der *Tractatus*-Philosophie absichtlich übersieht, der das Paradox nur auf Überspanntheit und Irrelevantes hinweist. Es hieße den

Tractatus zu verstümmeln, wenn man diese Sätze nicht als Konsequenz des gesamten Gedankengebäudes einschätzte. Entscheidend ist, daß die Sätze des *Tractatus* als diskursive Erörterung der Bedingung der Möglichkeit von Welt und Welterfahrung zwar sinnlos sind, gerade deshalb aber jene Bedingung sich als notwendige erweist. Nicht devot sich dem berühmten Schweigegebot (Satz 7) zu unterwerfen, ist gefordert, sondern durch logische Analyse und Kritik der Sprache zu ihm zu gelangen. Diese analytische Tätigkeit zeigt das Ausgegrenzte als das nicht Bestreitbare (vgl. Satz 4.113). »Sie soll das Undenkbare von innen durch das Denkbare begrenzen.« (4.114); »Sie wird das Unsagbare bedeuten, indem sie das Sagbare klar darstellt.« (4.115). Im Verweis auf Grundlegendes, auf das Satzsinn und Wirklichkeit transzendental Umfassende verwendet Wittgenstein hier doch noch einmal den sprachtheoretischen Begriff der ›Bedeutung‹. Die *Tractatus*-Philosophie bedeutet der Sprache, gerade wenn sie als unentrinnbar Totales sich zeigt, ein Anderes. Sie macht das »Gefühl der Welt als begrenztes Ganzes« (6.45) paradox beredt: Das Sagbare ist Zeichen. Was zunächst als Mangel der Sprache erschien, ihre Unfähigkeit zur metaphysischen Aussage, ist in Wahrheit Tugend. »Wenn man sich nicht bemüht das Unaussprechliche auszusprechen, so geht *nichts* verloren. Sondern das Unaussprechliche ist – unaussprechlich – in dem Ausgesprochenen *enthalten*!« (Wittgenstein an Engelmann, 9. 4. 1917. Briefe, S. 78).

»Allein es gibt doch einen Vorteil, der auch dem schwierigsten und unlustigsten Lehrlinge solcher transzendentalen Nachforschungen begreiflich und zugleich angelegen gemacht werden kann, nämlich dieser: daß der bloß mit seinem empirischen Gebrauche beschäftigte Verstand, der über die Quellen seiner eigenen Erkenntnis nicht nachsinnt, zwar sehr gut fortkommen, eines aber gar nicht leisten könne, nämlich, sich selbst die Grenzen seines Gebrauchs zu bestimmen, und zu wissen, was innerhalb oder außerhalb seiner ganzen Sphäre liegen mag; denn dazu werden eben die tiefen Untersuchungen erfordert, die wir angestellt haben.« (*Kritik der reinen Vernunft*, B 297).

2.4 Und darüberhinaus?

Die alltägliche, nicht philosophische ›Umgangssprache‹ bleibt gewöhnlich im Rahmen des logischen Raums. Sprachtheoretische Erörterung und logische Analyse jedoch wenden sich der Umgangssprache zu, ja können im Grunde *nur* an ihr ansetzen:

»Alle Sätze unserer Umgangssprache sind tatsächlich, so wie sie sind, logisch vollkommen geordnet. – Jenes Einfachste, was wir hier angeben sollen, ist nicht ein Gleichnis der Wahrheit, sondern die volle Wahrheit selbst. (Unsere Probleme sind nicht abstrakt, sondern vielleicht die konkretesten, die es gibt.)« (5.5563).

Was grundlegend aufgedeckt ist, geht in jede mögliche Aussage ein; dem Zusammenhang entgehen zu wollen, muß im Lichte der sprachtheoretischen Thesen als sinnloses Unternehmen erscheinen. So kann ein obskurer ›gesunder Menschenverstand‹ auch nicht, wie man einwenden wollte (vgl. Pitcher 1967, S. 193), das Regulativ zu den scheinbar abstrakten Thesen des *Tractatus* abgeben. Vielmehr ist doch alltäglicher, unreflektierter Rede nichts evidenter als ihr Bezug zur Welt. Die technische Form mancher Thesen des *Tractatus* folgt daher auch nicht ganz anderen Gesetzen als die Umgangssprache, sondern ist ein Instrument, diese über ihre Begründung aufzuklären. Daß man das nicht erkannte, hat nicht zuletzt zu dem Mißverständnis (vielleicht auch zu dem Mißverständnis des späteren Wittgenstein) geführt, der *Tractatus* und die folgenden Schriften Wittgensteins stünden sich konträr gegenüber. Zwar wird im *Tractatus* »eine Zeichensprache« (3.325) gefordert und zum Teil auch verwendet, doch soll diese in keiner Weise die Umgangssprache ersetzen, überflüssig machen. Wittgenstein ist kein Verfechter einer selbstgenügsamen, im Gegensatz zur normalen, tatsächlichen Sprache perfekten logischen Notation, denn es kann ihm mit formalen Ausdrücken stets nur darum gehen, die Bedingung der Möglichkeit von Sprache schlechthin, von ›Umgangssprache‹ und ihrem Weltbezug zu erhellen. Die »fundamentalsten Verwechslungen (deren die ganze Philosophie voll ist)« (3.324) werden der Philosophie vorgehalten, nicht der Sprache, denn diese zieht nicht notwendig philosophische Irrtümer nach sich.

Die Zeichensprache dient im *Tractatus* dem Aufweis der Begründung der Umgangssprache – ihre formale Gestaltung muß sich an diesem Zweck orientieren: »Und wie wäre es auch möglich, daß ich es in der Logik mit Formen zu tun hätte, die ich erfinden kann; sondern mit dem muß ich es zu tun haben, was es mir möglich macht, sie zu erfinden.« (5.555).

Die Philosophie ist auch immer verpflichtet, ihre Thesen, deren Sinnhaftigkeit und Möglichkeit von der Umgangssprache korrigieren und vor allem beurteilen zu lassen – wozu es allerdings der kritischen Analyse der Umgangssprache bedarf, um ihre Funktionsweise zu ergründen. Hierin liegt ein entscheidender Anknüpfungspunkt des *Tractatus* an das spätere Denken Wittgensteins: Die Probleme der Philosophie mit Blick auf die Umgangssprache in Frage zu stellen, die Irrtümer der Philosophen bis an ihre Quellen zu verfolgen, wo sie sich als Mißverständnisse der Sprache erweisen. Unterliegt diese Kritik der (philosophischen) Sprache beim späteren Wittgenstein auch Modifikationen, erkennbar sind doch Entsprechungen zum *Tractatus*:

»Es ist falsch zu sagen, daß wir in der Philosophie eine Idealsprache im Gegensatz zu unserer gewöhnlichen Sprache betrachten. Denn das erweckt den Anschein, daß wir denken, wir könnten die gewöhnliche Sprache verbessern. Aber die gewöhnliche Sprache ist völlig in Ordnung. Wenn wir ›Idealsprachen‹ konstruieren, dann nicht, um die gewöhnliche Sprache durch sie zu ersetzen; unser Zweck ist vielmehr, jemandes Verlegenheit zu beseitigen, die dadurch entstand, daß er dachte, er habe den genauen Gebrauch eines gewöhnlichen Wortes begriffen.« (BB, S. 52).

Das ›gewöhnliche Wort‹ hat nämlich, ohne daß sein Weltbezug dadurch in Frage gestellt würde, gar keinen ›genauen Gebrauch‹, was Wittgenstein bereits im *Tractatus* erkennt:

»In der Umgangssprache kommt es ungemein häufig vor, daß dasselbe Wort auf verschiedene Art und Weise bezeichnet – also verschiedenen Symbolen angehört –, oder, daß zwei Wörter, die auf verschiedene Art und Weise bezeichnen, äußerlich in der gleichen Weise im Satz angewandt werden.« (3.323).

Wittgensteins *Vortrag über Ethik*, 1929 oder 1930 in Cambridge gehalten, zeigt deutlich, wie das Denken zwar über die Philosophie des *Tractatus* hinausgeht, in seiner Grundlegung aber die transzendentalen Bestimmungen des früheren Werks bestätigt. Der Vortrag ist genuin philosophisch: Wittgenstein wendet sich an sein Auditorium und sagt, er wolle »Klarheit in Ihre Gedanken über dieses Thema« (VüE, S. 10) bringen. Das aber hatte bereits der *Tractatus* als die eigentliche Aufgabe der Philosophie bezeichnet: »Die Philosophie soll die Gedanken, die sonst, gleichsam, trübe und verschwommen sind, klar machen und scharf abgrenzen.« (4.112). – Der *Tractatus* hatte über die Ethik sein Redeverbot verhängt – selbstverständlich war dort, daß sie sich »nicht aussprechen läßt.« (6.421). Zu begründen war das mit Hinweis auf die Grenzstellung ethischer Forderungen und Werturteile: Ebenso wie die Sätze der Logik sagen sie nichts über die wertneutrale Tatsachenwelt, beziehen sich – was der sinnvolle Satz nicht vermag – auf das Ganze eines Weltverhältnisses, nicht auf dessen Momente. Was ›Ethik‹ wäre, faßt der Vortrag nun anders, nimmt es in einer Art Ausgrenzung in den Blick, indem die Analyse alltäglichen Wortgebrauchs den Blick öffnet auf das, was zugrundeliegt:

»Um möglichst deutlich sichtbar zu machen, was nach meiner Auffassung der Gegenstand der Ethik ist, werde ich Ihnen eine Reihe mehr oder weniger synonymer Ausdrücke vorlegen, die man jeweils an die Stelle der eben genannten Definition setzen könnte, und durch ihre Aufzählung möchte ich einen Effekt der gleichen Art erzielen, wie Galton, als er dieselbe Platte mit den Aufnahmen verschiedener Gesichter belichtete, um so das Bild der typischen, allen gemeinsamen Merkmale zu erhalten.« (VüE, S. 10).

Die Methode ist neu, sie erinnert an Wittgensteins späteres Konzept der ›Familienähnlichkeiten‹, welches die *eine* und endgültige Bestimmung von Bedeutung ad absurdum führen sollte. Die Worte ›gut‹ oder ›wertvoll‹ nun – die doch wohl in Aussagen der Ethik zu finden sein sollten – werden, wie der Vortrag zeigt, in unserer Umgangssprache völlig unproblematisch und in unterschiedlichen Kontexten gebraucht: Jemand ist ein *guter* Sportler, etwas erfüllt seinen Zweck, ist ein guter Stuhl, Tisch oder was immer, etwas ist *wichtig* oder *wertvoll* in bezug auf eine bestimmte Absicht etc. Solche Verwendungen, solche Werturteile nennt Wittgenstein ›hausbacken‹ oder ›relativ‹ (vgl. VüE, S. 11). Ihnen ist gemein, daß sie sich in eine Tatsachenbehauptung umformulieren lassen. Der ›gute‹ Läufer bewältigt 100 Meter vielleicht in 10 Sekunden. Dagegen scheint es aber auch einen »ethischen oder absoluten Sinn« (VüE, S. 11) zu geben: Unsere Einschätzung z. B. des guten oder schlechten (bösen) Verhaltens eines Menschen veranlaßt ein Urteil, das nicht mehr relativ zu einem bestimmten Zweck ist. *Unter allen Umständen* muß ein Verbrechen etwas ›Böses‹ sein, nicht nur weil es eine bestimmte zufällige Absicht verfehlt.

Mit den Ausdrücken kann operiert werden, ohne daß zunächst immer ganz klar ist, klar zu sein braucht, was genau gemeint ist. Abgesehen von seinem ›absoluten‹ Gebrauch hat das Wort ›gut‹ eine Unzahl anderer Verwendungsweisen – alle sind erlaubt, und hier ist Wittgenstein sozusagen toleranter als im *Tractatus*. Doch die eigentliche ethische Aussage ist noch ebenso problematisch wie zuvor (– es scheint übrigens ins Bild zu passen, daß das 15. Internationale Wittgenstein-Symposium zum Thema ›Angewandte Ethik‹, wie der FAZ vom 24. 4. 1991 zu entnehmen ist, abgesagt wurde): »alle diese beschriebenen Fakten stünden gleichsam auf derselben Ebene, und ebenso stehen sämtliche Sätze auf derselben Ebene. Es gibt keine Sätze, die in einem absoluten Sinne erhaben, wichtig oder belanglos sind.« (VüE, S. 12). Daß es keinen solchen Absolutheitsanspruch des sinnvollen Satzes *gab*, daß sich das Nicht-Relative (vgl. 6.43) dem logischen Raum nicht einordnen läßt – gerade darin erschien aber doch die Auszeichnung begründenden, transzendentalen Denkens. Begründung zeigt sich. Sie liegt stets schon vor, wo die Gebrauchsanalyse ansetzen will, seinem Grund entgeht das Denken nicht, gerade wenn es auf ihn verzichten will.

»Ich kann mein Gefühl nur mit Hilfe dieser Metapher schildern: Wäre jemand imstande, ein Buch über Ethik zu schreiben, das wirklich ein Buch über Ethik wäre, so würde dieses Buch mit einem Knall sämtliche anderen Bücher auf der Welt vernichten.« (VüE, S. 13).

Das ist letztlich ein messianisches Bild. Denn käme der Grund der Welt zu ihr, erschiene, was Form des Denkens ist, ausdrücklich in ihm, so verschlüge es dem Sagbaren die Sprache. Als formale Basis aber noch der mannigfaltigsten Sprachspiele und als Sicherung eines elementaren, auch gar nicht fraglichen Bezugs der Sprache auf die Wirklichkeit ist, was der *Tractatus* zeigen will, im nachhinein nicht zu überbieten. Jene erscheinende Grundlegung – im *Tractatus* aufgewiesen in klärender Selbstreflexion – läßt das spätere Denken (und seine Gebrauchsanalyse) unangetastet: Wo dort anders über Sagbares geredet wird, muß (kann) sich dessen Bedingung nicht ändern.
Die Thesen über die Umgangssprache und die Kritik eingebürgerter philosophischer Sprache sind es vor allem, welche die enge Verwandtschaft der beiden philosophischen Konzeptionen zeigen, die man Wittgenstein zuschreibt.

»Die hervorstechendste Eigenschaft von Wittgensteins Werk ist die Konstanz seiner allgemeinen Auffassung von Philosophie.« (Kenny 1974, S. 266).

»Die Kernsätze des *Tractatus* (der aus ihm resultierenden sprachkritischen Philosophie) gelten uneingeschränkt auch für das Spätwerk«. (Apel 1973, S. 353).

Wenn diese Konstanz zu Recht festgestellt wird, dann sollte einmal geprüft werden, ob die Abfertigung einzelner Theorieelemente des *Tractatus* und ihre Zurückweisung nicht voreilig waren, denn das letztlich Richtige könnte sich eher aus dem insgesamt Schlüssigen als aus dem Inkohärenten ergeben haben. Für den *Tractatus* gilt das zumal, wenn bedacht wird, daß Sätze der Logik, die einer grundlegenden ›Form‹ Gestalt geben sollen, eben weil sie auf Formales und nicht auf Inhaltliches, Wirkliches bezugnehmen, sich stets selbst sofort in Frage stellen, wenn man in diesem Denken zumal das Paradox des Selbstverdikts berücksichtigt, welches doch eine wichtige argumentative und strategische Rolle spielt und das sich als *philosophisches* Antidot gegen Philosophie auch in den *Philosophischen Untersuchungen* erkennen läßt:

»Denn die Klarheit, die wir anstreben, ist allerdings eine *vollkommene.* Aber das heißt nur, daß die philosophischen Probleme *vollkommen* verschwinden sollen.« (PU, 133).

»Gab es Einwände, die man vergessen hatte? Gewiß gab es solche. Die Logik ist zwar unerschütterlich, aber einem Menschen, der leben will, widersteht sie nicht.«
(Franz Kafka: *Der Prozeß.* – Schlußkapitel)

3. Biographisch-Philosophisches zu den Jahren 1929–1951

3.1 Philosophisches

Wittgensteins Rückkehr nach Cambridge war kein plötzliches Ereignis. Auch während seines ›österreichischen Jahrzehnts‹ war er in Kontakt mit philosophischen Kreisen und Fragen geblieben, nicht zuletzt durch die Diskussionen mit Ramsey.

Der Besuch einer Vorlesung des Mathematikers Brouwer im März 1928 in Wien soll entscheidende Anregung für Wittgenstein gewesen sein, sich wieder mit Nachdruck der Philosophie zuzuwenden (Vgl. v. Wright 1990, S. 34). Brouwer vertritt in dem sogenannten ›Grundlagenstreit‹ der Mathematik die Seite des Intuitionismus (andere Positionen waren der Logizismus von Russell/Whitehead und der Formalismus der Hilbert-Schule (Vgl. Kap. 7).

Wittgenstein begann über die Grundlagen der Mathematik zu arbeiten, wobei es nicht ausgeschlossen ist, daß Brouwers Behandlung des Prinzips vom ausgeschlossenen Widerspruch, nach dessen Meinung nur in ›endlichen Systemen‹ anwendbar, ihn auf den Weg zu einer geänderten Auffassung der Logik brachte. In diesem Fall verschiebt sich, wie wir sehen werden, der Schwerpunkt des Wittgensteinschen Denkens von der Logik zur Mathematik.

Eine weitere Linie, die in den Vordergrund rückt, ist die therapeutische Ausrichtung seiner Sprachanalyse. Freuds Lehre war ein ständiger geistiger Hintergrund, nicht nur in Wien, den er nicht anders als aktiv aufnehmen konnte. Ramsey z.B. schreibt 1924 aus Österreich nach England: »I read a good deal of psychoanalytic literature [. . .]. I'm becoming rather an enthusiast for psychoanalysis.« (Zit. nach Nedo/Ranchetti 1983, S. 188). Die folgenden beiden Zitate von Freud und Wittgenstein weisen interessante Ähnlichkeiten und Unterschiede auf; in ihnen bedienen sich beide derselben Metapher, um ihren Gegenstand (Sprache bzw. Psyche) zu charakterisieren. Zunächst Wittgenstein:

»Ich werde zu zeigen versuchen, daß die philosophischen Schwierigkeiten, die sich in der Mathematik ebenso wie anderswo ergeben, deshalb entstehen, weil wir uns in einer fremden Stadt befinden und den Weg nicht kennen. Wir müssen also das Gelände kennenlernen, indem wir in der Stadt von einem Ort zum anderen gehen, von diesem wieder zu einem anderen und so weiter. Und dies muß man so oft wiederholen, bis man sich sofort oder nach einigem Umschauen auskennt.« (VGM, S. 50).

Das folgende Zitat von Freud stammt aus dem *Unbehagen in der Kultur* (1930):

»Nun machen wir die phantastische Annahme, Rom sei nicht eine menschliche Wohnstätte, sondern ein psychisches Wesen von ähnlich langer und reichhaltiger Vergangenheit, in dem also nichts, was einmal zustandegekommen war, untergegangen ist, in dem neben der letzten Entwicklungsphase auch alle früheren noch fortbestehen. [. . .] Aber noch mehr: an der Stelle des Palazzo Caffarelli stünde wieder, ohne daß man dieses Gebäude abzutragen brauchte, der Tempel des Kapitolinischen Jupiter, und zwar [. . .]« in allen seinen geschichtlichen Gestalten. (Freud 1972, S. 69 f.).

So macht Freud eine photographische Aufnahme der Geschichte Roms, indem er das Gesicht der ewigen Stadt zu verschiedenen Zeitpunkten auf ein und dieselbe Platte bannt, um zu schließen: »Und dabei brauchte es vielleicht nur eine Änderung der Blickrichtung oder des Standpunkts von seiten des Beobachters, um den einen oder den anderen Anblick hervorzurufen.« (Freud 1972, S. 70).

Mit Wittgenstein als Sprachführer läuft man auf der sich eben erstreckenden Stadtlandschaft alle denkbaren Wege – seine Betrachtung ist wesentlich zeitlos. Das bedeutet nicht, daß er das Gewordene der Sprache nicht anerkennt (im Gegenteil): aber die Sprache (als Stadt) besteht aus *Umbauten*, und auch ihre Geschichte zeigt sich an ihrer *Oberfläche*. Was Wittgenstein interessiert, wirkt nicht aus der Entfernung, wie er sich ausdrückt (Vgl. BB, S. 32).

Bei Freud existiert die Geschichte (als Niederschlag der Psychohistorie) *zusammen* mit der Gegenwart. Der Betrachter wendet sich – nicht nur räumlich, sondern auch in der Zeit – und stößt auf ein Gebäude der Vergangenheit. Das ist natürlich analog der fortwirkenden Kindheitserlebnisse gedacht, auf die Freud bei seiner praktischen Arbeit stieß.

Das Motiv der Psychoanalyse durchzieht Wittgensteins spätes Werk, kryptisch und markant verändert, aber in der wichtigen Rolle einer Arbeitsgrundlage. Als in einem Artikel über britische Gegenwartsphilosophie (1946) behauptet wurde, unter

Wittgensteins Händen sei Philosophie zu einer Form von Psychoanalyse geworden, war Wittgenstein erzürnt, zum einen weil der Artikel den Eindruck erweckte, er würde ein Geheimnis aus seiner Philosophie machen (er habe seine Vorlesungen immer als eine Form der Publikation aufgefaßt), zum anderen wegen der Vermutung, der Verfasser wisse mehr über seine Philosophie, als er zugebe. Malcolm, der dies berichtet, erinnert sich in dem Zusammenhang an zwei Gelegenheiten, bei denen Wittgenstein ausdrücklich die Ansicht kritisierte, seine Konzeption von Philosophie sei eine Form der Psychoanalyse. Diese Ansicht basiere auf einer Verwirrung: »Sie sind verschiedene Techniken«, sagte Wittgenstein. (Malcolm 1984, S. 48 – Übers. von mir, D.S.).

In einem Brief an Malcolm, seinen ehemaligen Schüler und Freund, schreibt Wittgenstein 1945:

»I, too, was greatly impressed when I first read Freud. He's extraordinary. – Of course he is full of fishy thinking & his charm & the charm of the subject is so great that you may easily be fooled. [. . .] Unless you think *very* clearly psychoanalysis is dangerous & a foul practise, & it's done no end of harm & comparatively, very little good. [. . .] *So hold on to your brains.*« (Malcolm 1984, S. 100f.).

Deutlicher kann man es nicht sagen. Die Erklärungsmuster der Psychoanalyse üben gerade jene Faszination aus, von der Wittgenstein therapieren will. Sie schieben sich allzuleicht als Dogma vor die vorurteilsfreie Sicht der Dinge, um die es ihm geht und um die es freilich Freud ebenso ging. Die Ziele sind verwandt, die Methoden entgegengesetzt.

Wittgensteins Bild der Sprache als Stadt, in der man sich durch wiederholtes Erkunden der Wege Orientierung, d.h. Überblick verschaffen muß, um sich nicht zu verlaufen, d.h. von der Sprache verwirren zu lassen, kann man getrost auch auf seine späteren Texte selbst anwenden. Deshalb folgt hier ein Schema mit Begriffen, von denen man sagen kann, daß Wittgenstein sie zu einer philosophischen Sprachauffassung vernetzt, die eben das Genarrtwerden von der eigenen Sprache und ihren Bildern verhindern soll. (Eigentlich müßte das Schema, um Wittgensteins später Methode gerecht zu werden, aus gegeneinander verschiebbaren Plättchen bestehen, so daß man die Begriffe in immer wieder andere Beziehungen zu einander setzen kann.)

Werfen wir einen kurzen Blick auf die Karte und treffen einige sehr grobe Festlegungen:

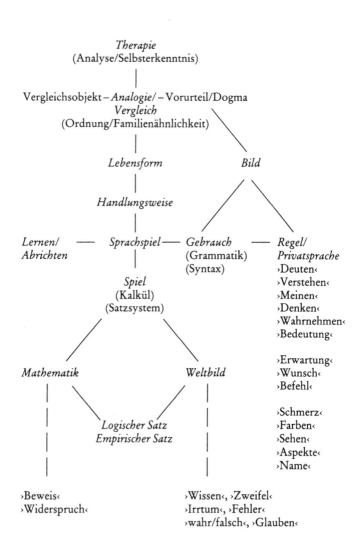

(1) Die Wittgensteinsche Therapie arbeitet mit dem Mittel der Analogiebildung. Dabei versucht sie, durch Vergleichen eine übersichtliche Ordnung herzustellen. Aus der Ordnung ergeben sich die Familienähnlichkeiten der Wörter/Sprachspiele. Einerseits braucht jeder Vergleich ein Vergleichsobjekt. Auf der anderen Seite darf das Vergleichsobjekt nicht zum Dogma gefrieren.

Bis hierher haben wir es mit methodischen Begriffen zu tun. Die Methode ist beschreibend, nicht erklärend.

(2) Beschrieben wird die Verwendungsweise sprachlicher Ausdrücke. Aber wie macht man das? Denn die Verwendungsweisen liegen nicht fest. Fest stehen – zumindest im zeitlichen Rahmen des Philosophierenden – die Lebensform und die Handlungsweisen der Menschen. Das ›unbegründbare‹ Handeln ist ein Fundament, das Wittgensteins Denken akzeptiert.

(3) Das bringt uns zu einem weiteren methodischen Begriff, dem des Sprachspiels. Im Sprachspiel, als Ausschnitt einer Lebensform, sind Handeln und Sprache immer schon verknüpft.

Darüberhinaus gebraucht Wittgenstein ›Sprachspiel‹ auch für hypothetische Situationen, die er entwirft, um die Funktionsweise von Sprache kontrastiv zu verdeutlichen.

(4) Das Sprachspiel lernt man. D. h., man lernt die Sprache zu gebrauchen, den Gebrauch von Ausdrücken. Das ist eine notwendig öffentliche Angelegenheit, Regeln lassen sich nicht privat, von einem einzelnen aufstellen. Ohne regelhafte Verwendung haben Ausdrücke keine Bedeutung, keinen Sinn.

(5) Mathematik und Weltbild haben gemeinsam, aus Sprachspielen aufgebaut zu sein, die alle untereinander verbunden sind. Der Begriff des ›Spiels‹ hat Wittgenstein wahrscheinlich auf diese Analogie gebracht. Weltbild und Mathematik gehören zu einer Lebensform. Wie wir spielen, zeigt, wie wir leben.

(6) In jedem Spiel lassen sich konstruktive Grundregeln (in Form logischer Sätze) und zu rechtfertigende Sätze (empirische Sätze) unterscheiden.

Das ist der grobe Stadtplan. Die Vororte, die noch verzeichnet sind, werden von ›Down-Town Wittgenstein‹ aus gesteuert: ›Beweis‹/›Widerspruch‹ – – ›Wissen‹/›Zweifel‹ – was wir ›Bedeutung‹ nennen, was ›Denken‹/›Verstehen‹, sind Sprachspiele.

Aber wie die Leute, die im Zentrum arbeiten, dieselben sind, die in den Vororten wohnen, so gibt es auch hier einen Zusammenhang:

(7) Vielleicht kann man diesen am besten über den Begriff des ›Bildes‹ herstellen. Denn es ist ein falsches Bild vom ›Meinen‹, ›Denken‹, ›Verstehen‹, ›Wahrnehmen‹, das eine falsche Vorstellung von der Bedeutung von Sprache hervorruft – und umgekehrt. Es ist die Unterscheidung eines inneren Prozesses des Denkens/Wahrnehmens von dem äußeren bedachten, gesehenen Gegenstand; daher gehört auch die Analyse von Konzepten wie ›Schmerz‹, ›Wunsch‹ etc. in die Nachbarschaft.

Das Schema entspricht einer Darstellung von Wittgensteins Spätphilosophie, wie Freud sie von der Architektur Roms gab; es ist untauglich, um die Entwicklungen seines Denkens zu erfassen oder Früheres von Späterem sauber zu trennen. Was sich nicht ausdrückt, sind z. B. Verschiebungen wie die, welche von der Spielanalogie als tertium comparationis von Sprache und Mathematik zum ›Sprachspiel‹ geführt haben, das dann erst die zentrale methodische Stellung einnehmen konnte. An zwei Stellen sind Vorläuferbegriffe zu den ›reiferen‹ Begriffen angegeben (Syntax – Grammatik – Gebrauch; Kalkül – System – Spiel), um die Entwicklung anzudeuten.

In letzter Reduktion könnte man sagen, Wittgenstein versucht die drei Elemente Handeln, Bild und Wort zu einander in Beziehung zu setzen, mit dem Ziel klaren Denkens und Handelns.

Man sollte sich nicht in Metaphern verlieren, doch kann der Leser an jedem Punkt der folgenden Kapitel auf dieses Schema zurückgreifen, um die gelesene Passage einzuordnen. Zunächst zurück zu Wittgensteins Leben.

3.2 Biographisches

Anfang 1929 kehrte Wittgenstein also nach Cambridge zurück, wo auch Ramsey lehrte. Der Ökonom J. M . Keynes – Wittgenstein und er kannten sich bereits aus alten Cambridger Tagen – schrieb am 18. 1. 1929 an seine Frau in einem Stil, der die weltmännische Gelassenheit und doch Teilnahme spiegelt, mit der er Wittgensteins Persönlichkeit begegnete:

»Well, God has arrived. I met him on the 5.15 train. He has a plan to stay in Cambridge *permanently*. Meanwhile we have had tea and now I retire to my study to write to you. I see that the fatigue is going to be crashing. But I must not let him talk to me for more than two or three hours a day.« (Zit. nach Nedo/Ranchetti 1983, S. 225).

Keynes gehörte zu Wittgensteins besten Freunden. Außer ihm waren auch Russell und Moore noch in Cambridge. Nachdem der *Tractatus* als Doktorarbeit anerkannt worden war, fand im selben Jahr mit Russell und Moore die mündliche Doktorprüfung Wittgensteins statt.

Wittgenstein bewarb sich direkt um ein ›Fellowship‹, das er mit Unterstützung von Ramsey und Russell, der ein Gutachten schrieb, auch bekam. In dem Gutachten heißt es, Russell sei durch das Manuskript, das Wittgenstein ihm gegeben habe (eine Fassung der *Philosophischen Bemerkungen*), überzeugt, daß dieser Gelegenheit erhalten sollte, die darin enthaltenen Theorien weiterzuentwickeln, auch wenn er, Russell, als ein Logiker, »der die Einfachheit schätzt«, wünschte, sie wären nicht wahr. (Vgl. v. Wright 1990, S. 35 Anm.). Während Wittgensteins Verhältnis zu Russell im Laufe der Jahre schlechter wurde, freundete er sich mit Moore immer mehr an. Was die Philosophie betrifft, so war es weniger Moores skeptischer Ansatz als die Art, wie er ihn auszuführen versuchte, was Wittgenstein zur Auseinandersetzung anregte.

Russel hatte für die neue Richtung von Wittgensteins Denken wenig Verständnis:

»Wenn ich sage: ›Die Sonne scheint‹, meine ich nicht, daß dies einer von vielen Sätzen ist, zwischen denen kein Widerspruch besteht; ich meine etwas nicht Verbales, etwas, um dessentwillen Worte wie ›Sonne‹ und ›scheint‹ erfunden wurden. [. . .] Die verbalistischen Theorien einiger moderner Philosophen vergessen die hausbackenen praktischen Zwecke der Alltagsworte und verlieren sich in einem neuplatonischen Mystizismus. [. . .] Es ist auffallend, daß sich diese Umkehr zur antiken Metaphysik als Versuch, ultraempirisch vorzugehen, vollzog« (Aus: *An Inquiry into Meaning and Truth*. Zit. nach Schaff 1974, S. 60).

Wittgenstein war von 1930 bis 1935 ›assistant faculty teacher‹ und hielt als solcher auch Vorlesungen. In diesen Zeitraum fällt der Ansatz zu seiner neuen Philosophie, oder besser, die Entwicklung der neuen Methode. (Vgl. dazu Hilmy 1987). Bei Suhrkamp sind Vorlesungsmitschriften von John King und Desmond Lee aus den Jahren 1930–1932 und von Alice Ambrose und Margaret Macdonald aus den Jahren 1932–1935 erschienen, die, obwohl sie den Wortlaut Wittgensteins nicht genau wiedergeben, einen interessanten Eindruck von seinem Lehren vermitteln. Mit dem *Blauen Buch* und dem *Braunen Buch*, zwei Diktaten Wittgensteins, endet diese Epoche.

Wittgenstein fuhr in den ersten Jahren dieser Zeit regelmäßig außerhalb der Vorlesungszeit nach Wien, um seine Familie zu besuchen, und er diskutierte dort mit Vertretern des Wiener Kreises um Moritz Schlick. (Vgl. Band 3 der Werkausgabe).

Bezeichnenderweise distanzierte sich Wittgenstein vom Wiener Kreis in dem Maße, da dieser programmatisch auftrat. Zu einer geplanten Festschrift für Schlick schrieb er schon 1929 an Waismann, eben weil Schlick ein außergewöhnlicher Mensch sei, müsse man sich davor hüten, ihn durch Großsprecherei lächerlich zu machen: »Wenn ich sage Großsprecherei, so meine ich damit jede Art der selbstgefälligen Selbstbespiegelung.« (Zit. nach Nedo/Ranchetti 1983, S. 243).

Auch ein gemeinsames Buchprojekt mit Waismann zerschlug sich.

Längere Zeit plante Wittgenstein eine Reise in die Sowjetunion, mit dem Hintergedanken, sich dort niederzulassen. Für den Fall, daß er zurückkehren würde, war er sich wieder einmal im Unklaren, was er tun sollte: »[. . .] but I will probably not continue in philosophy.« (W. an Schlick, 31. 7. 1935. Zit. nach Monk 1990, S. 347). Bei der Vorbereitung der Reise half ihm Keynes entscheidend durch die Vermittlung eines Gesprächs mit dem Londoner Botschafter der Sowjetunion. Dies soll die einzige Gelegenheit gewesen sein, bei der Wittgenstein in seiner zweiten Lebenshälfte eine Krawatte trug; nicht um den möglichen Verdacht des vorgetäuschten Non-Konformismus zu vermeiden, wie manchmal behauptet, sondern weil Keynes ihm mitgeteilt hatte, daß auch Kommunisten in bestimmten Positionen durchaus auf Form bedacht sind. Wittgenstein wollte einen guten Eindruck machen, es lag ihm an der Reise. Auch die Sprache hatte er zu lernen begonnen. 1935 fuhr Wittgenstein schließlich in die Sowjetunion, kehrte aber zurück und setzte auch die philosophische Arbeit fort.

Diese Episode zeigt, trotz Wittgensteins Rückkehr, daß er keine Berührungsängste gegenüber dem Kommunismus hatte. Sie macht außerdem deutlich, daß er Cambridge nicht als seine Wahlheimat angenommen hatte. Es wurde dennoch seine Wahlheimat.

Nachdem sein ›Fellowship‹ 1936 auslief und aus formalen Gründen auch nicht verlängert werden konnte, zog er ein weiteres Mal in sein norwegisches Haus. Dort arbeitete er ein Jahr lang an den *Philosophischen Untersuchungen* und zur Philosophie der Mathematik. Vor allem revidierte er die Darstellungsweise seiner Gedanken, d. h. ihre Anordnung, gegenüber den Ansätzen der frühen dreißiger Jahre.

In das Jahr 1937 fallen die sogenannten ›Bekenntnisse‹ Wittgensteins, hinter denen sich wenig Sensationelles verbirgt. Er erzählte einigen Freunden Ereignisse seines Lebens, Situationen, in denen er nicht *vollkommen* aufrichtig gehandelt hat, wenn er z. B. seine jüdische Abstammung falsch darstellte oder den Eindruck erweckte, er habe nie sexuelle Beziehungen (zu Frauen) gehabt (vgl. dazu Monk 1990, S. 361 ff. u. Pascal, in

Rhees 1987). – Sexualität, ob in hetero- oder homosexuellen Beziehungen gelebt, scheint Wittgenstein verunsichert zu haben. Monks kürzlich erschienene Biographie gibt eine kluge Einschätzung der Bedeutung dieser Frage, die sie mit der ›Anständigkeit‹ verknüpft, um die es Wittgenstein ging und die sich nicht wesentlich an dem Unterschied zwischen sanktionierten und nicht-sanktionierten Verhaltensformen orientiert. Damit hebt Monk die Diskussion über Wittgensteins Homosexualität auf ein aufgeklärtes Niveau. (Vgl. Monk 1990, S. 581–586).

Wittgenstein reist viel zwischen Norwegen, Wien und England, bis die politischen Ereignisse ihn schließlich wieder zu einer Entscheidung zwingen. Nach der Annektion Österreichs, er befindet sich zu diesem Zeitpunkt in Cambridge, ist er zurecht besorgt, im Falle einer Wien-Reise (seine Angehörigen könnten ihn brauchen) den österreichischen Paß von den deutschen Behörden abgenommen, aber als Jude auch keinen deutschen Paß ausgestellt zu bekommen; somit hätte er dann keine Möglichkeit der Ausreise mehr gehabt. Alternativ konnte er die britische Staatsbürgerschaft beantragen, doch ein »nachgemachter Engländer« zu werden, wie er sich ausdrückte, fiel ihm auch nicht leicht. In einem langen Brief an Keynes (Briefe, S. 206 ff.) bittet er um praktischen Rat bezüglich eines Rechtsanwalts und der Bewerbung um eine Universitätsstelle (die seine Einbürgerung erleichtern würde). Man erkennt unter der rationalen Oberfläche (›Wenn ich jedoch das täte, dann wäre das die Folge . . .‹), wie die Situation ihn verunsichert und erneut vor das Problem der Authentizität und Identität stellt. Für Wittgensteins Weltsicht war es prägend, daß er zuerst die Auflösung des Habsburger Reiches und dann »noch die Barberei erlebte und durchlitt, die jenes eigentümliche Ferment unserer Kultur auslöschte, das die Juden Mitteleuropas waren.« (v. Wright 1990, S. 217). Dieser aus der Entwurzelung hervorgegangene Doppelaspekt von Tradition und Bruch findet sich auch im Werk, sowohl zwischen Früh- und Spätphilosophie als auch innerhalb der letzteren.

Der Brief an Keynes porträtiert England als das kleinere Übel, das Land, in dem er »die innigsten Freundschaften geschlossen und die beste Arbeit geleistet« und in dem er »mit Unterbrechungen, den größten Teil (s)eines Erwachsenenlebens« verbracht habe; (die ›Unterbrechungen‹ beinhalten immerhin die Zeit von seinem 25. bis zu seinem 40. Lebensjahr!)

Daß Wittgenstein nie ganz auf der Insel heimisch wurde, bezeugen eine Reihe von Bemerkungen, am menschlichsten vielleicht das folgende parenthetische ›sweeping argument‹:

»Es ist für unsere Betrachtung wichtig, daß es Menschen gibt, von denen jemand fühlt, er werde nie wissen, was in ihnen vorgeht. Er werde sie nie verstehen. (Engländerinnen für Europäer.)« (VB. S. 554)

Durch die ganz selbstverständliche Verwendung des auf dem Kontinent eher unüblichen Gegensatzes ›Briten-Europäer‹ verrät er dann doch eine teilweise geistige Einbürgerung; seit 1938 ist er offiziell Brite.

Im darauffolgenden Jahr, 1939, wird Wittgenstein als Nachfolger von Moore Professor für Philosophie am Trinity College, Cambridge. Diese Stellung behält er bis Ende 1947, dann legt er die Professur nieder, mit dem Ziel, die Arbeit an *dem* Buch, den *Philosophischen Untersuchungen*, besser voranbringen zu können. Da er während des Krieges erst am *Guys Hospital* in London, dann an der *Royal Victoria Infirmary* in Newcastle-upon-Tyne als Hausmeister und Laborassistent arbeitet, beschränkt sich die Zeit seiner reinen Lehrtätigkeit auf die Jahre 1939/40 und Ende 1944 bis Ende 1947. Das Dasein eines Philosophieprofessors bezeichnete er als »Tod bei lebendigem Leib« (Kenny 1974, S. 24). Von seinen Lehrbemühungen glaubte er, daß sie den Studenten mehr geschadet als genutzt hatten. Er vermutet, sich darin mit Freud vergleichend, daß er ihnen lediglich Formeln beigebracht hatte, die sie nun blind anwendeten, daß er einen Jargon gesät hatte.

Die nach 1947 verbleibenden etwas mehr als drei Jahre verbrachte Wittgenstein abwechselnd in Irland (z. T. in einem Cottage seines Freundes Drury, z. T. in einem Hotel in Dublin, wo er auch die letzte Fassung der *Philosophischen Untersuchungen* 1948 fertigstellte), mit Besuchen bei seinem ehemaligen Studenten Rhees in Swansea (Wales) und Reisen nach Norwegen (1950) und in die USA (1949), wohin sein Freund Malcolm ihn eingeladen hatte.

Dessen ›Erinnerungsbuch‹ gibt sicherlich den lebendigsten Eindruck von Wittgenstein, einem Menschen, dessen Suchen nach moralischer Integrität anstrengend und faszinierend, seltener wohl abstoßend, auf seine Mitmenschen wirkte.

Nach dem bereits geschilderten ›Vorfall‹, der Veröffentlichung eines Artikels, in dem seiner Philosophie, *ihm* unrecht getan wurde, fragte er Malcolm (und auch andere), ob er eine Richtigstellung an die Zeitung senden würde, um ihn zu verteidigen. Als Malcolm, dem die Unangemessenheit eines solchen Schrittes bewußt war, darauf nicht einging, verkündete Wittgenstein, das bestätige nur einen Verdacht, den er schon immer gehabt habe, »[. . .] nämlich, daß seine Freunde *ihn* als ›vogelfrei‹ ansehen.« (Malcolm 1984, S. 48, Übers. von mir, D.S.; ›vogelfrei‹ im Original deutsch). Betrachtet man, was über Wittgensteins persönliche Beziehungen überliefert ist, erscheinen solche übertriebenen Reaktionen – es gibt sie in vielen Varianten – als Folge nicht nur gekränkter Eitelkeit, sondern auch der zum Scheitern verurteilten Bemühung, in den Beziehungen *jeden Augenblick* eine Ernsthaftigkeit und unmittelbare Eindeutigkeit zu wahren, die eben nur in Momenten zu verwirklichen ist.

Denken war für Wittgenstein Anstrengung und auch Anspannung, die ihn vermutlich nie völlig verließ, selbst im Spiel nicht. Malcolm schildert einen Cambridger Spaziergang, auf dem aus einem Gespräch über Planeten Wittgensteins Vorschlag hervorging, man solle deren Bewegungen darstellen: Malcolms Frau spielte, langsam über den Rasen laufend, die Sonne, Malcolm selber umkreiste sie als Erde:

»Wittgenstein übernahm von allen die anstrengendste Rolle, den Mond, und rannte um mich herum, während ich meine Frau umkreiste. Wittgenstein ging in diesem Spiel mit großer Begeisterung und Ernsthaftigkeit auf und rief uns Anweisungen zu, während er rannte. Er wurde ziemlich atemlos und ihm wurde schwindlig vor Erschöpfung.« (Malcolm 1984, S. 44f., Übers. von mir, D. S.).

Malcolms Buch enthält auch eine Anekdote, von Wittgensteins College-Nachbarn Freeman Dyson erzählt, die, auch wenn Malcolm erzählt, was Dyson erzählt, was Wittgenstein ihm erzählt habe, hier weitererzählt werden soll: »Als Wittgenstein eines Tages an einem Sportplatz vorbei ging, auf dem gerade ein Fußballspiel stattfand, kam ihm das erste Mal der Gedanke, daß wir in der Sprache Spiele mit Worten spielen.« (Malcolm 1984, S. 55, Übers. von mir, D. S.). Demnach wäre das wichtige Konzept des ›Sprachspiels‹, ähnlich wie die ›Abbildtheorie‹ des *Tractatus* bei Betrachtung einer Unfallskizze in einer Zeitung, als eine Art *Aperçu* entstanden. Ob dieser ›Ursprungs-Mythos‹ stimmt oder nicht, die Analogie zwischen Sprache und Spiel ist grundlegend für die spätere Philosophie. Das Fußballspiel wurde übrigens unter anderem in Schottland erfunden: angeblich war es zwischen zwei nahegelegenen Dörfern Tradition, sich einmal im Jahr mit einer soliden Kugel aus Leder auf der Mitte des Wegs zwischen beiden zu treffen, von wo aus die Männer des einen Dorfes versuchten, diese Kugel mittels der Füße (vorzugsweise) in die Mitte des jeweils anderen Dorfes zu befördern.

Das Beispiel zeigt, wie gewisse Verfeinerungen, sowohl technische als auch der Regeln, ein Spiel modifizieren können und wie sich mit der Form die Möglichkeiten des Spiels ändern. Die Ur-Form läßt das heutige Spiel erkennen, doch eine Begegnung zwischen dem F.C. Liverpool und dem A.C. Mailand wäre auf dieser Basis schwierig. Standardisierung der Spielerzahl, Begrenzung des Spielfeldes sind Voraussetzungen für eine größere Mobilität. Am Anfang ging außerdem jedes Spiel 1:0 aus, was damals niemanden langweilen konnte, denn das Spiel war nicht auf Zuschauen angelegt.

Und nicht nur das ›moderne‹ Fußballspiel, auch andere, wie Handball, Rugby, American Football, Hockey usw., könnte man aus dieser Ur-Form ableiten. Ähnlich schreibt Wittgenstein über den Begriff des ›Festes‹:

»Für uns mit Lustbarkeit verbunden; zu einer andern Zeit möglicherweise nur mit Furcht und Grauen. Was wir ›Witz‹ und was ›Humor‹ nennen, hat es gewiß in andern Zeiten nicht gegeben. Und diese beiden ändern sich beständig.« (VB, S. 560)

(Wittgenstein spricht von ›Humor‹ auch als einer ›Lebensform‹.)

Während seines erwähnten USA-Aufenthalts wurde Wittgenstein ernstlich krank. Er verbrachte zwei Tage im Krankenhaus, ohne daß ein bestimmtes Leiden festgestellt werden konnte. Malcolm berichtet, Wittgenstein habe ›an Panik grenzende Angst‹ davor gehabt, pflegebedürftig zu werden (seine Gesundheit war schon seit längerem nicht gut gewesen). Außerdem wolle er als Europäer in Europa sterben, nicht in den USA. Wegen dieses Aspekts nannte er sich einen Narren, daß er die Reise unternommen hatte. (Vgl. Malcolm 1984, S. 76 f.).

Kurz nach seiner Rückkehr wurde in England Prostata-Krebs diagnostiziert; seine Schwester Hermine litt schon seit dem vorhergehenden Jahr an Krebs. Die beiden folgenden Weihnachten verbrachte Wittgenstein bei seiner Familie, zu der er zeitlebens engen Kontakt hielt und der er sich verbunden und verpflichtet fühlte. Nach seiner eigenen Aussage hatte er keinen Wunsch mehr zu leben und war über die eigene Krebserkrankung nicht entsetzt. (Brief an Malcolm, Vgl. Malcolm 1984, S. 123)

Das Arbeiten fiel ihm schwer, bis zuletzt noch einmal eine intensive Schaffensphase einsetzte. »Es ist das erste Mal seit über zwei Jahren, daß der Vorhang in meinem Kopf sich gehoben hat«, schreibt er am 16. April 1951 (Malcolm 1984, S. 134,

Übers. von mir, D. S.) Zeugnis dieser Phase sind über die Hälfte der 676 Bemerkungen *Über Gewißheit*.

Wittgenstein sah sein Leben und seine Philosophie als *ein* Spiel. Auch wenn es ein Spiel ist, man soll sich nichts vormachen.

3.3 Zettels Alptraum – Das ›Werk‹ Wittgensteins

In seinem Testament vom 29. Januar 1951 bestimmt Wittgenstein als Testamentsvollstrecker Rush Rhees. Dieser sowie die Freunde G. E. M. Anscombe und G. H. v. Wright (Wittgensteins Nachfolger auf dem Lehrstuhl in Cambridge) werden zu Verwaltern seines schriftlichen Nachlasses ernannt.

Dieser umfaßt nach einer Schätzung von Schulte (1989 a, S. 43) ca. 30 000 Seiten, wovon nach Abzug von Wiederholungen noch beeindruckende 20 000 Seiten verbleiben. Das Material liegt zum allergrößten Teil in der *Wren Library, Trinity College, Cambridge*. Aus dem unveröffentlichten Nachlaß kann nur mit Genehmigung der Nachlaßverwalter zitiert werden. Der größte Teil ist auf einem Mikrofilm (bzw. Papierkopien dieses Films) enthalten, der »in einigen Universitätsbibliotheken« (ebd.) den Lesern zur Verfügung steht.

In Buchform treten die Texte Wittgensteins dem deutschsprachigen Leser in erster Linie als die achtbändige ›Werkausgabe‹ des Suhrkamp-Verlages entgegen. Diese und einige weitere kürzere Texte *(Vortrag über Ethik und andere kleine Schriften,* Hg. J. Schulte) umfassen etwa die Hälfte des von Wittgenstein Geschriebenen.

Doch wichtiger als Mengenangaben ist die Form. Wittgensteins Arbeit nach seiner Rückkehr zur Philosophie war Arbeit an *dem* Buch. Er wollte seine neue Philosophie, wenn sie auch nicht mehr das logische Exaktheitsideal des *Tractatus* hatte, dennoch in ebenso prägnante Form bringen, wie sie sein erstes, zu Lebzeiten einziges philosophisches Buch auszeichnet.

Einen Überblick des Nachlasses in seiner Summe gibt v. Wright (1990, S. 45–76), ebenso Aufklärung über die Entstehungsgeschichte der *Philosophischen Untersuchungen* (S. 117–143). Doch zu den übrigen Publikationen gibt es an keiner Stelle hinreichende Informationen über die Genese der Textgestalt, wie sie im Buchladen erhältlich ist. (Für die Erscheinungsdaten vgl. den Anhang zu Nedo/Ranchetti 1983).

Einige Beispiele: Die Anfügung des zweiten Teils der *Philosophischen Untersuchungen*, höchstens eine Skizze dessen, was Wittgenstein in endgültiger Form zum Bereich der ›Psychologie‹ in sein Buch aufgenommen hätte, ist diskutabel, die Auslassung von Teilen des Manuskripts in der veröffentlichten Version der *Philosophischen Grammatik* (Wittgensteins erster Versuch einer Zusammenfassung in der ersten Hälfte der dreißiger Jahre) fragwürdig, die Trennung zusammengehöriger Aufzeichnungen in die *Bemerkungen über Farben* und *Über Gewißheit* unverständlich.

Da die Umgebung einer Bemerkung unter Wittgensteins Methode entscheidend für ihren Sinn ist, kann man ein Werk Wittgensteins nicht rekonstruieren, wie es im Fall einer Sammlung von Zetteln geschehen ist, die nun als gereihte Zettelsammlung in Band 8 der *Schriften* enthalten ist:

»Vor einigen Jahren ordnete Peter Geach dieses Material. Er ließ beisammen, was zusammengeklammert war, und gruppierte im übrigen die Stücke, so gut er konnte, ihrem Gegenstand entsprechend.« (Vorwort zu *Zettel, Schriften* Bd. 8, S. 261).

Damit ist das Problem benannt. Denn so ergibt sich eine lesbare Fassung, aber nicht notwendig eine, die Wittgensteins Absichten (zu irgendeinem Zeitpunkt) widerspiegelt. Was ›Gegenstand‹ seiner Darstellungen ist, steht bei Wittgenstein weniger fest als bei den meisten anderen Philosophen. Die *Zettel* sind zwar ein extremer Fall, aber dennoch repräsentativ.

Mit dem Gesagten ist letztlich nur eine Warnung ausgesprochen, das Gedruckte *nicht* als *Werke* Wittgensteins aufzufassen. Wittgenstein hat praktisch ohne Unterbrechung, auch während des Krieges, philosophisch gearbeitet und geschrieben. Dabei war es seiner Methode wesentlich, daß er einzelne Bemerkungen, auch ganz Blöcke, umordnete, in andere Zusammenhänge stellte usw.; sicherlich mit dem Ziel, seine Arbeit auf unterschiedlichen Gebieten zu einem Gesamtstadtplan der Sprache zusammenzustellen. Eben damit ist er nicht weiter gekommen, als es dem ersten Teil der *Philosophischen Untersuchungen* entspricht, den er auch veröffentlicht wissen wollte – im Unterschied zu *allen* anderen Manuskripten, mit denen er unzufrieden blieb.

In dieser schwierigen Situation hat Schulte (1989b, S. 52) drei Kriterien für ein ›Werk‹ Wittgensteins vorgeschlagen:

1. »die erkennbare Einschätzung Wittgensteins, daß der Text ein eigenständiges Gebilde mit einer sachentsprechenden Form ist [. . .]«

2. eine »feststellbare Argumentationslinie«
3. die »stilistisch-formale« Aus- und Durchgestaltung eines Textes

Danach kann man grob sagen – und dies folgt nicht Schultes Einschätzung – daß die Diktate des *Blauen* und *Braunen Buches*, die *Philosophischen Bemerkungen* und der erste Teil der *Philosophischen Untersuchungen* in ihrer Gestalt auf Wittgenstein zurückgehen. Die übrigen wesentlichen Veröffentlichungen bieten thematisch gegliedertes Material aus Wittgensteins Nachlaß, das auch dort, wo die Anordnung von Wittgenstein stammt und Argumentationslinien feststellbar sind, von Wittgenstein doch nicht als ›Werk‹ gemeint war. Dies gilt um so mehr, als in Wittgensteins Methode angelegt ist, daß man *vor* dem Überblick nicht wissen kann, ob der Stadtführer hier einen Blick um die nächste Ecke oder in ein anderes Viertel wirft.

Auch eine historisch-kritische Ausgabe des Wittgensteinschen Nachlasses, wenn es sie einmal gibt, wird die Frage nach dem ›Werk‹ nicht beantworten können – weil es nicht geschrieben worden ist. Das Besondere der Wittgensteinschen Fragmente aber ist, daß sie keine sind. Wittgenstein zwingt daher zum Konstruieren, nötigt, Bezüge zu schaffen, um ein mögliches Ganzes herzustellen, auf das er hinarbeitet.

So ist es notwendig, die Frage nach der Entwicklung von Wittgensteins Denken und die nach der inneren Logik des Materials zu trennen. Die erste ist schwierig (und unsere Einführung wird sich auf eine grobe Einteilung in Phasen beschränken). Die zweite ist leichter und eine Antwort sollte sich aus unserer Darstellung in Verbindung mit dem bereits gegebenen Schema (s. o. S. 72) abzeichnen.

Das bis ca. 1935 entstandene Material ist durch den Übergang von logischer zu therapeutischer Analyse der Sprache geprägt. Auch erste Versuche der zusammenfassenden Darstellung des neuen Ansatzes wie das ›Big Typescript‹ (Teile davon bilden die *Philosophische Grammatik*), das *Blaue* und das *Braune Buch* (so übrigens benannt nach der Farbe der Einbände, in denen Kopien der Diktate als ›philosophisch heiße Ware‹ in Cambridge, wie gesagt wird, *zirkulierten*) sind vor diesem Hintergrund zu lesen. Die *Philosophischen Untersuchungen*, die *Bemerkungen über die Farben* und *Über Gewißheit* zeigen das späte Konzept in der reifsten Form (mit den oben gemachten Einschränkungen). Die beiden letzten Textsammlungen, entstanden zwischen 1950 und Wittgensteins Tod, sind überdies ein Beispiel, wie aus den Sätzen über ›Farben‹ oder Sätzen über

›Wissen‹, die ursprünglich mehr Beispiele zur Illustration der Logik der Sprache waren, eigenständige Themen (Farbsprachspiele, Weltbild als Sprachspiel) geworden sind und wie eine themenunabhängige Logik der Sprache immer mehr in den Hintergrund gerät.

Ein fester Themenblock bleibt die Mathematik, an der Wittgenstein bis 1944 arbeitet (vgl. *Bemerkungen über die Grundlagen der Mathematik*).

Die beiden Sammlungen zur Philosophie der Psychologie (s. Band 7 der *Schriften*), entstanden 1946–1949, sind Niederschlag des letzten Arbeitsbereiches. Sie bauen den in unserem Schema rechten Vorort weiter aus. Thema sind alle Phänomene, die man im allgemeinen mit ›innerem Erleben‹ in Verbindung bringt (›psychologische Begriffe‹).

Angemessen läßt sich der Abschnitt über Wittgensteins ›Werk‹ mit einer Sentenz aus Thomas Bernhards *Holzfällen* (1984, S. 19) beenden:

»[. . .] und bevor sie weiterliefen mit ihren Paketen, meinten sie, daß sie sich *alles* von Ludwig Wittgenstein gekauft hätten, um sich *die nächste Zeit mit Wittgenstein zu befassen.* Wahrscheinlich haben sie Wittgenstein in dem kleinsten ihrer Pakete, das auf dem rechten Unterarm der Auersberger hing, dachte ich.«

4. Eine neue alte Methode: Erkenntnis durch Vergleichen und Ordnen

Da der Methodenwechsel zentrale Bedeutung für das Entstehen der Spätphilosophie hat, soll in diesem Kapitel die Herkunft der neuen Methode verhältnismäßig ausführlich erörtert werden. Dies führt auf die Naturwissenschaft Goethes und die Morphologie der Weltgeschichte Spenglers. In den *Vermischten Bemerkungen* gibt Wittgenstein eine Liste von Personen an, von denen er sich beeinflußt glaubt: »Boltzmann, Hertz, Schopenhauer, Frege, Russell, Kraus, Loos, Weininger, Spengler, Sraffa«. (VB, S. 476). Goethe ist hier nicht erwähnt, höchstens indirekt durch Spengler, doch geht das entscheidende Motiv auf ihn zurück.

4.1 Wittgenstein und Goethe

Goethe, Naturforscher und Dichter, stand zwei Gebieten eher fremd gegenüber: der Mathematik und der Philosophie. Um so erstaunlicher klingt zunächst die Verbindung mit Wittgenstein. Von dem wenigen, das Goethe (immerhin Dichter) von der Sprache gesagt hat, zitiert der oben genannte Kraus: »[. . .] der Geistlose hat gut rein sprechen, da er nichts zu sagen hat. [. . .] Poesie und leidenschaftliche Rede sind die einzigen Quellen, aus denen dieses Leben [das der lebendig wachsenden Sprache] hervordringt [. . .]« (Kraus 1987, S. 9). Gedankenloses Reden auf der einen, Poesie und leidenschaftliche Rede auf der anderen Seite, zwischen diesen Polen ordnet Kraus die Verwendung der Sprache, oder vielmehr den Verfall der Verwendung, ein. Die Sprache ist ihm Natur vor dem Sündenfall, ihr Mißbrauch allgegenwärtig. Daß der Gebrauch der Sprache keine Frage des technisch verstandenen (guten oder schlechten) Stils ist – der Ausdruck ›sprachliches *Mittel*‹ schon verkehrt ist –, daß er vielmehr eine moralische Frage ist, diese Ansicht haben Wittgenstein und Kraus gemein; die Sprache ist Ort nicht der bürgerlichen, aber der ethischen Moral. Kraus über die Sprache:

»Den Rätseln ihrer Regeln, den Plänen ihrer Gefahren nahezukommen, ist ein besserer Wahn als der, sie beherrschen zu können. Abgründe dort sehen zu lehren, wo Gemeinplätze sind – das wäre die pädagogische Aufgabe an einer in Sünden erwachsenen Nation [. . .].« (Kraus 1987, S. 370 – Das Zitat stammt aus dem Jahr 1932).

4.2 Die Methode der Farbenlehre
(Ideale und Urphänomene)

Kraus war ›Sprachlehrer‹, Goethe, der mehr auf seine Naturforschung hielt als auf seine Dichtung (Vgl. Eckermann 1981, Band I, S. 218), war ›Farbenlehrer‹ (vgl. Schöne 1987). Einen Abgrund sah er zwischen sprachlichen Zeichen und Bildern und den Phänomenen der Natur. So heißt es in der *Schlußbetrachtung über Sprache und Terminologie* der *Farbenlehre*:

»Man bedenkt niemals genug, daß eine Sprache eigentlich nur symbolisch, nur bildlich sei und die Gegenstände niemals unmittelbar, sondern nur im Widerscheine ausdrücke.« (Goethe 1984, I, S. 272).

Daher verstand er sein Werk nur als Abkürzung der darin beschriebenen Farbphänomene, als eine »Symbolik, welche ihr Anschauen jederzeit mit sich führen müßte.« (Goethe 1984, I, S. 274). Grundsätzlich fordert er für die Naturforschung, daß ein ›Grundzeichen‹ die Erscheinung selbst ausdrückt, »daß man die Sprache, wodurch man die Einzelheiten eines gewissen Kreises bezeichnen will, aus dem Kreise selbst nähme, die einfachste Erscheinung als Grundformel behandelte und die mannigfaltigern von daher ableitete und entwickelte.« (ebd.).

Goethes Absicht in der *Farbenlehre* war, unter Anwendung dieses Prinzips eine lückenlose Folge der farbigen Erscheinungen anzugeben, in der sich das Wesen der Farbe dann von selber vermitteln sollte, da es sich als solches nicht ausdrücken läßt (vgl. Vorwort zur *Farbenlehre*). Das Verfahren zur Erstellung der *Reihenfolge* nannte Goethe ›zarte Empirie‹: der auf Theorien hinarbeitende Forscher achtet für gewöhnlich nicht nur darauf, wie die Phänomene erscheinen, sondern auch darauf, wie sie erscheinen *sollten*. Durch dieses ›Sollen‹ entsteht, was Goethe einen ›empirischen Bruch‹ nennt. Ihn muß man wegwerfen, um ein ›reines Phänomen‹ zu erhalten:

»[. . .] allein sobald ich mir das erlaube, so stelle ich schon eine Art von Ideal auf. Es ist aber dennoch ein großer Unterschied, ob man, wie

Theoristen [Theoretiker] tun, einer Hypothese zulieb ganze Zahlen in die Brüche schlägt, oder ob man einen empirischen Bruch der Idee des reinen Phänomens aufopfert.« (Goethe HA 13, S. 24).

Ein Ideal, als Vergleichsobjekt, ist also unverzichtbar, soll aber aus dem Kreis der Erscheinungen selbst genommen werden. Ebensowenig schließt Goethe aus der Notwendigkeit des Ideals auf dessen Beliebigkeit. Er beginnt darum nicht mit dem Ideal, als Hypothese, sondern mit dem Sammeln der Erscheinungen, wie sie unter natürlichen Bedingungen vorkommen. Aus diesen Erfahrungen destilliert er das Allgemeine durch Ordnen und gelangt so schließlich zu dem, was er *Urphänomen* nennt. Der Begriff ist in der *Farbenlehre*, anders als in Goethes botanischen Studien die ›Urpflanze‹ und in seiner Anatomie der ›Typus‹, ein ausschließlich methodischer Begriff:

»Wir nennen sie Urphänomene, weil nichts in der Erscheinung über ihnen liegt, sie aber dagegen völlig geeignet sind, daß man stufenweise [. . .] von ihnen herab bis zu dem gemeinsten Fall der täglichen Erfahrungen niedersteigen kann.« (Goethe 1984, I, S. 116).

Ein solches Urphänomen ist in der *Farbenlehre* das atmosphärische Blau. Es spiegelt sinnlich die von Goethe ermittelten Grundbedingungen zur Entstehung von Farben: Licht auf der einen, Finsternis auf der anderen Seite und dazwischen vermittelnd ein trübes Medium. So entstehen die Farben, deren Beziehungen untereinander sich wieder zu einer Totalität ergänzen, die Goethe durch seinen Farbenkreis darstellt. Aus der Polarität von »Licht und Nichtlicht« (Goethe 1984, I., S. 269) entwickelt sich also ein Ganzes, das Geothe durch ein formales Schema repräsentiert.

4.3 Bilder und Grenzen

Das Urphänomen sieht Goethe als Abschluß, als Grenze der Empirie und damit der möglichen Erkenntnis von Natur. Diesem Abschluß stehen zwei Gefahren entgegen:
1. Die erste ist eher psychologischer Natur: »Wäre denn aber ein solches Urphänomen gefunden, so bleibt immer noch das Übel, daß man es nicht als ein solches anerkennen will, daß wir hinter ihm und über ihm noch etwas Weiteres aufsuchen, da wir doch hier die Grenze des Schauens eingestehen sollten.« (Goethe 1984, I, S. 116) – Der Forscher *will* ›hinter und über

den Erscheinungen‹ noch etwas finden. Er rennt mit dem Kopf gegen die Grenze seiner Sinne, nicht, wie bei Kant, gegen die Grenzen von Verstand und Vernunft, und nicht, wie Wittgenstein sagen wird, gegen die Grenzen der Sprache.

2. Die zweite Gefahr ist auch methodischer Natur und liegt auf dem Weg zum Urphänomen: das Schlimmste, was einer Wissenschaft passieren könne, sei, »daß man das Abgeleitete für das Ursprüngliche hält und, da man das Ursprüngliche aus dem Abgeleiteten nicht ableiten kann, das Ursprüngliche aus dem Abgeleiteten zu erklären sucht. Dadurch entsteht eine *unendliche Verwirrung*, und *Wortkram*, und eine fortdauernde Bemühung, Ausflüchte zu suchen und zu finden, wo das Wahre nur irgend hervortritt und mächtig werden will.« (Goethe 1984, I, S. 260).

Das ›Ursprüngliche‹ ist für Goethe dasjenige Phänomen, aus dem man die anderen Phänomene desselben Kreises durch Vergleich lückenlos in Analogiereihen ordnen kann. Das Bilden solcher Analogiereihen hat für ihn einen höheren Stellenwert als das ›Erklären‹. Fast klingt es sogar, als wäre eine Erklärung stets eine Ausflucht, zu der man greift, wenn man die Verbindung zwischen den Phänomenen nicht vorzeigen kann, wenn Lücken unüberbrückt bleiben. Solche Ausflüchte bedienen sich Hypothesen, d. h. Annahmen, denen nichts unmittelbar in der Wirklichkeit entspricht. Newtons ›Lichtstrahlen‹ waren für Goethe solche Gespenster: »Schon ein Irrlicht sah ich verschwinden, dich Phlogiston! Balde/O Newtonisch Gespenst folgst du dem Brüderchen nach«, heißt es in einem Xenium (Goethe 1986, S. 41). Das Phlogiston, mit dem Newtons Grundannahme, das aus Strahlen zusammengesetzte Licht, hier verglichen wird, war in den Theorien der Chemie ein hypothetischer Stoff gewesen, der die Verbrennung bewirken sollte. Newton kommt auf die hypothetischen Strahlen, meint Goethe, weil er seine Optik auf einen verwickelten Grundversuch aufbauen will, statt der Erfahrung zu folgen.

Durch seine Fehde mit Newton entwickelte sich Goethe zum Wissenschaftstheoretiker und Wissenschaftssoziologen. Er wird auf den Zusammenhang von Person des Forschers, historischer Situation, Methode und Erkenntnis aufmerksam, aus dem er die Entsprechung von ›Geschichte des Wissens‹ und ›Wissen‹ ableitet. Goethe war sich bewußt, daß jeder Forscher seinen Gegenstand gemäß seiner ›Vorstellungsart‹, wie er es nannte, begreifen muß. Da sich so die Meinung im Gegenstand spiegelt, ist ihm Erkenntnis immer auch Selbsterkenntnis. Der letztgültige Richter in dem Spiel der Meinungen ist für Goethe das Phänomen (auf der Seite des Objekts) und die Sinne (auf der Seite des Subjekts): »Die Sinne trügen nicht, das Urteil trügt.« (Goethe HA 12, MuR 295). Deshalb ist eben auch das vorschnelle Urteilen, das *Vorurteil*, Gift für die Erkenntnis. Das einzige Gegengift sind die Phänomene: »Man suche nur nichts hinter den Phänomenen: sie selbst sind die Lehre.« (Goethe HA 12, MuR 488).

Der letzte Satz wird auch von Wittgenstein zitiert. (BPP, I, 889). Aber Wittgensteins Grenze ist, wie erwähnt, eine andere als Goethes. Die Verwandtschaft liegt nicht in den behandelten Phänomenen, sondern in der Methode, mit der sie behandelt werden. Die kürzeste Formel für diese Gemeinsamkeit ist das »denk nicht, sondern schau!« (PU 66) als Aufforderung, das Wesen der Sprache und ihrer Begriffe nicht in etwas hinter ihrer Verwendung, sondern in dem, »was schon offen zutage liegt und was durch Ordnen *übersichtlich* wird«, zu suchen. (PU 92). Die »Kristallreinheit der Logik« hatte sich dem frühen Wittgenstein ja nicht bei vorurteilsfreier Betrachtung der Sprache ergeben, »sondern sie war eine Forderung.« (PU 107). So *sollte* die Sprache sein.

4.4 Spenglers ›Morphologie der Weltgeschichte‹ und die Rolle von Idealen

Von Spenglers *Untergang des Abendlandes* war Wittgenstein nach eigener Aussage »tief beeindruckt« (Janik/Toulmin 1984, S. 239). Im Vorwort schreibt Spengler:

»Von Goethe habe ich die Methode, von Nietzsche die Fragestellungen, und wenn ich mein Verhältnis zu diesem in eine Formel bringen soll, so darf ich sagen: ich habe aus seinem Ausblick einen Überblick gemacht.« (Spengler 1988, S. IX).

Was Goethe angeht, und vielleicht auch Nietzsche, stimmt das nur halb. Spengler entwirft eine ›Morphologie der Weltgeschichte‹, die zugleich ›Philosophie des Schicksals‹ sein soll (vgl. das Vorwort): »Kulturen sind Organismen. Weltgeschichte ist ihre Gesamtbiographie.« (Spengler 1988, S. 140). Diese Biographie will Spengler mit Hilfe der morphologischen Methode Goethes schreiben: »Ich unterscheide die Idee einer Kultur, den Inbegriff ihrer inneren Möglichkeiten, von ihrer sinnlichen *Er-*

scheinung im Bilde der Geschichte als der vollzogenen Wirklichkeit. [. . .] es ist eine Methode des Erfühlens, nicht des Zerlegens.« (Spengler 1988, S. 141). Und in genau diesem Punkt folgt Spengler einer durchaus üblichen Mißinterpretation der Goetheschen ›Anschauung‹ als ›Einfühlung‹, sozusagen mediumfreie Kommunikation von Wesen zu Wesen. Goethe führt im Vorwort zur *Farbenlehre* ausdrücklich aus, daß *keine* Beobachtung ohne »theoretisches Band« mitgeteilt werden kann. Dieses theoretische Band ist schon im Betrachten eines Gegenstandes angelegt, denn, gewollt oder ungewollt, *verknüpfen* wir im selben Moment, »und so kann man sagen, daß wir schon bei jedem aufmerksamen Blick in die Welt theoretisieren.« (Goethe 1984, I, S. 47). ›Anschauung‹ ist bei Goethe ein aktiver Vorgang des Verknüpfens von Erscheinungen. Das unvermeidliche theoretische Moment liegt in der Wahl der Verknüpfung, anders ausgedrückt, in der Entscheidung, *was* ich *womit* vergleiche.

Spengler aber ›schaut‹ die Gestalt von Kulturen, Konstruktionen der Geschichtsschreibung also, die gerade der von Goethe geforderten sinnlichen Evidenz entbehren, und ordnet seine Daten zu prototypischen ›idealen‹ Formen, nach denen Kulturen sich entwickeln. Aus dem Vergleich des Zustands der abendländischen Kultur mit dieser idealtypischen Verlaufsform folgert er dann, daß das Abendland sich in einem Stadium des Niedergangs befinde. Neben der veränderten Auffassung von ›Anschauung‹ entfernt sich Spengler darin von Goethe, daß er nicht eine Urform aus dem Kreis seiner Gegenstände als Vergleichsobjekt nimmt, denn die liege in gar keiner fertigen Form vor, sondern die Metapher der Kultur als Organismus an diese Stelle setzt. Das entspricht weder dem anatomischen ›Typus‹ noch der ›Urpflanze‹ Goethes.

Wittgenstein teilte Spenglers Kulturpessimismus. Er kritisierte aber, wenn auch in wohlwollendem Ton, seine Methode. »So könnte Spengler besser verstanden werden, wenn er sagte: Ich *vergleiche* verschiedene Kulturperioden dem Leben von Familien [. . .].« (VB, S. 469). So wie Spengler sich ausdrückt – Kulturen *sind* Organismen – macht er sein ›Urbild‹, das tertium comparationis, in seiner Funktion unkenntlich. Dieses Urbild gibt die »Form der Betrachtung« an, ohne daß deswegen dem Objekt alles beigelegt werden müßte, was dem Urbild angehört (vgl. VB, S. 469f.). Spenglers Darstellung ist deshalb dogmatisch und insofern ›leer‹.

»Nur so nämlich können wir der Ungerechtigkeit, oder Leere unserer Behauptungen entgehen, indem wir das Vorbild als das, was es ist, als Vergleichsobjekt – sozusagen als Maßstab hinstellen; und nicht als Vorurteil, dem die Wirklichkeit entsprechen *müsse*.« (PU 131).

Kehren wir kurz zu Spenglers Vorwort zurück: Dort heißt es, er habe nicht für solche geschrieben, welche

»das Grübeln über das Wesen der Tat für eine Tat halten. Wer definiert, kennt das Schicksal nicht.
Die Welt verstehen nenne ich der Welt gewachsen sein. Die Härte des Lebens ist wesentlich, nicht der Begriff des Lebens, wie es die Vogel-Strauß-Philosophie des Idealismus lehrt. Wer sich nichts von Begriffen vormachen läßt, empfindet das nicht als Pessimismus.« (Spengler 1988, Vorwort).

Auch diesen Worten folgt Wittgenstein einerseits, rückt andererseits weit von ihnen ab. Das Fundament seiner Philosophie wird zwar am Ende die Tat sein, nicht ein Begriffsfundament, doch hätte er nicht von der ›Härte‹ des Lebens gesprochen, denn die Sprachspiele stehen nicht unverrückbar fest. Alles, was vollkommen hart zu sein scheint, wird im Gegenteil verdächtigt, Folge einer grammatischen Fiktion zu sein. Die ›Härte des logischen Muß‹ wäre eine Forderung, keine Tatsache.

Spenglers Polemik gegen die Begriffsgläubigkeit hat natürlich eine Parallele in der ›Verhexung des Verstandes durch die Sprache‹, doch achtet Wittgenstein den verursachenden metaphysischen Trieb, gegen die Grenze der Sprache anzurennen, und würde ihn »um keinen Preis lächerlich machen.« (VüE, S. 19).

Am deutlichsten aber zeigt sich der Unterschied zwischen den beiden in folgender Bemerkung aus den BPP (I, 942): »Das Schicksal steht im Gegensatz zum Naturgesetz. Das Naturgesetz will man ergründen, und verwenden, das Schicksal nicht.« Hier handelt es sich nicht um ein kurzes Stück Lebensphilosophie, sondern um eine *grammatische* Bemerkung zu den Begriffen ›Schicksal‹ und ›Naturgesetz‹, wie diese Begriffe zu verschiedenen Sprachspielen gebraucht werden. Diese Ebene der Reflexion auf die Sprache fehlt bei Spengler (und wohl auch bei Kraus).

4.5 Wittgenstein und die Farbenlehre: Formen des Realismus

Auch Goethes Farbenlehre kommt nicht von Wittgensteins Kritik ungeschoren davon. 1949 schreibt Wittgenstein an Malcolm, daß er unter anderem Goethes Farbenlehre lese, die ihn, trotz ihrer Absurditäten, zum Denken anrege (Vgl. Malcolm 1984, S. 125). Diese Kritik geht in die *Bemerkungen über Farben* ein. Dort heißt es:

»Das Urphänomen ist eine vorgefaßte Idee, die von uns Besitz ergreift.« (BüF, III, 230).
Und: »Die phänomenologische Analyse (wie sie z. B. Goethe wollte) ist eine Begriffsanalyse und kann der Physik weder beistimmen noch widersprechen.« (BüF, II, 16).

Hier wird deutlich, worin Wittgenstein Goethe nicht folgt. Die Sinne mögen nicht trügen (die unmittelbare Erfahrung, wie es in den *Philosophischen Bemerkungen* heißt, kann keinen Widerspruch enthalten), doch sie geben auch keine Erkenntnis, die über das in der Sprache enthaltene Wissen hinausginge. Unsere Sprache ist so eng mit unserer Auffassung und Behandlung der Phänomene verknüpft, wie der späte Wittgenstein immer wieder herausstellt, daß wir uns mit den Gedanken nicht zwischen Sprache und Phänomen schieben können. Darum mußte Goethe seine Beobachtungen *zwangsläufig* in eine Ordnung bringen, die der Grammatik unserer Farbwörter nachgeht. (Zum Verhältnis von Phänomenologie und Grammatik vgl. Hintikka/Hintikka 1986, S. 137–160 und Rentsch 1985). Wittgenstein zitiert aus einem Brief Runges an Goethe: »Wenn man sich ein bläuliches Orange, ein rötliches Grün oder ein gelbliches Violett denken will, wird einem so zu Muthe wie bei einem südwestlichen Nordwinde.« (BüF, III, 94). Das sind aber nichts weiter als aus den logischen Sätzen der Farbsprachspiele konstruierte Kontradiktionen.

»Die Grenzen der Empirie sind nicht unverbürgte Annahmen, oder intuitiv als richtig erkannte; sondern Arten und Weisen des Vergleichens und des Handelns.« (BGM, S. 387). Hier liegt für Wittgenstein der Irrtum des Realisten Goethe. Denn die Arten und Weisen des Vergleichens und Handelns setzen sich in Begriffen fest – und *vor* unsere Wahrnehmung. Daher ist Wittgenstein in anderem Sinn Realist als Goethe. Wittgensteins Natur ist immer schon rational durchdrungen, sprachlich erschlossen.

4.6 Wittgensteins Morphologie der Wörter und Gebräuche

Bei der Beschreibung der sprachlichen Situation hält Wittgenstein sich an die Goethesche Maxime, daß kein Phänomen für sich genommen, isoliert, einen Erklärungswert besitzt:

»[. . .] nur viele, zusammen überschaut, methodisch geordnet, geben zuletzt etwas, das für Theorie gelten könnte:
Ein Phänomen, ein Versuch kann nichts beweisen [. . .].« (Goethe HA 12, MuR 500/501).

Daraus leitet Wittgenstein eine Art von flexiblem Apriori ab, das Apriori der Analogiebildung, und wendet es auf begriffliche Untersuchungen an. Wie man einen Gegenstand betrachtet, hängt davon ab, womit man ihn vergleicht, und dieser Vergleich wird *in* der Sprache und ihren Bildern vollzogen.

»Philosophische Untersuchungen: begriffliche Untersuchungen. Das Wesentliche der Metaphysik: daß ihr der Unterschied zwischen sachlichen und begrifflichen Untersuchungen nicht klar ist. Die metaphysische Frage immer dem Anscheine nach eine sachliche, obschon das Problem ein begriffliches ist.« (BPP, I, 944).

›Metaphysik‹ ist für Wittgenstein nicht durch den Bezug auf einen unerreichbaren Gegenstand definiert, vielmehr bezeichnet der Ausdruck ein funktionales Mißverhältnis von Sprachverwendung und Absicht. Dem versucht er zu entgehen durch die Auflösung fester Begriffe in durch Beispiele hergestellte Familienähnlichkeit der Verwendungsweisen. Das entspricht auch dem Weg, auf dem wir die Bedeutung von Wörtern gelernt haben, nämlich anhand von Beispielen, aus denen wir die Ähnlichkeit der Anwendungsfälle selber gefolgert haben.

Die Unbestimmtheit eines Begriffes ist konstitutiv für ihn. Sie wird mit dem Wort durch Beispiele gelernt, und wie die Beispiele untereinander familienähnlich sind, so können auch verschiedene Wörter untereinander familienähnlich sein. Goethes ›Urpflanze‹ als Zusammenfassung familienähnlicher Phänomene setzt sich also, als konzeptuelle Idee, bei Wittgenstein in zwei Richtungen fort: Auf der Ebene der Bedeutung *eines* Wortes und auf der Ebene der Beziehung *zwischen* den Bedeutungen *verschiedener* Wörter.

Goethes Vorschlag eines ›Typus‹ in der Wirbeltiermorphologie, der es erlauben soll, den Knochenbau der verschiedenen Arten eindeutig gegeneinander abzugleichen, erinnert hingegen mehr an Wittgensteins Bemerkungen zur Rolle von Mustern und Maßstäben beim Erlernen bestimmter Sprachspiele (Vgl. z. B. PU, 50).

Letztlich kreuzen sich diese Untersuchungen, so daß man mit gewissem Recht verallgemeinern kann: Wittgensteins Idee des Paradigmas – gerechtfertigt als Vergleichsobjekt, nicht gerechtfertigt als Dogma – ist aus Goethes Methode der Naturforschung abgeleitet.

Die erste ausdrückliche Erwähnung dieser Methode findet sich in den *Bemerkungen zu Frazers ›Golden Bough‹*, dem Buch eines Cambridger Ethnologen aus der viktorianischen Zeit, in dem die Riten und Bräuche früherer Zeiten und fremder Völker als Magie und Aberglaube und dem wissenschaftlichen Denken unterlegen geschildert werden. Wittgenstein stellt heraus, daß die Deutung von Magie als ›mißlungener Physik‹ eher die Beschränktheit des Deutenden als der Magie zeigt. Als Alternative zu diesem ›ideologischen Imperialismus‹ taucht dann der Vorschlag auf, die von Frazer gesammelten Tatsachen analog der Goetheschen Morphologie in einer Formenreihe anzuordnen, in einer »übersichtlichen Darstellung«, der man auch hypothetische Zwischenglieder einfügen könne, mit dem Ziel, die »Aufmerksamkeit auf die Ähnlichkeit, den Zusammenhang der Tatsachen zu lenken. Wie man eine interne Beziehung der Kreisform zur Ellipse dadurch illustrierte, daß man eine Ellipse allmählich in einen Kreis überführt; aber nicht um zu behaupten, daß eine gewisse Ellipse tatsächlich, historisch, aus einem Kreis entstanden wäre. [. . .].« (Frazer, S. 37).

Worauf Wittgenstein hier zielt, scheint die logische Form menschlicher Verhaltensmuster zu sein, aus der wir erst Annahmen über geschichtliche Verläufe konstruieren. Diese logische Form erschließt sich aus Vergleich, nicht Analyse. In seiner tatsächlichen Arbeit hat Wittgenstein sich im weiteren Verlauf aber nicht mit realen fremden Kulturen auseinandergesetzt, sondern wenn er andere als die Sprachspiele unserer eigenen Lebensform verwendet, dann erfundene. Wohl aber bleibt seinen Bemerkungen ein ethnologischer Tonfall eigen, als beschreibe er die eigene Kultur wie eine fremde.

4.7 Prinzipien des Wandels?

Wittgensteir s entschiedene Stellungnahme gegen die geschichtliche Entwicklungshypothese hat eine Entsprechung in Goethes großer Aporie, der des Werdens:

»Die Zurückführung der Wirkung auf die Ursache ist bloß ein historisches Verfahren [. . .]. Der Begriff vom Entstehen ist uns ganz und gar versagt; daher wir, wenn wir etwas werden sehen, denken, daß es schon dagewesen sei.« (Goethe HA 12, MuR 597/599).

Konsequenterweise deutet Wittgenstein die Darwinsche Theorie ›rückwärts‹, wenn er vorschlägt, die Entwicklungshypothese als Einkleidung eines formalen Zusammenhangs zu verstehen (vgl. Frazer, S. 37). Dies deckt sich wieder mit Spengler, der den Darwinismus und die kausale Betrachtungsweise der Naturwissenschaften durch eine Physiognomie, eine Beschreibung der Formen ersetzen will (Vgl. Spengler 1988, S. 142).

So ist Schulte (1990, S. 34) rechtzugeben, wenn er Spenglers Goetherezeption als »insgesamt von sekundärer Bedeutung« für Wittgenstein einschätzt, hingegen die Bedeutung von Spenglers Gedanken der ›Ähnlichkeit‹, die durch einen bestimmten Vergleich entsteht und geschichtliche Gestalten »zu einer einzigen Familie zusammenrücken« läßt (Spengler 1988, S. 146), betont. Nur ontologisiert Spengler diese ›Familienähnlichkeit‹ (ein Ausdruck, den er nicht gebraucht), während Wittgenstein sie aus dem Vergleichen hervorgehen läßt.

Goethe gibt die Methode, Spengler die Perspektive, die beim späten Wittgenstein zum Begriff der Lebensform wird.

4.8. Eine Morphologie des Irrtums?
– Das Wort, das den Blick freigibt

Ob Morphologie der Natur, der Weltgeschichte oder des Gebrauchs von Wörtern, die Formenreihung, die Analogiebildung gerät immer in die Schwierigkeit, über das Gewordensein, über die Prinzipien des Wandels der Form wenig aussagen zu können. Goethe und Wittgenstein haben das beide gesehen und sich beschieden, am ›Urphänomen‹ aus »Resignation« (MuR 20), wie Goethe schreibt, bei der Entdeckung dessen, was die Philosophie zur Ruhe bringt, Wittgenstein (vgl. PU, 133); was Goethe angeht, nicht ohne einen Begriff zu hinterlassen, der zu-

mindest auf das Gesetz des Wandels deutet, den der Metamorphose; was Wittgenstein angeht, nicht ohne eine Metapher zu hinterlassen, die weiteres Denken anregen kann, die
des ›Flußbetts der Gedanken, das sich verschiebt‹ (vgl. ÜG,
96, 97).

Es sei noch einmal darauf hingewiesen, daß die Verwendung der Begriffe ›Form‹, ›Gestalt‹, ›Bildung‹ und ›Ordnung‹
bei Goethe und Wittgenstein natürlich signifikante Unterschiede aufweist (vgl. Hübscher 1985, S. 200 ff.), die sich aus
dem jeweiligen Gegenstand ihres Interesses ergeben. Ob ein
Kompromiß zwischen dem sensualen Realisten Goethe und
dem rationalen Realisten Wittgenstein etwa bezüglich der
Natur der Farben und der Wahrnehmung denkbar ist (vgl.
Westphal 1987, der einen solchen mittels moderner Sehtheo-
rien herbeizuführen versucht), muß offen bleiben. Interessant ist der Gegensatz allemal, gerade weil Goethe nicht taub
gegenüber der Sprache, Wittgenstein nicht blind gegenüber
dem Sehen war.

Auch den zentralen Gedanken des Bildes, das uns gefangen
hält, könnte Wittgenstein schließlich aus der Beschäftigung
mit Goethe gezogen haben. Dessen Vorwürfe gegen Newton
beziehen sich ebenso auf fixe Bilder, die blind für Erfahrungen machen, wie Schillers Vorwurf, Goethes ›Urpflanze‹, die
dieser zu sehen glaubte, sei keine Erfahrung, sondern eine
Idee. (Wittgenstein kannte Schillers Vorwurf. Vgl. Hallett
1977, S. 765). Der Gedanke einer Morphologie des Irrtums
steht leitthematisch hinter den *Philosophischen Untersuchungen* (vgl. Baker/Hacker 1980, S. 553, hier auch zu ›Übersicht‹, S. 534, und ›Familienähnlichkeit‹, S. 320–343 und
546f.).

Auch dazu finden sich Ansätze bereits bei Goethe:

»Wort und Bild sind Korrelate, die sich immerfort suchen, wie wir an
Tropen und Gleichnissen genugsam gewahr werden. So von jeher,
was dem Ohr nach innen gesagt oder gesungen war, sollte dem Auge
gleichfalls entgegenkommen.« (Goethe HA 12. MuR 907).

»Friede in den Gedanken. Das ist das ersehnte Ziel dessen der
philosophiert«, schrieb Wittgenstein (VB, S. 511). Doch »der
denkende Mensch hat die wunderliche Eigenschaft, daß er an
die Stelle, wo das unaufgelöste Problem liegt, gerne ein Phan-
tasiebild hinfabelt, das er nicht loswerden kann, wenn das
Problem auch aufgelöst und die Wahrheit am Tage ist«, so
steht es bei Goethe (HA 12, MuR 545).

Philosophie wird beim späten Wittgenstein die endlose Tätigkeit, gegen diese Bilder zu kämpfen, sie zu verflüssigen, ›das lösende Wort‹ (Goethe, *Metamorphose der Pflanzen*) zu finden. Am Ende ist das lösende Wort, vielleicht bei beiden, das Wort, das den Blick wieder frei gibt.

5. Wittgenstein im Überblick

Wittgenstein wird mit zwei Richtungen der Philosophie des auslaufenden Jahrhunderts verbunden: dem Logischen Positivismus und der sogenannten ›Philosophie der normalen Sprache‹ (›Ordinary Language Philosophy‹). Die Zweiteilung seines Werks durch Stegmüller (1978) folgte diesem Aspekt. Die klassifikatorischen Terme ›Wittgenstein I‹ und ›Wittgenstein II‹ entwickelten sich eine zeitlang zu einem Bild, das manche Philosophen gefangenhielt, das aber mittlerweile zu differenzierteren dreistufigen Modellen ausgebaut wurde (Lazerowitz 1977, Lazerowitz/Ambrose 1984; Hintikka/Hintikka 1986), welche außerdem die fließenden Übergänge betonen. Keine Klassifikation schadet, wenn sie lediglich als Bezugsrahmen und Kontrastmittel verwendet wird. Allerdings überwiegt der Kontrast im Falle Wittgensteins: Denn von den logischen Positivisten unterscheidet er sich durch sein entgegengesetztes Erkenntnisinteresse – nicht das Sagbare interessiert ihn, sondern, was sich nur zeigt – und von Vertretern der angelsächsischen analytischen Philosophie (z. B. Austin und Searle: Sprechakttheorie; Ryle: Dispositionale Analyse etc.) durch ein ähnlich entgegengesetztes Verhältnis zur Umgangssprache. Wittgenstein I war kein logischer Positivist und Wittgenstein II kein ›Theoretiker der Umgangssprache‹.

In den dreiphasigen Modellen wird die mittlere Periode mit 1929–1936 angesetzt (Hintikka/Hintikka 1986). Lazerowitz/Ambrose (1984) betonen, daß die Phase des *Blauen Buches* (ca. 1933/34) einen Höhepunkt des Therapiekonzepts der Philosophie darstelle, die spätere Arbeit eine teilweise Rückkehr zur normalen Vorstellung von Philosophie sei. Tatsächlich findet sich im *Blauen Buch* (einem Diktat) die Äußerung, daß es irreführend sein könnte, Wittgensteins Untersuchungen als ›Philosophie‹ zu bezeichnen: »(Man könnte sagen, daß der Gegenstand, mit dem wir uns beschäftigen, einer der Erben des Gegenstands ist, den wir »Philosophie« zu nennen pflegen.)« (BB, S. 53).

Eine andere Stelle im *Blauen Buch* benennt aber in ihrer Vagheit auch den Hintergrund, vor dem Wittgenstein I bis Wittgenstein II philosophiert haben: »In der Philosophie liegt die

Schwierigkeit darin, nicht mehr zu sagen, als was wir wissen.«
(BB, S. 75). Philosophie will die kranke Sprache heilen. Daß es
sich hier um keinen ambulanten Eingriff handelt, sondern um
eine größere Operation, zeigt sich in der zunehmenden aus-
drücklichen Verbindung der Sprachbehandlung mit der Handlungspraxis überhaupt. Dieses grundsätzliche Verhältnis zwischen philosophischer Tätigkeit, Sprache und dem Zustand der
Kultur/Gesellschaft zieht sich durch die Schriften.

Der Zusammenhang zwischen Sprache und Lebensweise läßt
die philosophischen Probleme zu ›Symptomen‹ der Krankheit
einer Lebensweise werden. G. H. v. Wright hat hier darauf hingewiesen, daß Wittgenstein sehr viel geschichtsbewußter war,
als gewöhnlich angenommen. Philosophie ist nicht konstanter
als Kunst oder die Naturwissenschaften:

»Seine Auffassung der Philosophie war nicht der Versuch, uns ein für
allemal zu sagen, was Philosophie eigentlich ist, sondern bringt zum
Ausdruck, was sie für ihn, im Kontext seiner Zeit, sein sollte.« (v.
Wright 1990, S. 218).

Einerseits ist Wittgenstein von der Endgültigkeit seiner Arbeit
nach wie vor überzeugt, andererseits wendet er sich gegen jede
absolute Auffassung eines Satzes. Wenn er schreibt, »Sich psy-
choanalysieren zu lassen ist irgendwo ähnlich vom Baum der
Erkenntnis essen« (VB, 498), so ist zu fragen, ob das nicht auf
seine philosophische Analyse ebenfalls zutrifft. Den Schluß,
den er zieht – »Die Erkenntnis, die man dabei erhält, stellt uns
(neue) ethische Probleme; trägt aber nichts zu ihrer Lösung bei«
(ebd.) – kann man in der Formulierung des *Tractatus*, »Wir fühlen, daß, selbst wenn alle *möglichen* wissenschaftlichen Fragen
beantwortet sind, unsere Lebensprobleme noch gar nicht berührt sind.« (6.52), und in dem Motto der *Philosophischen Untersuchungen*, »Überhaupt hat der Fortschritt das an sich, daß
er viel größer ausschaut, als er wirklich ist.« (Nestroy), jedenfalls wiedererkennen. Auch wenn die Scheinprobleme, durch
Suggestion der Sprache entstanden, aufgelöst sind, bleibt das
Leben ein Problem. Charakteristisch für Wittgensteins Philosophie ist, daß sie sich nicht einordnen läßt; daß sie dies beab-
sichtigt, wird sich herausstellen.

Im Vorwort zu den *Philosophischen Untersuchungen* schreibt
Wittgenstein auch, es kämen ihm seine neueren Gedanken nur
vor dem Hintergrund seiner älteren »Denkweise« verständlich
vor. In dieser Hinsicht scheint die ›zweiwertige‹ Wittgenstein-
Chronographie richtig zu liegen. Seine Methode, der Stil seiner

Gedanken hat nur einen Wendepunkt: Der *Tractatus* versucht eine ideale Sprache zu entwerfen, ist also eine Konstruktion, die spätere Philosophie ist eine Beschreibung der Logik der Sprache, eine Nachzeichnung.

Was sich ändert, ist nicht die Auffassung von der Philosophie, sondern die Auffassung von der Sprache als Folge des Wechsels der Methode (vgl. Hilmy 1987). Innerhalb der neueren Methode ändert sich die Auffassung zwar weiter, gelangt aber nicht bis zu dem Punkt, wo die Vorstellung von der philosophischen Tätigkeit, von dem, was Philosophie ist, angegriffen und verändert würde.

Das Projekt bleibt durchgängig die Trennung von Sagbarem und dem, was sich zeigt (Logik, Ethik, Ästhetik). Im späteren Stadium wäre die Nennung des Programms allerdings ein performativer Selbstwiderspruch und unterbleibt: nicht zuletzt deshalb versteht man die späteren Schriften besser vor dem Hintergrund der frühen.

5.1 Wittgensteins Strukturmodelle für Sprachen

Wittgensteins Hinweis aufgreifend, daß jede Entwicklungshypothese auch »als eine Einkleidung eines formalen Zusammenhangs« gesehen werden kann (Frazer, S. 37), sind die folgenden drei Stufen in Wittgensteins Wandlungen eher formal denn zeitlich gemeint, und sie sollen die folgende Darstellung einzelner Bereiche ermöglichen.

Der sinnvolle Ausdruck oder Satz bleibt der Fokus, durch den Wittgenstein die sinnvolle Sprache einsammeln will. Dieser Satz wird nun

(1) im *Tractatus* 0-dimensional, als Punkt (Elementarsatz),
(2) in der Übergangszeit (*Philosophische Bemerkungen*) eindimensional, als Linie (Maßstab),
(3) im Spätwerk zweidimensional, als Gitter (Sprachspiel), die Sprache entsprechend als

ein-, zwei- und dreidimensionale Verknüpfung der Sätze gesehen.

Man kann die Unterschiede durch einen Vergleich von drei paradigmatischen Aussagen aus den jeweiligen Phasen verdeutlichen:

(1) Die Sprache ist anorganisch, ein Sandhaufen:

»Die Welt zerfällt in Tatsachen.«
»Eines kann der Fall sein oder nicht der Fall sein und alles übrige gleich bleiben.« (*Tractatus* 1.2; 1.21).

Ordnung liegt in der Isomorphie von Sprache und Welt.

(2) Die Sprache ist anorganisch, aber organisiert: sie ist eine Maschine:

»Wie in einem Stellwerk mit Handgriffen die verschiedensten Dinge ausgeführt werden, so mit den Wörtern der Sprache, die Handgriffen entsprechen.«
»Die Sprache muß von der Mannigfaltigkeit eines Stellwerks sein, das die Handlungen veranlaßt, die ihren Sätzen entsprechen.« (PB, S.58 f.).

Diese Handgriffe haben immer die Logik der Messung. Ein Satz wird, mit unterschiedlicher Absicht, an die Wirklichkeit angelegt. Er ist, als Maßstab, ein Bild der Wirklichkeit. Auch jetzt ist die Genauigkeit noch absolut, aber absolute Genauigkeit bezieht sich darauf, daß der Satz genau die Mannigfaltigkeit hat, die seinem Zweck entspricht. – Wenn ich wissen will, ob jemand früh, pünktlich oder zu spät kommt, brauche ich keine Minuten. Isomorphie herrscht zwischen Satz und Verwendung, also in der Messung.

(3) Die Sprache ist organisch:

»Der Begriff des Lebewesens hat die gleiche Unbestimmtheit wie der der Sprache.« (Zettel, 326).
»Jedes Zeichen scheint *allein* tot. Was gibt ihm Leben? – Im Gebrauch *lebt* es. Hat es da den lebenden Atem in sich? – Oder ist der *Gebrauch* sein Atem?« (PU, 432).

Noch immer dient die Sprache dem Vermessen, doch die Sätze sind gegenüber der Handlung des Operierens mit ihnen in den Hintergrund getreten. Die Sprache ist keineswegs Grund oder Ursache des Spiels. Sie folgt dem Leben der Spiele nach, und »Wenn sich die Sprachspiele ändern, ändern sich die Begriffe, und mit den Begriffen die Bedeutungen der Wörter.« (ÜG, 65).

Die Logik der Sprache ist eine Logik des Ungefähren, die ›Kristallreinheit‹, ›Exaktheit‹ der Logik entpuppt sich als Forderung. Wittgenstein hat sich therapiert.

Therapiert von der Vorstellung, logische oder mathematische Strukturen müßten Grundlage der Sprache sein. Und ganz zuletzt auch von der Vorstellung, man brauche ein Modell für die Sprache. Sie muß am Ende für sich selber sprechen (PG, S. 5), durch die vom Philosophen geschaffene Übersicht (PU 120, 127 ff.), nicht anders als die Logik zum Zeitpunkt des *Tractatus* durch die vom Philosophen konstruierte Sprache für sich selber sprechen, ›sorgen‹ mußte.

5.2 Wandlung der Modelle – Wandlung der Therapieformen

Der Gedanke der Therapie war von Anfang an vorhanden. Erreicht werden sollte sie zunächst durch die Konstruktion eines fehlerfreien logischen Symbolismus, dann durch die logische Analyse der Sätze der Umgangssprache, zuletzt durch ein Auflösen der fixen Bilder zur Verwendung von Ausdrücken, von Bildern, wie sie in der Sprache selbst liegen (vgl. PU, 114, 115). Auf diesem Weg hat Wittgenstein aber immer wieder und bis zuletzt gerade Bilder als Denkmodelle gebraucht.

Sicher ist, daß die *Philosophischen Untersuchungen* und die anderen späten Aufzeichnungen *in* Sprache geschrieben sind und nicht, wie noch die *Philosophischen Bemerkungen, über* Sprache. Die Frage, ob man sich so der Sprache ergeben muß und ob die Rolle der Sprache bei der Entstehung von Neuem damit angemessen behandelt ist, bleibt offen. Der Widerspruch könnte nun darin liegen, daß die Sprachspiele, ein soziales Geschehen, auf eine Weise dargestellt werden, die dieses Soziale nicht berücksichtigt.

Die Verwendung von Modellen ist charakteristisch für das Vorgehen der Naturwissenschaften, nicht aber, was Wittgenstein damit bezweckte, nämlich das, was man die Rettung der Phänomene nennen könnte, wie sie gerade in den naturwissenschaftlichen Theorien seit Beginn des 19. Jahrhunderts verschwunden sind. Gemeint ist die mathematische Formalisierung der Naturwissenschaften, wie sie durch die Formulierung des Energieerhaltungssatzes (um 1847) programmatischen Ausdruck fand (vgl. Breger 1985; Gamm 1985). War vorher die sinnlich erfahrbare Wirklichkeit Gegenstand der Forschung, galt nun als real, was auch meßbar und reproduzierbar war. So konnte man z.B. vom mechanischen Wärmeäquivalent reden, ein Ausdruck, der – im Stil des späten Wittgenstein – einem ›südlichen Blau‹ oder einem ›viereckigen Gefühl‹ gleicht.

Man kann spekulieren, daß das ›phänomenologische Anliegen‹ Wittgensteins eine Reaktion auf diese Entwicklung gewesen ist. Gegen reduktionistische Vorstellungen wendet er sich polemisch in einer seiner Vorlesungen, um die Anziehungskraft bestimmter Erklärungen zu demonstrieren:

»»If we boil Redpath [einer der Hörer] at 200° C all that is left when the water vapour is gone is some ashes, etc. This is all Redpath really is.‹ Saying this might have a certain charm, but would be misleading to say the least.« (LA, S. 24).

In allen Fällen, wo Erscheinungen aufeinander zurückgeführt werden sollen, bzw. auseinander abgeleitet, werde man überredet, bestimmte Unterschiede zu vernachlässigen. Dem hält Wittgenstein das Motto entgegen: »»Everything is what it is and not another thing.‹« (LA, S. 27). – Diesem Grundsatz folgt er nicht nur, was die Erscheinungen betrifft, sondern auch in der Mathematik, wo er zu der Anschauung gelangt, daß zwei verschiedene Beweiswege nicht dasselbe beweisen können. Er kämpft dagegen, dem Ergebnis einer Abstraktion, gleich auf welchem Gebiet, mehr Gewicht zu geben als den Einzelheiten, die sie in sich begreift. Die Abstraktion enthält für ihn keine Erkenntnis, sondern ist selbst nur eine weitere Erscheinung. In Wittgensteins Welt gibt es keine Hierarchien, nur die Möglichkeit klarer und unklarer Bilder. Diese Welt ist sozusagen vollkommen flach (vgl. Finch 1977).

5.3 Bildbegriff

Der Spannungsbogen zwischen dem phänomenalen, sich auf Sinnlich-Gegebenes beziehenden Anliegen Wittgensteins und seinem logischen Anliegen entspricht dem Gegensatz zwischen (visuellem) Bild und (abstraktem) Begriff. Diesen Gegensatz denkt sich Wittgenstein in ›seinem‹ Bildbegriff aufgehoben, den er von zwei Seiten geerbt habe: »erstens von dem gezeichneten Bild, zweitens von dem Bild des Mathematikers, das schon ein allgemeiner Begriff ist.« (WWK, S. 185). Dasselbe gilt folglich auch für das Denken, das Wittgenstein als ein Operieren mit Zeichen auffaßt. Phantasie sei

»nicht wie ein gemaltes Bild oder ein plastisches Modell [. . .], sondern ein kompliziertes Gebilde aus heterogenen Bestandteilen: Wörtern und Bildern. Man wird dann das Operieren mit Schrift- und Lautzeichen nicht mehr in Gegensatz stellen zu dem Operieren mit ›Vorstellungsbildern‹ der Ereignisse.« (Frazer, S. 36).

Bildliches und begriffliches Denken liegen auf einer Ebene und beeinflussen sich gegenseitig.

Hält uns nun ein Bild gefangen, können wir die Phänomene nicht mehr vorurteilsfrei betrachten oder beschreiben.

6. Wittgensteins Selbstkritik

6.1 Stilwandel

Trotz aller Unsicherheit, was man als ein Werk Wittgensteins ansprechen soll, läßt sich zwischen dem *Tractatus* und allen späteren Para-Werken, die nicht bloße Zettelsammlungen sind, als Trend hinsichtlich des Aufbaus ein gemeinsamer Unterschied feststellen. Der *Tractatus*, seiner konstruierenden Natur folgend, führt von den Tatsachen zur allgemeinen Form des Satzes, um dann mit dem Paradox abzubrechen. Die Rolle der Philosophie als Sprachkritik (4.0031); das Gleichmachende und Verkleidende der Sprache (4.025, 4.002), die Rolle der Naturwissenschaften und die ›lebensphilosophischen‹ Konsequenzen werden am Rande, kurz, oder am Ende, kurz, erwähnt.

Die späteren Werk-Ansätze beginnen, der instruierenden Natur der jetzigen Methode folgend, völlig anders:

(1) »Die Welt ist alles, was der Fall ist.« (*Tractatus*).
(2) »Der Satz ist vollkommen logisch analysiert, dessen Grammatik vollkommen klargelegt ist. Er mag in welcher Ausdrucksweise immer hingeschrieben sein.« (PB).
(3) »Was ist die Bedeutung des Wortes?
     Wir wollen diese Frage angreifen, indem wir zuerst fragen, was eine Erklärung der Bedeutung eines Wortes ist; wie sieht die Erklärung eines Wortes aus?« (BB).
(4) »Wie kann man vom ›Verstehen‹ und ›Nicht-Verstehen‹ eines Satzes reden; ist es nicht erst ein Satz, wenn man es versteht?« (PG).
(5) »Wir verwenden den Ausdruck ›die Übergänge sind durch die Formel . . . bestimmt‹. Wie wird er verwendet?« (BGM).

Ausgelassen sind hier das *Braune Buch* (ein erster Ansatz zu den PU, ca. 1934/35) und die *Philosophischen Untersuchungen*. Beide beginnen mit einem Zitat von Augustinus über das Erlernen der Sprache. Die *Philosophischen Untersuchungen* entwickeln sich, mit einigen konstruierten Sprachspielen als Beispiel beginnend, über die Diskussion von ›Bedeutung‹, ›Name‹, ›Wesen der Sprache‹, ›Logik‹ zunächst bis zur Angabe der ›Rolle der Philosophie‹. Den Sinn dieses geänderten Vorgehens drückt Wittgenstein bereits 1931/32 klar aus:

»Man muß beim Irrtum ansetzen und ihn in die Wahrheit überführen.
D.h. man muß die Quelle des Irrtums aufdecken, sonst nützt uns das
Hören der Wahrheit nichts. Sie kann nicht eindringen, wenn etwas an-
deres ihren Platz einnimmt.« (Frazer, S. 29).

Mit dem inhaltlichen Irrtum des *Tractatus* war demnach auch
ein Irrtum in der Methode der Darstellung verbunden: Der Versuch, eine klare Prosa zu schreiben, war zum Affront geraten.
Mit der Wahrheit wurde ins Haus gefallen. Daß es Wittgenstein
aber schon damals auch um den Stil ging, deutet sich in einem
Brief Russells an seine Freundin an:

»Ich habe Wittgenstein gesagt, er solle nicht einfach behaupten, sondern
Argumente angeben, aber er sagte, Argumente verdürben die Schönheit
seiner Sätze, und er bekäme dabei das Gefühl, als faßte er eine Blume mit
schmutzigen Fingern an.« (Russell an Ottoline Morell, Mai 1912. Zit.
nach Frank/Soldati 1989, S. 42).

Und auch die Anwort Freges auf einen Brief Wittgensteins un-
terstützt das:

»Was Sie mir über den Zweck Ihres Buches schreiben, ist mir befremd-
lich. Danach kann er nur erreicht werden, wenn andre die darin ausgedrückten Gedanken schon gedacht haben. [. . .] Dadurch wird das
Buch eher eine künstlerische als eine wissenschaftliche Leistung; das
was gesagt wird, tritt zurück hinter das, wie es gesagt wird.« (Frege an
W., 16. 9. 1919. ebd.).

Drei Dinge sind hier wichtig: (a) Argumente: und sie fehlen
auch in den späteren Werken, wenn man unter Argument eine
einzelne Aussage versteht, die eine andere begründet und recht-
fertigt. Begründung und Rechtfertigung liegen nicht auf der
Ebene einzelner Sätze oder Satzabschnitte, nicht einmal der
Texte als Einheit. (b) Gedanken: Sie werden zunehmend indirekt mitgeteilt, im Unterschied zum *Tractatus* geht Wittgenstein nicht davon aus, daß der Leser sie schon gedacht haben
muß. (c) Künstlerische und wissenschaftliche Leistung: aus (a)
folgt schon, daß die spätere Philosophie, will man sich hier bi-
när entscheiden, eine künstlerische Leistung ist, aber dennoch
eine Lehre:

»Die Menschen heute glauben, die Wissenschaftler seien da, sie zu be-
lehren, die Dichter und Musiker etc. sie zu erfreuen. Daß *diese sie etwas
zu lehren haben,* kommt ihnen nicht in den Sinn.« (VB, 501).

In dieser Perspektive teilen die aufgeführten Anfänge einiges
mit. Das Apodiktische des *Tractatus* ist zum Zeitpunkt der *Philosophischen Bemerkungen* noch nicht vollends verschwunden.

Der Text beginnt mit einem Satz, der das Ergebnis einer Gedankenkette mitteilt. Die genauere Besprechung wird zeigen, daß dieses Ergebnis im Textverlauf auseinandergelegt wird, wodurch der Sinn, wie im *Tractatus*, zunehmend deutlicher wird. Man könnte sagen, im Fall von (1) und (2) erklärt das sich anschließende Buch den Anfangssatz. Dieser Anfangssatz besteht aus einer Gleichsetzung, ähnlich einer mathematischen Gleichung: ›Welt = Was der Fall ist‹. Oder der logischen Implikation: ›Wenn x (Satz vollkommen logisch analysiert), dann y (Grammatik vollkommen dargelegt)‹ und umgekehrt (logische Äquivalenz). Allerdings wird im zweiten Fall unmißverständlicher die Einschränkung gemacht, daß die Ausdrucksweise, der Symbolismus, für dieses Klärungswerk ganz nebensächlich ist. Dies folgt aus Wittgensteins Einsicht, daß der *Tractatus* eine ›Mythologie des Symbolismus‹ war und daß man in der Philosophie immer in Gefahr ist, dieser Mythologie zu erliegen (vgl. PU 65 u. 131).

Ein weit schwerwiegender Bruch trennt (2) von (3), (4) und (5). Mit der Frage wird der Leser sofort bei der Hand genommen und in den Gedankengang hineingezogen. Das Zurückweisen der Frage unter (3), durch die Ersetzung der Frage, wird im *Blauen Buch* fortgeführt. Eine falsch gestellte Frage kann nicht sinnvoll beantwortet werden, und da es *die* Bedeutung nicht gibt, muß die Frage nach *einer* Bedeutung aufgelöst werden. Die *Philosophischen Untersuchungen* folgen ebenfalls dieser Methode, eine bestimmte Vorstellung von ›Sprache‹, ›Bedeutung‹ und ›Sinn‹ aufzulösen. Das Verfahren wird auch, wie man an (5) sieht, auf die Mathematik angewendet.

6.2 Philosophische Bemerkungen: Zeichen und unmittelbare Erfahrung

Das folgende Zitat enthält den Kerngedanken der *Philosophischen Bemerkungen*:

»Alles Wesentliche ist, daß die Zeichen sich, in wie immer komplizierter Weise, am Schluß doch auf die unmittelbare Erfahrung beziehen und nicht auf ein Mittelglied (ein Ding an sich). (PB, S. 282).

Wittgenstein spricht hier allgemein von Zeichen, denn obwohl die Umgangssprache zunehmend der Platz wird, auf dem er seine Gedanken austrägt, beziehen sie sich doch auf ›Zeichensysteme‹ allgemein. Was zum Zeichensystem gehört, ist aber in den meisten Fällen nicht aus sich heraus verständlich. Wittgenstein beschließt daher: »Ich werde jede Tatsache, deren Bestehen Voraussetzung für den Sinn eines Satzes ist, als zur Sprache gehörig rechnen.« (PB, S. 78). – Dies klingt wie ein Zugeständnis. Den Tatsachen wird der kleine Finger gegeben, und in den *Philosophischen Untersuchungen* bekommen sie schließlich die ganze Hand. Die Perspektive hat sich vollends umgekehrt: »Das Wort ›Sprachspiel‹ soll hier hervorheben, daß das Sprechen der Sprache ein Teil ist einer Tätigkeit, oder einer Lebensform.« (PU, 23).

Der Ansatz hierzu in den *Philosophischen Bemerkungen* ist die Tätigkeit des Anlegens eines Satzes als Maßstab an die Wirklichkeit. Das Anlegen gehört zum Zeichensystem. Als ›Wirklichkeit‹ ist dabei die ›unmittelbare Erfahrung‹ anzusehen:

»Alles, was nötig ist, damit unsere Sätze (über die Wirklichkeit) Sinn haben, ist, daß unsere Erfahrung in *irgendeinem Sinne* mit ihnen eher übereinstimmt oder eher nicht übereinstimmt. D.h. die unmittelbare Erfahrung muß nur irgendetwas an ihnen, irgend*eine* Facette bewahrheiten. Und dieses Bild ist ja unmittelbar aus der Wirklichkeit genommen, denn wir sagen, ›Hier ist ein Sessel‹, wenn wir nur *eine* Seite von ihm sehen.« (PB, S. 282).

Der Absatz macht deutlich, daß die unmittelbare Erfahrung, in erster Linie die visuelle Erfahrung, Komplement und Modell für den sprachlichen Bereich sein soll. Wie sich in Wittgensteins Bildbegriff das Visuelle und das Begriffliche durchdringen, so auch das Gesichtsfeld und die Sprache insgesamt. Wären die Phänomene des Gesichtsfeldes nicht lesbar, gäbe es keine sinnvollen Sätze, d.h. Sätze, die wahr oder falsch sein könnten.

»Das Phänomen ist nicht Symptom für etwas anderes, sondern ist die Realität. Das Phänomen ist nicht Symptom für etwas anderes, was den Satz erst wahr oder falsch macht, sondern ist selbst das, was ihn verifiziert.« (PB, S. 283).

Die Verbindung zwischen Sprache und Wirklichkeit/Phänomen ist kein Abbildverhältnis mehr, bei dem jedem Element der Menge genau eines der anderen entspricht. Die regelgeleitete Anwendung der sprachlichen ›Maßstäbe‹ ergibt ein unvollständiges Bild, das man eben wegen der Grenzen der Maßstäbe nicht sprachlich ergänzen kann. Der Gegenstand wird immer ›einseitig‹ betrachtet.

6.3 Maßstäbe und Syntax

Was genau mit Maßstäben gemeint ist, verdeutlicht dieses Schema:

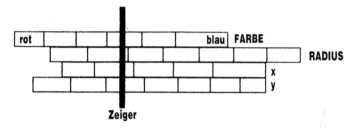

»Das«, schreibt Wittgenstein, »wäre z. B. die Angabe, daß ein farbiger Kreis von der Farbe . . . und dem Radius . . . an der Stelle . . . liegt.« (PB, S. 112); man könnte jetzt natürlich noch eine Uhr dazumalen, ein Thermometer und eine Skala mit ästhetischen Wertungen wie ›schön‹, ›häßlich‹, ›finster‹. Diese Skala wäre im Gegensatz zu den vorher genannten nicht metrisch. Je mehr Maßstäbe man hinzufügt, um so vollständiger wird die Beschreibung des Ereignisses, nie aber wird sie vollständiger, als es die Sprache erlaubt, in der sie gegeben wird; »eine Grenze ziehen zwischen einem Teil der und einem Teil der nicht so darstellbar ist, kann ich in der Sprache nicht. Sprache *heißt* die Gesamtheit der Sätze.« (PB, S. 113). Den hypothetischen Elementarsätzen entsprechen in diesem Schema die einzelnen Teilstriche der Skalen, einem negativen Satz (›Ich habe keine Sorgen‹) der Nullpunkt auf der Sorgenskala. Da nun die unmittelbare Erfahrung keinen Widerspruch enthalten kann (vgl. PB, S. 102), darf jede Koordinate der Wirklichkeit nur einmal bestimmt werden.

Es war daher falsch gewesen zu glauben, »daß sich die Syntax der logischen Konstanten aufstellen lasse, ohne auf den inneren Zusammenhang der Sätze zu achten.« (WWK, S. 74), »sondern es gibt Regeln über die Wahrheitsfunktionen, die auch von dem elementaren Teil des Satzes handeln.« (PB, S. 109). – »Ich kann z. B. nicht sagen: An einem und demselben Punkt ist rot und blau zugleich. [. . .] Die Regeln für die logischen Konstanten bilden vielmehr nur einen Teil einer umfassenden Syntax, von der ich damals noch nichts wußte.« (WWK, S. 74). Diese umfassende Syntax ist die Summe der Regeln, für deren Einhaltung in dem Diagramm neben dem Ablesestrich noch zusätzliche Verbindungen zwischen den Maßstäben nötig wären, damit die Sonne nicht – außer an manchen Tagen in Skandinavien – um Mitternacht scheint. Führt man diese zusätzlichen Syntax-Verstrebungen ein, erhält man die Maschine, die mit der Mannigfaltigkeit ihrer Hebelstellungen den Zwecken ihrer Verwendung entsprechen muß. »Die Syntax zieht dadurch die Sätze zusammen, die *eine* Bestimmung sind.« (PB, S. 113), denn »Eine Koordinate der Wirklichkeit darf nur einmal bestimmt werden.« (PB, S. 111).

6.4 Grammatik

Nach wie vor ist Philosophie die Anwendung der Logik auf die Sprache. Die Sprache verkleidet den logischen Gedanken. Dies tut sie u. a. in Form der uns gewohnten Schulgrammatik, die Wörter in Substantive, Adjektive, Verben usw. einteilt. Diese Einteilung ist willkürlich, was Wittgenstein demonstriert, indem er Wörter einer ›grammatischen‹ Wortart füreinander einsetzt. ›Rechts‹ und ›süß‹ sind zwei Adjektive, die aber nicht dieselbe Grammatik besitzen, und das heißt, sie liegen nicht im selben logischen Raum. Ich kann sagen, ein Gegenstand liegt rechts von einem anderen, aber nicht, er liegt süß von ihm. Ähnlich für andere Wortarten, z. B. Substantive: Man kann sagen ›Der Stuhl wackelt‹, aber nicht ›Seine Oberfläche wackelt‹. Die Verwechslung der landläufigen Grammatik mit der logischen Grammatik macht Wittgenstein auch für sein Konzept von Gegenständen verantwortlich, das durch die Subjekt-Prädikatform logischer Aussagen – φx – entstanden war. ›Gegenstand‹ war, was man für x einsetzen konnte. So entsteht eine ›Mythologie des Symbolismus‹. Nun gibt es aber nicht nur *eine* Subjekt-Prädikatform, sondern viele.

»Gäbe es nämlich nur eine, so müßten alle Substantive und alle Adjektive füreinander substituierbar sein. In eine Klasse gehören nämlich alle füreinander substituierbaren Wörter.« (WWK, S. 46). Die Syntax eines Wortes, später ›Grammatik‹ (Wittgensteins Terminologie schwankt hier noch), ist mit allen *möglichen* Sätzen gegeben, in denen das Wort vorkommen kann.

Logische Formen sind nicht in Sprache ausdrückbar, sie zeigen sich in der Grammatik der Zeichenverwendung. So bezeichnet Wittgenstein die Grammatik als »eine theory of logical types« (PB, S. 54), die allerdings keinerlei Hierarchie enthält. Sämtliche Zeichenverwendungen sind gleichberechtigt, und keine Verwendung kann eine andere rechtfertigen. Diese Ansicht vermeidet einen unendlichen Regreß, wie er den *Principia Mathematica* innewohnt, lehnt jede Form von ›Meta-Logik‹, ›Meta-Mathematik‹ oder ›Meta-Philosophie‹ ab, handelt sich dafür aber das Problem ein, *darstellen* zu müssen, wie eine grammatische Regel befolgt werden kann.

Denn wie soll man die Grammatik, nicht einzelner Wörter, sondern der ganzen Sprache auffassen? Ist es eine logische oder eine empirische Feststellung, daß Rot und Blau nicht dieselbe Koordinate der Wirklichkeit bestimmen können? Wittgensteins Antwort lautet: Empirisch ist, was sich rechtfertigen läßt. Da sich die Grammatik weder rechtfertigen noch widerlegen läßt, ist die Frage nach ihrem Stellenwert auf der Logisch-Empirisch-Skala nicht sinnvoll.

6.5 Die gemeinsame unmittelbare Erfahrung

Die Konventionen der Grammatik lassen sich nicht durch empirische Tatsachen rechtfertigen, weil die Feststellung einer jeden solchen Tatsache die grammatischen Regeln schon voraussetzt. Wenn keine Einigkeit bezüglich dieser Konventionen besteht, kann es auch keine Verständigung geben (vgl. PB, S. 55).

In einer seiner letzten Aufzeichnungen führt Wittgenstein diesen Gedanken in poetischer Form aus. Daß er eines Menschen Freund sein könne, beruhe darauf, daß dieser »die gleichen oder ähnliche Möglichkeiten« habe wie er selbst (BüF, III, 301). Und er fährt mit der Feststellung fort, daß die Begriffe mitten im Leben stehen: »Die Regelmäßigkeit unserer Sprache durchdringt unser Leben.« (BüF, III, 302, 303). In diesen Ausführungen über die Farben ersetzt die Bearbeitung des Begriffes ›Sehen‹, was in den *Philosophischen Bemerkungen* noch der Gesichtsraum, als dem Gesichtsfeld zugehöriger logischer Raum leisten muß. Daß das Sehen des anderen die gleiche Mannigfaltigkeit hat wie das meine – daß er dieselbe Zahl Unterscheidungen an denselben Stellen in seiner Wahrnehmung macht wie ich – sichert die Verständigung.

6.6 Regeln I

Ist also die Frage nach dem Stellenwert der Grammatik unsinnig? Die Grammatik kann nach Wittgenstein so wenig einen Widerspruch enthalten wie die unmittelbare Erfahrung – da beide spiegelbildlich organisiert sind, sind beide »jenseits von allem Sprechen und Widersprechen, dann kann auch kein Erklärungsbedürfnis auftreten, das Gefühl, daß sich der Vorgang erklären lassen muß, weil sonst etwas nicht stimmen würde.« (PB, S. 102). Dieses Gefühl tritt erst dann auf, wenn man über die eigene Grammatik, die man ja nicht bewußt verwendet, stolpert. Es entstehen Fragen, die sich auf die Methode der Abbildung der Welt beziehen, grammatische Fragen, die fälschlicherweise als empirische Fragen aufgefaßt werden. Korrekterweise kann man auf solche Fragen nur mit einer grammatischen, daher unbefriedigenden Antwort reagieren. ›Woher weißt du, daß dies rot ist?‹ – ›Ich spreche deutsch‹.

Der Philosoph verweist auf das Regelsystem. Damit rückt der Regelbegriff in den Mittelpunkt, denn es ist die Regelkonformität, die jede Erklärung möglich macht. Warum gelten innerhalb einer Sprache bestimmte Regeln? Daß es empirische Gründe gibt, schließt Wittgenstein durch einen Beweis mathematischer Art aus. Er nimmt an, es gäbe sie, und zeigt, daß das zum Widerspruch führt:

»Könnte ich den Zweck der grammatischen Konventionen dadurch beschreiben, daß ich sagte, ich müßte sie machen, weil etwa die Farben gewisse Eigenschaften haben, so wären damit diese Konventionen überflüssig, denn dann könnte ich eben das sagen, was die Konventionen gerade ausschließen.« (PB, S. 53).

Umgekehrt gilt dasselbe. Wenn die Konventionen wirklich von den Tatsachen erzwungen worden wären, könnte man ebenfalls gerade deswegen *die* Eigenschaften der Tatsachen nicht angeben, denn es müßte durch eine Gegenüberstellung mit einer *anderen* Form dieser Tatsachen geschehen – es wäre also etwas denkbar, was den Konventionen widerspricht. Das ändert aber die Konventionen, den es erweitert den Raum des Denkbaren. Kurz gesagt »Daß es unsinnig ist, von einer Farbe zu sagen, sie sei eine Terz höher als eine andere, kann nicht bewiesen werden.« (PB, S. 53). Nicht innerhalb der Grammatik unserer Sprache jedenfalls.

Wenn das Regelsystem solchermaßen unhintergehbar und unhinterfragbar ist, bleibt immer noch die Frage, *wie* ich wissen kann, ob ich die richtige Regel anwende. Auf diese Frage gibt Wittgenstein eine Antwort, die keinen Grund und keine Ursache für unsere Sicherheit in der Anwendung grammatischer Regeln enthält, sondern einen Verweis auf eine Methode und einen Hinweis auf die ›Urphänomenalität‹ des Verstehensaktes:

»Alles, was wir tun, besteht darin, daß wir das erlösende Wort finden. In der Grammatik kann man nichts entdecken. Es gibt Überraschungen. Wenn wir eine Regel formulieren, so haben wir immer das Gefühl: Das hast du schon längst gewußt. Wir können nur eines tun, die Regel, die wir unbewußt angewendet haben, klar aussprechen.« (WWK, S. 77).

Es ist nicht schwer, die Abkömmlinge dieser Gedanken in den *Philosophischen Untersuchungen* zu entdecken. Daß die Sprache etwas Einzigartiges sei, Sinn und Bedeutung immateriell, führt zu der Vorstellung, das Denken sei ein ebensolcher immaterieller oder schwer nachweisbarer Prozeß im Gehirn (die ›pneumatische Auffassung des Denkens‹ – PU, 109), und beides »erweist sich als Aberglaube« (PU, 110). Von einem materiellen Symbol würden wir uns wohl nicht so behexen lassen, die immaterielle Auffassung von der Sprache begünstigt aber das Mißdeuten der Sprachformen (vgl. PU, 111). Und dies wird durch die vergleichende Erinnerungsarbeit des Philosophen aufgehoben (PU, 127). Das ›erlösende Wort‹ löst den Denkkrampf, die Faszination, also Bündelung der Aufmerksamkeit, durch die Bilder der Sprache (PU, 115). Diese Bilder sind Gleichnisse, die, »in die Formen unserer Sprache aufgenommen [. . .] einen falschen Schein« bewirken (PU, 112). Gleichnis bedeutet, zwei Erscheinungen werden als Bild füreinander, als Abbilder betrachtet. Die lösende Droge sind Beispiele, die in lückenloser Folge die Zwischenstadien dieses Gleichnisses vorführen, so daß am Ende nicht mehr eine dogmatische Identitätsbehauptung steht, sondern Ähnlichkeit und Unähnlichkeit der beiden Fälle gleichermaßen erscheinen. Die Sprache als ein Korpus von ›Vergleichsobjekten‹ zu betrachten, die sich zueinander in Beziehung setzen, ohne daß es um Angemessenheit gegenüber einer externen Wirklichkeit ginge, das auch erinnert bereits sehr an Mathematik.

Der ›Maßstab‹, der aus der Phase der Maschinenmetapher stammt, ist in den *Philosophischen Untersuchungen* verallgemeinert zum ›Vergleichsobjekt‹, die ›leerlaufenden Räder‹, von denen die *Philosophischen Bemerkungen* sprechen, zur Leere der Behauptungen; das zugrundeliegende mechanische Bild wird deutlicher, wenn Wittgenstein die Forderung nach Kristallreinheit der Logik mit einer reibungsfreien Eisfläche vergleicht und fordert: »Zurück auf den rauhen Boden!« (PU, 107), denn die »Verwirrungen, die uns beschäftigen, entstehen gleichsam, wenn die Sprache leerläuft, nicht wenn sie arbeitet.« (PU, 132).

Die ›fundamentale Tatsache‹, von der philosophische Tätigkeit ausgeht, ist, »daß wir Regeln, eine Technik, für ein Spiel festlegen, und daß es dann, wenn wir den Regeln folgen, nicht so geht, wie wir angenommen hatten. Daß wir uns also gleichsam in unsern eigenen Regeln verfangen.

Dieses Verfangen in unsern Regeln ist, was wir verstehen, d. h. übersehen wollen.« (PU, 125).

Die übersichtliche Darstellung besteht in der lückenlosen Reihung grammatischer Regeln, also Verwendungsregeln. Damit sollten die Fragen, der Krampf, gelöst und die Gedanken, die die Philosophie selbst – d. h. lediglich ›die Methode‹ – in Frage stellen, zur Ruhe gebracht sein (PU, 133). Diese Beschränkung auf Beschreibung bezieht sich nur auf die Philosophie. Die Ordnung der Grammatik in ihre ›ideologische Nullage‹ ist nötig, um die eigenen Abweichungen von der sprachlichen Mittellage wahrzunehmen.

Wittgenstein hält sich jetzt an die Maximen des *Tractatus:*

»Ich habe einmal geschrieben: Die einzig richtige Methode des Philosophierens bestünde darin, nichts zu sagen und es dem andern zu überlassen, etwas zu behaupten. Daran halte ich mich jetzt. Was der andere nicht kann, das ist, die Regeln schrittweise und in der richtigen Ordnung auseinanderzusetzen, so daß sich alle Fragen von selbst auflösen.« (WWK, S. 183–184).

6.7 Privatregeln und Verstehen

Wenn Sprache, davon gehen die *Philosophischen Bemerkungen* aus, wesentlich etwas Physikalisches ist, woraus bestehen dann Sprechen und Verstehen? Aus dem Operieren mit Zeichen, durch das die Regeln sich materialisieren. Mathematik und Musik z. B. sind beide regelgeleitete Strukturproduktion, und so kann man gleichermaßen von ›mathematischen‹ und ›musikalischen‹ Gedanken sprechen. Gedanke, die Gesamtheit der Regeloperationen (Grammatik), und Gestalt der Struktur sind dabei äquivalent. Irreführend wäre es aber, »*prima facie* analoge

Grammatiken« (BB, S. 23) als identisch aufzufassen; »die Analyse durchweg bestehen zu lassen.« (ebd.).

Das Verstehen in Mathematik und Physik wäre dann ein Erfassen der Struktur ›auf einen Schlag‹ (vgl. PU, 138). Es besteht weder in dem Gefühl, das die Musik oder das Stück Mathematik hervorrufen mag, noch – laut Wittgenstein – in irgendeinem anderen *inneren Zustand.* Vielmehr ist die Vorstellung des Verstehens als ›geistigem‹ Vorgang eine der Mißdeutungen, die aus dem ›Nimbus‹ entstanden sind, der das Denken umgibt (PU, 97). Ohne den unverdienten Heiligenschein bleiben nur die Zeichenoperationen übrig, die in jedem Fall in einem öffentlichen Medium vor sich gehen, mithin beobachtbar sind.

Dies ist der Kern der häufig ›Privatsprachenargument‹ genannten operationalen Sprachvorstellung Wittgensteins. Auch er war um 1930 bereits vorhanden, u. a. als Gegenreaktion zu Russells ›Mentalismus‹ (vgl. Hilmy 1987, S. 138 ff.):

»Die gewöhnliche Ansicht ist ja heute die, daß das Verstehen ein psychologischer Prozeß ist, der sich ›in mir‹ abspielt. Ich frage nun: Ist das Verstehen ein Prozeß, der dem Satz – d. h. dem gesprochenen oder geschriebenen Satz entlangläuft? Welche Struktur hat denn dieser Prozeß? Etwa dieselbe, wie der Satz?« (WWK, S. 167).

Diesem Abschnitt entspricht genau die Aussage eines Gedankenexperiments im *Blauen Buch* (S. 24 f.), in dem eine Versuchsperson, die gleichzeitig Experimentator ist, ihre Gehirnfunktionen mißt, um die Übereinstimmung des Denkens eines Satzes mit bestimmten physiologischen Prozessen zu ›beweisen‹.

6.8 *Die Unmöglichkeit von Meta-Operationen*

Die Person kann die grammatischen Kategorien nur mit Messungen parallelisieren; sie kann nichts messen, was der Grammatik widerspricht. Und somit läßt sich ein grammatisches Problem nicht empirisch lösen.

In den *Philosophischen Untersuchungen* folgt auf ein ähnliches Gedankenexperiment zum Aspektsehen wenig später die Bemerkung, Gewisses am Sehen komme uns nicht rätselhaft genug vor, weil uns das ganze Sehen nicht rätselhaft genug vorkomme. Gemäß der Analogie zwischen ›Sehen‹ und ›Sprechen‹ hieße das, sprachliches Deuten ist ähnlich wie Aspekt-Sehen, und bestimmte grammatische Besonderheiten irritieren uns,

weil wir die Grammatik insgesamt – das Faktum des Verstehens
– nicht rätselhaft genug nehmen. Es geht in der Selbstverständ-
lichkeit unter und fällt erst in der Verwirrung wieder auf.

Aber wie das Sehen auf nichts zurückzuführen ist, so auch die
Grammatik, das Operieren mit Zeichen nicht:

»Ich glaube nun, daß das Verstehen gar kein besonderer psychologischer Prozeß ist, der noch außerdem da ist und zu der Wahrnehmung
des Satzbildes hinzukommt. Wenn ich einen Satz höre oder einen Satz
lese, so spielen sich allerdings verschiedene Prozesse in mir ab. Es taucht
etwa ein Vorstellungsbild auf, es sind Assoziationen da und so weiter.
Aber alle diese Prozesse sind nicht das, was mich daran interessiert. Ich
verstehe den Satz, indem ich ihn *anwende*. Das Verstehen ist also gar
kein besonderer Vorgang, sondern es ist das Operieren mit dem Satz.
Der Satz ist dazu da, daß wir mit ihm operieren. (Auch das, was ich tue,
ist eine Operation).« (WWK, S. 167)

– und, wie es an anderer Stelle heißt (LA, S. 28), Propaganda
für einen Denkstil. Wer diesen aber ablehnt, den versucht Wittgenstein auch nicht mit Argumenten zu zwingen.

Zwischen Zeichen und Tatsache vermittelt nichts, das Operieren mit Zeichen ist ein Prozeß, zu dem es keine Meta-Ebene
gibt; ein Prozeß, in dem die Philosophie zu ordnen sucht. Sie
muß die Grammatik imitieren, um die Regeln – wortwörtlich –
darzustellen. Philosophische Rede, wie Wittgenstein sie konzipiert, ist kein allegorisches, sondern fast mythisches Sprechen,
das die Wunde der Abstraktion heilen will.

6.9 Der Trieb zum Mißverstehen

In den *Untersuchungen* heißt es, und das schließt die Passage
über die Rolle der Philosophie ab,

»[. . .] es wird nur an Beispielen eine Methode gezeigt, und die Reihe
dieser Beispiele kann man abbrechen. – Es werden Probleme gelöst
[. . .], nicht *ein* Problem.

Es gibt nicht *eine* Methode der Philosophie, wohl aber gibt es
Methoden, gleichsam verschiedene Therapien.« (PU, 133).

Da Wittgenstein im Schriftbild hervorhebt, es gebe nicht *eine*
Methode, wird der Kontrast (ohne Widerspruch) zwischen ›es
wird eine Methode gezeigt‹ und ›es gibt nicht eine Methode‹ be-
absichtigt sein.

Es gibt also eine Einheit der Methode in der Vielfalt ihrer bei-
spielhaften Vorführung. Die verschiedenen Therapien sind

zweifellos soviele sprachliche Illusionen, die aufgelöst werden. Da die Illusionen für die Grammatik der jeweils beteiligten Wörter spezifisch sind, kann es keine Standardmethode geben, der Faszination der Ausdrucksweisen zu entkommen. Die philosophischen Probleme sind »keine empirischen, sondern sie werden durch eine Einsicht in das Arbeiten unserer Sprache gelöst, und zwar so, daß dieses erkannt wird: *entgegen* einem Trieb, es mißzuverstehen.« (PU, 109).

Dem Singular des Triebes entspricht der Singular der ›Methode‹ im vorhergehenden Zitat. Dem Plural der Verwirrungen, die dieser Trieb hervorruft, entsprechen die ›Methoden‹/ ›Therapien‹.

Mit der Wahl des Wortes ›Trieb‹ zeigt Wittgenstein an, daß ein weiteres Auflösen des Mißverstehens in seine Gründe und Ursachen ihm nicht möglich erscheint – es handelt sich um endlose Therapie. Der Trieb zum Mißverstehen des Arbeitens der Sprache, der Art und Weise ihres Eingreifens ins Leben, hat den Status eines Urphänomens.

Sind dieser Trieb, das Sprachspiel und die philosophische Methode der ›Sprachmorphologie‹ also tatsächlich der Ur-Grund, auf den Denken gelangen kann und wo der Spaten sich zurückbiegt? – Sie sind in jedem Fall Grundterme der Wittgensteinschen Arbeit, die selber durch Beispielreihen in Perspektive gesetzt werden.

6.10 Innen und Außen (Behaviorismus)

Es gibt eine Reihe von typischen Gedankentechniken, deren sich Wittgenstein bedient. Sie sollen helfen, die ›Probleme‹ in einem anderen, weniger verfänglichen Licht zu sehen. Eine dieser Techniken ist es, sich die Situation zu vergegenwärtigen, in der ein Wort (Ausdruck) gelernt wurde.

Aber auch hier versucht Wittgenstein nicht, eine theoretische Erklärung zu finden, wie es die Spracherwerbstheorien tun, sondern er greift auf die Lern- als auf eine Art Paradigmasituation zurück – er versucht, aus Anlaß ganz unterschiedlicher Ausdrücke, immer wieder die logische Gemeinsamkeit der Situationen, in denen sie gelernt wurden, darzustellen. Er bezeichnet dies zum Teil sehr kraß als ›Abrichten‹ und bringt seine ganze Position in die Nähe eines Behaviorismus, um sich – selbstverständlich – vom Behaviorismus zu distanzieren; immerhin ist die Ähnlichkeit so groß, daß er es in diesem Fall für nötig hält, sich ausdrücklich gegen diese Position auszusprechen.

Tatsächlich ist das einer der Knotenpunkte seiner Arbeit. Die Debatte, inwiefern der Behaviorismus recht hat oder ob umgekehrt gerade die inneren Vorgänge (Denken, Meinen, Beabsichtigen – die Skala der ›psychologischen‹ Verben) entscheidend sind, ist ein, in seinem Sinn, klassisches philosophisches Scheinproblem – eine grammatische Fiktion –, vielleicht sogar die ›zentrale‹ grammatische Fiktion, die des ›Innen‹ und ›Außen‹.

Hier gibt Wittgenstein einmal exemplarisch den Weg an, wie eine solche Fiktion entsteht: »Der erste Schritt ist der ganz unauffällige. Wir reden von Vorgängen und Zuständen, und lassen ihre Natur unentschieden.« (PU, 308). Gemeint sind Denkvorgänge im Innern, z. B. einen Gedanken haben, sich etwas wünschen, mit einem Satz etwas meinen. Auch die Abbildtheorie des Sehens gehört hierher. Was, genau, dem im ›Gehirn‹ entspricht, wird man herausbekommen, oder auch, ob es ein »übernatürlicher«, ein nicht-physikalischer Vorgang ist, wird man noch herausbekommen. Damit ist das Bild aber installiert – das Bild des Kopfes als Prozessor mit allerlei Sensoren, Input-, Output, und auch die Nichtwahrnehmbarkeit des Denkens z. B. hergerichtet:

»Aber eben dadurch haben wir uns auf eine bestimmte Betrachtungsweise festgelegt. Denn wir haben einen bestimmten Begriff davon, was es heißt: einen Vorgang näher kennen zu lernen. [. . .] Und nun zerfällt der Vergleich, der uns unsere Gedanken hätte begreiflich machen sollen. Wir müssen also den noch unverstandenen Prozeß im noch unerforschten Medium leugnen. Und so scheinen wir also die geistigen Vorgänge geleugnet zu haben. Und wollen sie doch natürlich nicht leugnen!« (PU, 308).

D. h. im Unterschied zum Behavoristen leugnet Wittgenstein nicht das Phänomen, dem die Ausdrücke für geistige Vorgänge entsprechen. Lediglich ist er der Meinung, daß sie nicht sind, wozu das Bild (ein Modell) sie macht: etwas abgeschlossen im Kopf des einzelnen vor sich Gehendes. Stattdessen die zu einiger Berühmtheit gelangte Bemerkung 309 aus den *Philosophischen Untersuchungen*:

»Was ist dein Ziel in der Philosophie? – Der Fliege den Ausweg aus dem Fliegenglas zeigen.« Sie erhält nun im Kontext eine doppelte Bedeutung als Metapher sowohl der grundsätzlichen philosophischen Arbeit: dem Denken den Ausweg aus den Bildern zeigen, in die es geraten ist, als auch für ein zentrales, wie gesagt, vielleicht *das* zentrale Bild: nämlich das falsche Bild vom Denken als etwas im geschlossenen Gefäß des Schädels sich Befindendem. Dieses Bild nennt Wittgenstein in den *Philosophischen Bemerkungen*, wie erwähnt, eine ›Mythologie des Symbolismus‹ oder, so fügt er hinzu, »der Psychologie«. Als Alternative nennt er: »einfach zu sagen, was jeder weiß und zugeben muß.« (PB, S. 65).

6.11 Sprache und Handeln I (Russells Mentalismus)

Wittgenstein unterstellt also, ohne näher darauf einzugehen, daß die Verbindung zwischen Sprache und Handlung im Lernvorgang geknüpft wird, und die *Philosophischen Bemerkungen* fordern weiter, daß so eine ›interne Relation‹ entsteht (vgl. PB, S. 64). Die Forderung entspringt zum Teil der Ablehnung des Russellschen Mentalismus und Assoziationismus, den dieser in den zwanziger Jahren entwickelt hatte.

Russell war als Kriegsgegner im Gefängnis gewesen, wo er *The Analysis of Mind* (1921) begann. Es folgten Artikel, die 1940 unter dem Titel *An Inquiry into Meaning and Truth* erschienen. In diesen Schriften entwirft Russell ein Bild sprachlicher Bedeutung, in dem Sprache dazu dient, Empfindungen (›sensations‹) oder Bilder im Hörer zu verursachen.

›Verständnis‹ bedeutet demnach, daß Sprecher und Hörer in ihrem Inneren die gleichen Assoziationen mit einem Ausdruck verbinden. Hilmy (1987, S. 116) faßt dies so zusammen:

»Russell considered ›meanings‹, qua ›image associations‹ that a word produces, to be what he called ›mnemic phenomena‹ – that is to say, ›responses of an organism which, so far as hitherto observed facts are concerned, can only be brought under causal laws by including past occurences in the history of the organism as part of the causes of the present response.‹«

Daraus wird deutlich, wie die Fragen von Lernen, Gedächtnis und Sprachverständnis in einer Konzeption zusammen gesehen werden, die Russell selbst als ›Hume plus moderne Logik‹ (vgl. Hilmy 1987, S. 115) bezeichnet hat; ein hybrider Hume allerdings, denn Hume hätte sicher nicht versucht, eine kausale Theorie des Verstehens aufzustellen. Die Kausalität beruht auf dem ›Stimulus-Response‹-Schema: »If a complex stimulus A has caused a complex reaction B in an organism, the occurence of a part of A on a future occasion tends to cause the whole reaction B.« (Zit. nach Hilmy 1987, S. 116 – vgl. auch William James: *The Principles of Psychology*. 1890. Vol. II, S. 561–563).

Dieses Schema dient einer von Russell beabsichtigten ›wissenschaftlichen‹ Theorie der Bedeutung, die sich ausschließlich auf beobachtbare Vorgänge stützen soll. Das Bild ist folgendes: Wörter werden in bestimmten Situationen benutzt. Wort + Situation verursachen im Erlebenden *einen* Eindruck. Wird nun zu einem späteren Zeitpunkt nur ein Teil dieses ›Stimulus‹ gegeben, nämlich das Wort, so erinnert sich der Hörer dennoch an den gesamten Eindruckskomplex. Damit würde Lernen zu einer von der Gedächtnisleistung ermöglichten komplexen Programmierung. Die verwendeten Wörter wären – als ›bloße‹ Zeichen – rein konventionell, die Beziehung zwischen Wort und Bild bliebe extern. Dieses Bild des sprachlichen Verständnisvermögens enthält als Mittelwesen die Zeichenverarbeitung und Interpretation im Gehirn des Sprechers/Hörers. Beabsichtigen etwas auszudrücken, bedeutete danach, einen ›Gedanken‹ durch bestimmte Operationen in die Zeichenfolge zu übersetzten, die im Rezipienten wieder den Gedanken entstehen läßt.

Diese Vorstellung von ›Ausdrucksabsicht‹ ist nach Wittgenstein verkehrt, und da die richtige Auffassung vom Funktionieren der Sprache zentral für jede andere Frage ist, zerstört sie »natürlich die ganze Logik« (PB, S. 63). Die Logik gründet nämlich darauf, daß das Bild des Beabsichtigten und das Beabsichtigte in einer *internen Beziehung* stehen, die unabhängig von den Assoziationen ist, die mit dem sprachlichen Ausdruck verbunden sein mögen. Wittgenstein: »Der wesentliche Unterschied der [Wittgensteinschen] Bild-Auffassung von der Auffassung Russells, Ogden und Richards' ist aber, daß jene das Wiedererkennen als das Erkennen einer internen Relation sieht, während diese das Wiedererkennen für eine externe Reaktion hält.« (PB, S. 63). Wobei mit ›Wiedererkennen‹ das Erkennen der Übereinstimmung von Satzsinn und Tatsache gemeint ist, unabhängig davon, ob es sich um eine reine Beschreibung, eine Erwartung oder einen Befehl handelt; alle diese Beispiele von Sätzen und damit Satzsinn treffen sich darin, Bild von etwas zu sein: des Beschriebenen, Erwarteten, Erwünschten. Hier liegt das Wesentliche, wenn schon nicht mehr das ›Wesen‹ der Sprache:

»Wenn man das Element der Intention aus der Sprache entfernt, so bricht damit ihre ganze Funktion zusammen.

Das Wesentliche an der Intention, an der Absicht, ist das Bild. Das Bild des Beabsichtigten.« (PB, S. 63).

Sind bei Wittgenstein Begriff und Bild im Wort-Zeichen amalgamiert, so sind Wort und Erlebnis amalgamiert, als Folge der ›einsozialisierten Grammatik‹, und erlauben keine Trennung der beiden Sphären, mithin keine Meta-Ebenen.

Wenn ich x erwarte, kann y die Erwartung nicht erfüllen. Wenn ich x befehle, und y wird getan, dann ist der Befehl auch dann nicht ausgeführt, wenn ich mit dem Ergebnis zufrieden bin, während es bei Russell die Möglichkeit gibt zu argumentieren: Ja doch, das war genau das, was ich – innerlich – mit dem Befehl assoziiert hatte, und darum ist er nun auch ausgeführt.

Auch wenn jemand sich x wünscht, so bezieht sich der Wunsch nicht auf eine Bedürfnisbefriedigung, die mit »x« erreicht werden soll, sondern eben auf x (alles ist, was es ist, und nicht etwas anderes). Russells Ansatz läuft auf ein ›inneres Kriterium‹ für das eingetretene Verständnis hinaus. Indem diese Form von Kriterium, wie gleich zu sehen sein wird, in den unendlichen Regreß führt, führt sie zum Widerspruch.

Der Regreß entsteht, weil es im Russellschen Assoziationismus keine deutungsfreie, sinnverbürgende Ebene gibt (hier liegt die Parallele zur Typentheorie). Ist der Wortsinn durch eine Verbindung zwischen Sprache und Handlung gegeben – analog der Hebelverbindung bei einer Maschine – dann *ist* diese Verbindung die Voraussetzung für den Sinn. Die Grammatik ist ›kraftschlüssig‹ in den Handlungsablauf (innerorganismisch und in der Interaktion Organismus–Umgebung) eingepaßt. Wäre das nicht so, »welches Mittel habe ich, die ursprüngliche Abmachung mit der späteren Handlung zu *vergleichen*?« (PB, S. 64). Der Satzsinn muß deutungsfrei auf dieser Ebene verankert sein, und ›deutungsfrei‹ heißt: aufgrund einer internen Relation zwischen Bild und Bedeutung/Sinn.

Wäre das Assoziierte, ›privat Erlebte‹ – was immer es sei – von Belang für das korrekte Verstehen, so bräuchte man ein Kriterium für die Korrektheit der Assoziation. Soll die Anwendung dieses Kriteriums innerhalb der Russellschen Theorie erfolgen, ist die Überprüfung aber wieder von einem inneren Ereignis abhängig; eine erneute Überprüfung ist notwendig usw. . . . ad infinitum.

»Es wäre dann«, schreibt Wittgenstein, »kein Unterschied zwischen einem Befehl und seinem Gegenbefehl, denn beide könnten auf die gleiche Weise befolgt werden.« (PB, S. 64); es gäbe nämlich, für den einfachen Fall eines Pfeiles ——→, keine Prozedur, die ausschlösse, daß er nicht ›letzlich‹ umgekehrt ›gemeint ist‹ (›Gehe nach links‹). Damit wäre der Widerspruch auf jeder Stufe möglich, die gesamte Sprache – vielleicht besser: das gesamte System – außer Kraft gesetzt (vgl. BB, S. 60 f.).

6.12 Schmerz

In den *Philosophischen Bemerkungen*, im *Blauen Buch*, an zahlreichen anderen Stellen und schließlich in den *Philosophischen Untersuchungen* wird das Wort ›Schmerz‹ teils kürzer, häufig sehr ausführlich diskutiert. Der Fokus dieser Diskussion ist, daß nicht das ›Schmerzerleben‹ die Bedeutung des Wortes ›Schmerz‹ garantiert, sondern – wie bei allen anderen Worten auch – die kulturelle Verwendung dieses Begriffs. Die verfehlte Auffassung des ›Privatassoziationismus‹ versucht Wittgenstein zu verdeutlichen, indem er das Vorurteil des ›Denkens‹ als innerem Vorgang insgesamt angreift:

»Es gibt einen Weg, auf dem man zumindest teilweise den geheimnisvollen Nimbus der Denkvorgänge vermeiden kann, indem man nämlich in diesen Vorgängen jede Vorstellungstätigkeit durch Schauen auf reale Gegenstände ersetzt.« (BB, S. 19).

Damit appelliert Wittgenstein an Erfahrungen des Lesers, um ihm ›vor Augen zu führen‹, daß die Rede und auch die Erfahrungen sich innerhalb eines öffentlichen, äußeren Erfahrungsraumes herstellen und abspielen.

6.13 Die Flucht ins Innere (Super-Regeln)

Die Flucht ins Innere, die Versuchung, die Empfindungssprache nach dem Muster von ›Gegenstand und Bezeichnung‹ zu konstruieren, entspringt dem Verlangen nach einer ›sinngarantierenden‹ Instanz, die aber in falscher Richtung, entlang bestimmter Metaphern, gesucht wird anstatt durch die Besinnung auf das längst allen Bekannte – denn diese deutungsfreie Ebene ist der öffentliche Erfahrungsraum, und der öffentliche Erfahrungsraum ist die unmittelbare Erfahrung ›jenseits von Sprechen und Widersprechen‹. Wir *sind* dieser Erfahrungsraum und suchen dennoch nach Regeln, die uns, extern, leiten – vergeblich: »Denn die Anwendung der Regel im besondern Fall müßtest du ja doch ohne Führung machen.« (PU, 292). Was für die Bedeutung und den Sinn von Ausdrücken gilt, daß sie der Sprache intern sind, gilt, da der Gebrauch in vielen, wenn auch nicht in allen (!) Fällen das ist, was ›Bedeutung‹ genannt wird (vgl. PU, 43), auch von den Regeln zur Verwendung: Sie gründen nicht endlos in weiteren Regeln, auch nicht in unbezweifelbaren ›Super-Regeln‹, der ›Ur-Regel‹, sondern eine solche Vermutung des irgendwie Absoluten folgt aus dem Frageinteresse, dem Wunsch nach Kristallreinheit der Logik (Grammatik). Doch: »Die Betrachtung muß gedreht werden, aber um unser eigentliches Bedürfnis als Angelpunkt« (PU, 108); dies der Schlüssel zum Wandlungsprozeß zwischen *Tractatus* und allem Folgenden, dies auch der Punkt, an dem Wittgensteins philosophische Arbeit Kulturkritik sein will.

Auch nach Wendung der Betrachtung in den Angeln des Interesses bleibt die Frage, wie das Leben der Zeichen – exakt oder unexakt – zu erklären oder auch nur zu beschreiben sei. Auch hier sind schon im *Blauen Buch* Bemerkungen der *Philosophischen Untersuchungen* vorformuliert:

»Wenn wir jedoch irgendetwas, das das Leben des Zeichens ausmacht, benennen sollten, so würden wir sagen müssen, daß es sein *Gebrauch* ist.« (BB, S. 20);

»Einen Satz verstehen, heißt, eine Sprache verstehen.
Als Teil des Sprachsystems, so kann man sagen, hat der Satz Leben. Jedoch ist man versucht, sich das, was dem Satz Leben gibt, als etwas in einer geheimnisvollen Sphäre vorzustellen, das den Satz begleitet. Aber was es auch sei, das ihn begleitet, es wäre für uns doch nur ein anderes Zeichen.« (BB, S. 21).

Diese Beschränkung auf das ›System‹ von Zeichen als dem, was allein intelligibel ist (mitteilbar), bleibt charakteristisch für Wittgenstein. Und stets sind diese Systeme (oder ist das System) geschlossen gedacht: das in sich geschlossene Sprachspiel, das unser Leben ist, worin die Zeichen leben.

Nimmt man Wittgensteins ›negative‹ Geisttheorie (Philosophy of Mind) hinzu, könnte man von einer nach außen gekehrten Monadologie sprechen: Jedes Zeichen spiegelt das ganze Zeichensystem, öffentlich zugänglich, wider. Darum bedeutet, einen Satz verstehen, eine ganze Sprache verstehen.

7. Exkurs: Wittgenstein und die Mathematik

7.1 Mathematik und System

Was zur Ablösung des *Tractatus* geführt hatte, die Entdeckung, daß Sätze – als Maßstäbe – in einem nicht auf Elementarsätze gründenden Satzsystem liegen, läßt Wittgenstein die Sprache jetzt in enger Analogie zur Mathematik sehen. ›Satzsystem‹ und ›Mathematik‹ sind eng verwandt.

Die Sprache als System von Maßstäben erlaubt nur solche Fragen, die auf einer der Maßstabskalen zu beantworten sind (vgl. die Zeichnung in Kap. 6.3). Es gibt, genau wie in der Mathematik, nur Fragen *innerhalb* eines Systems. Fragen in der Mathematik sind die Suche nach einem Beweis. Ein Beweis wiederum entspricht einer Methode des Suchens: »Wo man fragen kann, kann man auch suchen, und wo man nicht suchen kann, kann man auch nicht fragen. Und natürlich auch nicht antworten.« (PB, S. 170).

So begrenzt die ›Grammatik‹ den Raum möglicher Fragen.

Für Wittgenstein ist die Mathematik mit dem Erfinden von Systemen beschäftigt und kann auf Transformationsregeln zur Herstellung von Relationen (Gleichungen) zurückgeführt werden. Die Regeln *sind* das System; darum haben Aussagen über Eigenschaften von mathematischen Entitäten unabhängig von den Regeln keinen Sinn. Umgekehrt schaffen die Regeln den mathematischen Gegenstand (z. B. die Primzahlen) – sie *sind* der mathematische Begriff, und mit ihnen ist die Ausdehnung des Begriffs (z. B. die Anzahl möglicher Primzahlen – vgl. PB, S. 188 f.) sofort gegeben: soweit die Grammatik korrekt ist.

Die vollständige Analyse – also Zerlegung in übersichtliche und jeweils vollkommen einsichtige Übergänge – *ist* der Beweis des mathematischen Satzes. Die Anwendung der Regeln ist nicht mehr weiter hinterfragbar. Es ist jedesmal ein »Akt der Entscheidung« (vgl. PB, S. 171 u. PU, 185 f.), wenn ich zu einer Zahl +1 addiere: Jederzeit kann es bei Anwendung der Regel zur Überraschung kommen. D.h. die Regel »addiere +1« könnte bis 1000 ›ordnungsgemäß‹ befolgt worden sein, dann plötzlich wird 1002, 1004 etc. fortgesetzt.

Das Problem in der Mathematik, die Schwierigkeit, einen Beweis ›zu finden‹, ist eigentlich die Schwierigkeit, das, was in ungeschriebenen Symbolen gedanklich festgelegt ist, in eine übersichtliche ›Formenreihe‹ zu übersetzen (vgl. PB, S. 176).

Die Lösung mathematischer Probleme verbessert nicht etwa die Systeme, sondern sie schafft entweder die Übersichtlichkeit oder aber ein neues System. »Ein System ist sozusagen eine Welt«, aber gerade deshalb kommt Wittgenstein bei den Übergängen zwischen Systemen in Schwierigkeiten. Einerseits kann man ein System nicht suchen (vgl. PB, S. 178), es ist also erst zu schaffen, andererseits stehen dafür ›Intuition‹ oder ›Offenbarung‹ auch nicht als ›Erklärung‹ zur Verfügung (vgl. PB, S. 172). Was bleibt, ist, nicht *über*, sondern *in* Systemen zu sprechen (vgl. PB, S. 179).

Und ähnlich wie im Fall der normalen Sprache sieht es dann auch mit den Stärken und Schwächen der Bemerkungen zur Mathematik aus: Nimmt man die Systeme als gegeben, ist das übrige völlig plausibel:

»Es genügt also nicht zu sagen p ist beweisbar, sondern es muß heißen: Beweisbar nach einem bestimmten System.
Und zwar behauptet der Satz nicht, p sei beweisbar nach dem System S, sondern nach *seinem* System, dem System von p. Daß p dem System S angehört, das läßt sich nicht behaupten, das muß sich zeigen.« (PB, S. 180).

Die Systemgebundenheit der Beweisbarkeit ist dabei nur ein Spezialfall der Systemgebundenheit von ›Bedeutung‹ überhaupt:

»Das System von Regeln, welche einen Kalkül bestimmen, bestimmt damit auch die ›Bedeutung‹ seiner Zeichen. Richtiger ausgedrückt: Die Form und die syntaktischen Regeln sind äquivalent. Ändere ich also die Regeln – ergänze ich sie etwa scheinbar – so ändere ich die Form, die Bedeutung.« (PB, S. 178).

Dadurch entsteht dann ein neues System, nicht ein verbessertes, so wie eine Version des Schachspiels, in dem der König zwei Felder vorrücken darf statt nur einem, kein verbessertes Schach, sondern ein anderes Spiel ist.

Und so kann man keine neue Regeln für eine alte (mathematische) Form finden, denn »Sind es neue Regeln, so ist es nicht die alte Form. Das Gebäude der Regeln muß *vollständig* sein, wenn wir überhaupt mit einem Begriff arbeiten wollen – *Man kann keine Entdeckungen in der Syntax machen.*« (PB, S. 182).

Darin genau liegt die Identität des Systems, in den konstituierenden Regeln: »Ein System ist eine Formenreihe, und die Iterationen, die sukzessive ihre Glieder erzeugen, sind eben in den Regeln beschrieben.« (PB, S. 182).

Es kann somit auch nicht zwei Beweise desselben Satzes geben, denn der Beweisweg *ist* der Satz:

»[. . .] der mathematische Satz ist nur die unmittelbar sichtbare Oberfläche des ganzen Beweiskörpers, den sie vorne begrenzt.
Der mathematische Satz ist – im Gegensatz zum eigentlichen Satze – *wesentlich* das letzte Glied einer Demonstration, die ihn als richtig oder unrichtig sichtbar macht.« (PB, S. 192).
– »Der völlig analysierte mathematische Satz ist sein eigener Beweis.« (ebd.).

Dann überrascht es auch nicht mehr, daß sich die Grenze der Sprache überhaupt in der Unmöglichkeit zeigt, die Tatsache zu beschreiben, die einem Satz entspricht, ohne den Satz zu wiederholen (vgl. VB, S. 463). Wieder im Zusammenhang mit der Mathematik heißt es in den *Philosophischen Bemerkungen*: »Die Grenzen meiner Welt kann ich nicht ziehen, wohl aber Grenzen innerhalb meiner Welt. Ich kann nicht fragen, ob der Satz p zum System S gehört, wohl aber ob er zum Teil s von S gehört.« (PB, S. 178).

Noch in seinen letzten Notizen zum Thema Gewißheit kämpft Wittgenstein mit der Systemabhängigkeit von Aussagen. Und dort, wie auch schon um 1930, ist er der Ansicht, man brauche für die Spracherklärung einen methodischen Schritt ähnlich dem der Relativitätstheorie (ÜG, 302; vgl. Hilmy 1987, S. 138f.). Denn ob es sich um mathematische Systeme oder um kulturelle Systeme handelt, der Philosoph arbeitet an der Klärung notwendigerweise systemunabhängig. Im Begriff der Klärung oder Therapie muß der Relativismus enden, sonst wird die Philosophie selbst wieder in Frage gestellt.

7.2 Moderne und Gegenmoderne in der Mathematik

Die Verwendung mathematischer Beispiele, Metaphorik und Denkstrategie in der späteren Philosophie ist kein bloßer Zufall. Ihre Ursache liegt aber nicht in einer einfachen Übertragung mathematischer Prinzipien auf die Sprache, mit der wir uns gewöhnlich verständigen. Sie liegt in Wittgensteins Ableitung beider Systeme, dem mathematischen und dem umgangssprachlichen, aus der vorsprachlichen Praxis.

7.2.1 Grun llagentheorie

Angeblich war, wie erwähnt, der Besuch einer Vorlesung des Mathematikers Brouwer im Jahre 1928 ein wesentlicher Anstoß für Wittgenstein, das Philosophieren wiederaufzunehmen. Diese Vorlesung beginnt mit den Sätzen:

»Mathematik, Wissenschaft und Sprache bilden die Hauptfunktionen der Aktivität der Menschheit, mittels deren sie die Natur beherrscht und in ihrer Mitte die Ordnung aufrecht erhält. Diese Funktionen finden ihren Ursprung in drei Wirkungsformen des Willens zum Leben im einzelnen Menschen: 1. die mathematische Betrachtung, 2. die mathematische Abstraktion und 3. die Willensauferlegung durch Laute.« (Zit. nach Mehrtens 1990, S. 258).

Wir werden sehen, daß Wittgenstein in seiner ›Grundlegung der Mathematik‹ dem gegenmodernen Intuitionisten Brouwer ebensowenig folgt wie dem modernen Formalisten Hilbert. In dem Grundlagenstreit nimmt er nicht Partei, aber indem er eine dritte Möglichkeit entwirft, gewinnt er dem Gegenstand des Streites eine neue Perspektive ab, die eben für seine gesamte Spätphilosophie prägend ist. Ob er diese Perspektive im Versuch, den ›Grundlagenstreit‹ zu lösen, entwickelt hat, ist vorderhand nicht zu entscheiden.

Worum also ging es in der sogenannten Grundlagenkrise? Es war nicht, wie man vermuten könnte, eine Krise der Grundlagen. Die Mathematiker haben nicht auf einmal vor dem Problem gestanden, daß ihr Gegenstand ihren Methoden Widerstand geleistet hätte, so daß sie nicht weiterarbeiten konnten.

Es handelte sich bei der intensiven Diskussion in den zwanziger Jahren vielmehr um den Ausbruch eines Konflikts, der durch die Entwicklung der Disziplin im 19. Jahrhundert, genauer durch die fortschreitende Formalisierung der Mathematik entstanden war. Nun könnte man meinen, Mathematik sei per definitionem formal und könne nicht noch einmal formalisiert werden, wie es die Naturwissenschaften wurden, indem man ihnen eine mathematische Form gab. Tatsächlich war die Mathematik aber stets mit einer intuitiven Auffassung ihres abstrakten Gegenstands in Verbindung zu bringen. Sie war formal, weil und indem sie von konkreten Gegenständen abstrahierte. Nehmen wir Arithmetik und Geometrie als Beispiele: Keine Zahl läßt sich wesensmäßig mit Äpfeln oder anderen physikalischen Objekten gleichsetzen, aber das Konzept der Zahl ließ sich scheinbar an Gegenständen erläutern. Ebenso sind die Axiome der euklidischen Geometrie nicht in den Alltagsräumen vorhanden, aber auf sie beziehbar. Es schien für mathematische Gegenstände Modelle zu geben.

Diese Modelle waren für einige im 19. Jahrhundert entwickelte Konzepte nicht mehr automatisch gegeben, z.B. imaginäre Zahlen, nicht-euklidische Geometrien, Cantors Unterscheidung von ›abzählbar unendlich‹ und ›nicht abzählbar unendlich‹ (Mengenlehre). Die Mathematik hatte ihren Gegenstand verloren. Die Grundlagenkrise war damit eigentlich eine »Erschütterung der Begriffe von Wahrheit, Sinn, Gegenstand, Existenz in der Mathematik.« (Mehrtens 1990, S. 8). Damit aber stand gleichzeitig die Identität des Faches und seiner Vertreter zur Diskussion. Es ging also in der Auseinandersetzung nicht zuletzt darum, was die Mathematik sein *soll*, und um das Verhältnis des Sprechers zu seiner Sprache.

7.2.2 *Formalisierung der Mathematik (Projektive Geometrie)*

Um zunächst – ohne technisch zu werden – eine Vorstellung davon zu vermitteln, was ›Gegenstandsverlust‹ in einer ohnehin luftigen Angelegenheit wie der Mathematik bedeuten soll, sei kurz die Abtrennung der Geometrie vom Erfahrungsraum am Beispiel der Projektiven Geometrie erläutert (die folgende Darstellung hält sich nicht an den Gang der Entwicklung in der Mathematik-Geschichte, sondern illustriert nur die begriffliche Wandlung):

1. Schritt: Die euklidische Geometrie klärt als axiomatische Methode mit einigen Grundbegriffen (Punkt, Gerade, rechter Winkel, Kreis) die Lageverhältnisse von Objekten im Raum. Diese lassen sich folglich mit ihr analysieren, ohne daß man Objekte durch die Gegend schiebt und mit einem Maßband und Winkelmesser zu Werk geht.

1868 wurde das erste Modell einer Nicht-Euklidischen Geometrie veröffentlicht: Breitet man gedanklich die Oberfläche einer Kugel zu einer Ebene, projiziert man sozusagen die Kugeloberfläche als zweidimensionales Gebilde aus dem dreidimensionalen Raum auf eine zweidimensionale Fläche, gelten von den fünf euklidischen Axiomen nur noch vier. Das fünfte, das sogenannte ›Parallelenpostulat‹, gilt nicht mehr. Denn es gibt hier keine Parallelen mehr: was auf der Kugeloberfläche Geraden waren (die Großkreise), schneidet sich allemal. Auch das Axiom, daß sich zwischen zwei Punkten eine, und nur eine Gerade ziehen läßt, stimmt nur noch, wenn man auf der Kugel gegenüberliegende Punktpaare als *einen* Punkt interpretiert; ansonsten sind sie durch *alle* Großkreise verbunden, die man durch einfaches Drehen mit den beiden Punkten als Achse erhält.

2. Schritt: Projiziert man einen Kreis mit einem Diaprojektor auf eine Leinwand, ist die Form von der Neigung der Leinwand abhängig. Kippt man die Leinwand, erhält man zuerst eine Ellipse, kippt man sie noch stärker, eine Parabel (eine Figur also, die ›oben offen‹ ist). Offensichtlich sind Punkte des Urbilds im Abbild verschwunden. Oder wir könnten sagen, sie befinden sich im ›Unendlichen‹, wo wir sie nicht sehen.

Das Problem besteht schon in der Ebene:

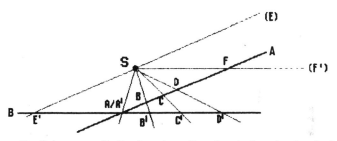

Projiziert man die Punkte einer Geraden A über den Punkt S auf die der anderen Geraden B, so erhält man eine umkehrbar eindeutige Abbildung der Punkte von A auf B. Mit Ausnahme der Punkte E' und F, die ›ins Unendliche‹ abgebildet werden. Es existiert z. B. kein Punkt F' auf der Geraden B, der das Bild von F auf der Geraden A wäre.

Ausnahmen läßt der mathematische Wille (der Wille zur Mathematik) aber nicht zu. Darum hat man in der Projetiven Geometrie ›imaginäre‹ Punkte eingeführt. Auf jeder Geraden gibt es einen ›uneigentlichen‹ oder ›unendlich fernen‹ Punkt. »Dann kann man sagen, daß irgend zwei Geraden einer Ebene sich stets schneiden. Entweder haben sie einen ›gewöhnlichen‹ Schnittpunkt, oder aber sie sind parallel: Dann haben sie den uneigentlichen Punkt gemeinsam.« (Meschkowski 1971, S. 139). Eine noch verführerische, häufig gebrauchte Formulierung ist: Die Parallelen treffen sich im Unendlichen.

3. Schritt: Kehren wir zum Projektor zurück und werfen diesmal ein Dreieck auf die Leinwand. Es ist einleuchtend, daß trotz der Formänderungen bestimmte Lageverhältnisse, z. B. der Eckpunkte zueinander, sich gleich bleiben. Hat man das erkannt, kann man sich von dem Projektor verabschieden.

Man kann ein Dreieck nehmen:

und es durch Drehung in ein anderes überführen:

und schauen, was sich gleich bleibt, d. h. die Invarianzen feststellen. Daß es sich dabei um ein Dreieck handelt, spielt keine Rolle mehr. Das Dreieck ist ein Modell für eine Mannigfaltigkeit von Punkten (nämlich drei) geworden. Statt des Kippens der Leinwand kann man sich außerdem alle möglichen Transformationen dieser Mannigfaltigkeit, Klappen, Drehen, Punktspiegeln usw., vorstellen. Dann lautet das Programm:

»Es ist eine Mannigfaltigkeit und in derselben eine Transformationsgruppe gegeben; man soll die der Mannigfaltigkeit angehörigen Gebilde hinsichtlich solcher Eigenschaften untersuchen, die durch Transformationen der Gruppe nicht geändert werden.« (Klein, nach Mehrtens 1990, S. 62).

Der anschauliche Raum ist in diesem Konzept von Geometrie auf die Bedingung der Möglichkeit räumlicher Änderungen geschrumpft, und auch ›räumliche Änderung‹ bedeutet nur noch Anwendung von Transformationsregeln auf Elemente.

Durch diese Formalisierung ist es möglich geworden, die einstmals geschiedenen Gebiete der Mathematik zusammenwachsen zu lassen. Heute kann man genausogut von einem Zahlenraum, Vektorraum etc. wie von einem geometrischen Raum sprechen. »Ein Raum ist das Universum seiner Elemente, die als Elemente eines Universums behandelt werden.« (Mehrtens 1990, S. 45). Der Begriff hat nurmehr eine heuristische Funktion.

7.2.3 Formalismus (Hilbert) und Intuitionismus (Brouwer, Frege)

Am radikalsten hat Hilbert diesen Umstand zum Ausdruck gebracht, indem er eine Art Nominalismus in die Mathematik eingeführt hat:

»Wir denken drei verschiedene Systeme von Dingen: die Dinge des ersten Systems nennen wir Punkte [. . .], die Dinge des zweiten Systems nennen wir Geraden [. . .], die Dinge des dritten Systems nennen wir Ebenen [. . .]. Wir denken die Punkte, Geraden, Ebenen in gewissen gegenseitigen Beziehungen und bezeichnen diese Beziehungen durch Worte wie ›liegen‹, ›zwischen‹, ›parallel‹, ›kongruent‹, ›stetig‹; die genaue und vollständige Beschreibung dieser Beziehungen erfolgt durch die Axiome der Geometrie.« (nach Meschkowski 1971, S. 16).

Die Pointe ist, daß die so gefaßte Geometrie, wie Hilbert es selbst ausgedrückt hat, auch von ›Liebe, Gesetz, Schornsteinfeger‹ oder ›Tische, Stühle und Bierseidel‹ statt von Punkten, Geraden und Flächen handeln kann. Entscheidend sind die Axiome, durch die Gegenstände kann gekürzt werden, d. h., es gibt zu jeder Theorie beliebig viele Systeme von Elementen. Das einzelne System (als Modell) steht in keiner internen Beziehung mehr zur Theorie.

Welches Wahrheitskriterium gibt es in dieser Situation noch für mathematische Sätze und für die Existenz mathematischer Objekte, wenn die Mathematik Theorie ihrer selbst geworden ist? (vgl. Mehrtens 1990, S. 113). Wie wird die mathematische Erkenntnis legitimiert? Ist die Mathematik der Moderne tatsächlich eine Sprache, die sich selbst bedeutet und die Arbeit an ihr; im wesentlichen also regelhaftes Zeichensetzen ohne Gegenstand?

Wenn nun tatsächlich nur noch »Sprache und Begriffe Gegenstand der Mathematik« sind, dann, wie Mehrtens schreibt,

»geht es genaugenommen ja um die Möglichkeiten des Sprechens und Schreibens, um leibliche Äußerungen. Die Mathematik erarbeitet darin das Allgemeine, das sich vom Leib, vom konkreten Sprechen und Schreiben trennen läßt [. . .].« (Mehrtens 1990, S. 72).

Doch beide Antworten im Grundlagenstreit, die der modernen, formalen und die der gegenmodernen, intuitionistischen Seite führen eher ins Abstrakte: Für die Antworten der Formalisten kann man getrost stellvertretend Hilbert heranziehen. Nach ihm ist die Mathematik eine Sprache, die sich vollständig von aller anderen Sprache abgelöst hat und in der jedes Problem grundsätzlich lösbar ist.

Die Existenz mathematischer Objekte und die Wahrheit mathematischer Sätze ist nach Hilbert gleichbedeutend mit der Widerspruchsfreiheit des zugrundeliegenden Axiomensystems: »Wenn sich die willkürlich gesetzten Axiome nicht einander widersprechen mit sämtlichen Folgen, so sind sie wahr, so existieren die durch Axiome definierten Dinge. Das ist für mich das Criterium der Wahrheit und der Existenz.« (nach Meschkowski 1971, S. 17). Daher fordert Hilbert eine Meta-Mathematik, in der die Widerspruchsfreiheit der mathematischen Axiome bewiesen wird.

Es ist sicherlich ›unmathematisch‹, aber man könnte formulieren, Mathematik ist nach Hilbert die Auswicklung des Satzes vom Widerspruch.

Das obige Zitat stammt aus einem Brief an Frege, der Hilbert antwortet:

»Axiome nenne ich Sätze, die wahr sind, die aber nicht bewiesen werden, weil ihre Erkenntnis aus einer von der logischen verschiedenen Erkenntnisquelle fließt, die man Raumanschauung nennen kann. Aus der Wahrheit der Axiome folgt von selbst, daß sie einander nicht widersprechen. Das bedarf keines weiteren Beweises.« (ebd.)

Damit benennt Frege, obwohl Logiker, sehr genau die Forderung der gegenmodernen Mathematiker. Felix Klein, der die Projektive nicht-metrische Geometrie als Basistheorie aller anderen Geometrien einführte, fordert trotz deren Abstraktheit ›Anschauung‹ als Erkenntnisquelle der mathematischen Theorie. Diese Anschauung kann nur ›intellektuelle Anschauung‹ sein, denn *sehen* kann man Transformationsgruppen und ähnliches nicht. Dennoch ist ›Anschauung‹ in diesem Zusammenhang ein zwischen Empirie und Platonismus schillernder Begriff, dessen rhetorische Pointe aber mit Gewißheit in der Forderung nach einer ›von der logischen‹ (Frege) und auch mathematisch-formalen Grundlage unabhängigen Erkenntnisquelle liegt. Die Rede der Mathematiker erhält ihren Sinn aus dem Bezug auf ein inneres oder äußeres Objekt, in dem der Mathematiker – kraft seines mathematischen Instinkts oder Talents – das Wesentliche auffindet, die notwendige Struktur (vgl. Mehrtens 1990, S. 206 ff.).

Ein anderer Vertreter der Gegenmoderne, eben Brouwer, hat die Differenz zwischen Formalisten und Intuitionisten bereits 1912 prägnant formuliert:

»Die Frage, wo die mathematische Exaktheit existiert, wird von beiden Seiten unterschiedlich beantwortet: der Intuitionist sagt, im menschlichen Intellekt, der Formalist sagt, auf dem Papier.« (Zit. nach Mehrtens 1990, S. 188).

Der eine beginnt beim Zeichen, der andere beim Leben.

Bei Brouwer finden sich zahlreiche Gedankengänge, die eine verblüffende Ähnlichkeit mit denen Wittgensteins aufweisen. Die Mathematik muß nach ihm im Leben wurzeln. Als Produkt des Intellekts ist sie Kampfmittel des Menschen gegen die Natur. Brouwer hat einen Ursprungsmythos:

»Die Niederlande entstanden und wurden in Stand gehalten durch die Verzweigung der Ströme; es bildete sich ein Gleichgewicht von Dünen, Delta, Gezeiten und Abfluß, ein Gleichgewicht, zu dem zeitweilige Überflutungen des Deltas gehörten. Und in diesem Land konnte ein kräftiges Menschengeschlecht leben und fortleben. Indes, man war nicht zufrieden, man baute Deiche entlang der Ströme [. . .].« (Zit. nach Mehrtens 1990, S. 262).

Man vergleiche dieses Bild mit dem Wittgensteinschen des Flußbetts der Gedanken, das sich verschiebt und durch versteinerte Sätze zeitweilig in Form gehalten wird (ÜG, 95ff.). Die versteinerten Sätze (mathematische Systeme) sind für Brouwer der erste, noch instinktive Schritt zur Machtergreifung über die Natur, die Sprache ist der zweite, bereits nicht mehr instinktive. Im dritten Schritt verbinden sich Sprache und Mathematik zum eigentlichen Werkzeug der Herrschaft von Menschen über Menschen und über die Natur.

Der entscheidende Unterschied zwischen Brouwer und Wittgenstein besteht in der Stellung der Elemente ›Tat‹, ›Mathematik‹, ›Sprache‹ zueinander. Bei Brouwer kommt die Mathematik vor der Sprache und die Tat, das harmonische Paradies, vor der Mathematik. Die Mathematik wurzelt daher im Erleben, mathematische Grundbegriffe wie das ›Kontinuum der Zahlen‹ sind in der »Ur-Intuition von Kontinuierlichkeit (›Flüssigkeit‹) und Diskretheit (›die Möglichkeit, verschiedene Elemente zusammen zu denken‹)« (Mehrtens 1990, S. 274) gegeben. Darüberhinaus kennt Brouwer einen die Tat begleitenden, vorsprachlichen Instinkt, der die Intuition ›hat‹ und daraus die Mathematik entwickelt: »Sie ist als intellektuelle Konstruktion im isolierten Selbst möglich, das er in seinem Mythos als das ursprüngliche setzte.« (Mehrtens 1990, S. 276).

Logik, schließlich, ist für Brouwer eine empirische Wissenschaft über Sprachen und kann deshalb die Mathematik keinesfalls begründen.

In der Tat steht eine formale Logik (als Symbolismus) vor denselben philosophischen Begründungsproblemen wie ein formales System der Mathematik (als Symbolismus). Das Problem bleibt in beiden Fällen, worin die Exaktheit und damit Gewißheit des Symbolismus bestehen.

7.3 Wittgensteins Alternative

Für Wittgenstein sind Logik und Mathematik zwei verschiedene Techniken, die beide u.a. auf den Übereinstimmungen zwischen Menschen basieren (vgl. VGM, S. 48). Übereinstimmung ist die Voraussetzung des Phänomens der Logik, allerdings ist es »nicht eine Übereinstimmung der Meinungen, geschweige denn von Meinungen über die Fragen der Logik.« (BGM, S. 353).

Wittgenstein schlägt einen dritten Weg als Alternative zu ›Papier‹ (Formalismus) und ›Intellekt‹ (Intuition) ein. Er stellt die Praxis (die Tat) an erste Stelle, die Sprache an zweite und Mathematik und Logik an dritte Stelle.

Die Sätze der Mathematik und Logik sind Petrefakte, Versteinerungen im Wechselspiel von Sprachgebrauch und Handeln. Nehmen wir als Beispiel den Satz der Arithmetik: ›25 × 25 = 625‹. Weder sehen wir diesen Zeichen durch eine platonische Wesensschau an, nach welchen Regeln sie zu verknüpfen sind, noch folgt es aus den Axiomen der Arithmetik. Denn auch, wie ich die Regeln und Axiome anzuwenden habe, ist ein praktisches Wissen.

Das Kalkül des Rechnens ist nun nach Wittgenstein in einem Sinn von der Erfahrung unabhängig, im anderen Sinn ist er das nicht. Seine Entstehungsgeschichte ist an die Praxis des Messens und Zählens gekoppelt. Es wurden immer wieder zwei und zwei Äpfel nebeneinander gelegt, und es ergab immer wieder vier Äpfel. Mit dem Symbolismus der Zahlen ergab sich jetzt, wie in der Geometrie, die Möglichkeit, statt ›Objekten‹ Stellvertreter zu bewegen. Der Kaufmann hat heute 20 Geldstücke eingenommen, so kann er sicher sein, daß er morgen bei gleichem Geschäft 40 Geldstücke haben wird. Auch die Realität von negativen Zahlen steht auf diesem Gebiet außer Frage (in unserer Lebensform zumindest). Die Übereinstimmung, von der Wittgenstein sprach, ist also Übereinstimmung in solchen Handlungen wie Zählen, Messen. Der zweite notwendige Schritt ist, daß bestimmte Sätze des Symbolismus der Zahlen zu Paradigmen werden, zu Mustern, nach deren Analogie weitere Sätze gebildet und in ihrer Korrektheit beurteilt werden.

Die Sicherheit der paradigmatischen Sätze liegt also nicht in Eigenschaften der in ihnen behandelten Objekte, sondern in der Regelhaftigkeit, mit der sie behandelt worden sind.

Als Paradigma sagt der Satz nichts mehr über die Wirklichkeit aus. Er ist Grundlage von Urteil und Beschreibung. Die im Handeln gewonnene Sicherheit ist zur Unverrückbarkeit überhöht, der Satz dient als Angel, in der das Verstehen sich dreht. Welche Evidenz sollte uns schließlich davon überzeugen, daß 25 × 25 nicht 625 ist, daß die drei Winkel eines Dreiecks zusammen nicht 180° ergeben, daß eine Strecke sich nicht in zwei gleich große Hälften teilen läßt? – Vgl. VGM, S. 92f.

Der Vorgang der Petrifizierung von Sätzen, ihres Einfrierens zu Vergleichsmaßstäben, ist nicht auf Logik und Mathematik beschränkt. Auch ein Satz wie ›Rot und Blau ergibt Violett‹ gehört hierher. Oder ›Schwarz ist dunkler als Blau‹. Das Gemeinsame besteht darin, daß wir in Fällen, die solchen Sätzen widersprechen, nicht die Begriffe ändern, sondern noch einmal nachrechnen, das Experiment noch einmal durchführen, noch einmal hinschauen.

Hatte Wittgenstein im *Tractatus* schon behauptet, daß die logischen Konstanten (›und‹, ›oder‹, ›nicht‹ etc.) nicht vertreten, findet er ihre Grundlage jetzt in der Lebensweise. Auf die Frage, warum sie verwendet werden, sollte man antworten,

»es sei eine ethnologische Tatsache und habe etwas mit unserer Lebensweise zu tun. Es ist nun einmal so, daß wir für bestimmte Dinge Sperren errichten, jemanden nicht hereinlassen, gewisse Sachen ausschließen, Befehle erteilen [. . .].« (VGM, S. 303).

Wittgenstein erreicht so den Kompromiß, daß die Struktur eines wahren mathematischen oder logischen Satzes völlig sprach- (oder kalkül-) intern bestimmt ist, nicht von externer Faktoren abhängt, ihm aber dennoch eine Realität entspricht – die einer vorhergehenden Praxis nämlich.

Man könnte seine Einsicht so zusammenfassen: Menschen, die nicht handelten, hätten auch keine Logik oder Mathematik, und Menschen, die nur mit Zeichenverschiebungen auf Papier beschäftigt wären, ebensowenig: »Und wenn man sagt, ›Genügt nicht die Anwendung in der Phantasie?‹ – so ist die Antwort Nein. – (Möglichkeit einer privaten Sprache.)« (BGM, VI, 32). Die Behauptungen der Formalisten, Intuitionisten und Logizisten, die Grundlagen der Mathematik betreffend, führen alle ein ›Zwischenreich des Gedankens‹ ein oder setzen es voraus, ein Vakuum, in dem mit Zeichen operiert wird oder Zeichen auf ›geschaute Objekte‹ bezogen werden; der Vorgang, der die Mathematik sichern soll, ist solipsistisch gefaßt.

Den Grund, daß die ›Grundleger‹ der Mathematik solche ›degenerierten Konstruktionen der Grammatik‹ ihren Versuchen zugrunde legten, sieht Wittgenstein in der Krankheit, erklären zu wollen (BGM, VI, 31), d. h. eine Ebene finden zu wollen, die tiefer liegt als der beschriebene Prozeß der Petrifizierung und Axiomatisierung von Sätzen: »Dem mathematischen Satz ist gleichsam offiziell der Stempel der Unbestreitbarkeit aufgedrückt worden. D. h.: ›Streitet euch um andre Dinge; *das* steht fest, ist eine Angel, um die sich euer Streit drehen kann.‹« (ÜG, 655). Der Ausdruck ›offiziell‹ verweist hier auf den Diskurs der Mathematiker. Und ähnlich fragt Wittgenstein an anderer Stelle: »Welche Öffentlichkeit gehört wesentlich dazu, daß ein Spiel existiere, daß ein Spiel erfunden werden kann?« (BGM, VI, 32). Und immer wieder enden seine Überlegungen, in Abgrenzung zu den zitierten Positionen, bei der Praxis: »Um das Phänomen der Sprache zu beschreiben, muß man eine Praxis beschreiben, nicht einen einmaligen Vorgang, *welcher Art immer er sei.*« (BMG, VI, 34).

7.4 Widerspruch, Beweis, Logik

Die Verankerung in vorsprachlicher Praxis gilt nicht nur für die Mathematik, sondern auch für die Logik, die demnach keine Proto-Wissenschaft ist. Das Verhältnis von Logik (als dem Erklärenden) und anderen Sprachen (als dem Begründeten) kehrt sich gerade um: »der Satz vom ausgeschlossenen Widerspruch ergibt sich daraus, daß man unsere Technik der Behandlung von Sätzen auf bestimmte Weise fortsetzt.« (VGM, S. 281). Das ›tertium non datur‹ entwickelt sich als Destillat der Verwendungsweise alltäglicher Sätze, die aber nur durch eine bestimmte kulturspezifische Praxis ihre Struktur erhält: Du liebst mich oder nicht. Du liebst x oder y. Man nimmt die Arbeit an oder nicht usw.

Frege hatte behauptet, wer den Satz vom Widerspruch nicht akzeptierte, den müßten wir für verrückt erklären. Wittgenstein formuliert (gemäß der Mitschriften seiner Studenten):

>»Das Gesetz vom ausgeschlossenen Widerspruch anerkennen‹ würde darauf hinauslaufen, daß man auf eine bestimmte Weise handelt, die wir als ›rational‹ bezeichnen.« (VGM, S. 243).

Was er damit meint, illustriert er am Beispiel einer hypothetischen Wirtschaftsform, in der der Holzpreis nicht nach Länge, Höhe und Breite des gestapelten Holzes berechnet wird, sondern nur nach Länge und Breite. Holz für fünf Mark kostet dann, anders gestapelt, 10 Mark. Man könne das logische Verrücktheit nennen, aber auch sagen: so handeln sie nun mal.

Damit ist sicher nicht gemeint, daß man vom eigenen Standpunkt aus nicht Stellung nehmen könnte. Eine solche Stellungnahme wäre aber eine Aussage über das eigene System, die eigene Lebensform und folglich die eigene Logik, die davon abhängt, ›was man von den Dingen verlangt‹ (vgl. VB, S. 472): »Die Arbeit an der Philosophie ist [. . .] eigentlich mehr die Arbeit an Einem selbst. An der eigenen Auffassung. Daran, wie man die Dinge sieht. ((Und was man von ihnen verlangt.) – Und wie man sie behandelt!)«. Den Mathematikern und Logikern aber attestiert Wittgenstein eine abergläubische Angst vor dem Widerspruch.

Damit ist die Bedeutung der Beschäftigung mit den Grundlagen›problemen‹ der Mathematik für Wittgensteins spätere Philosophie umrissen: Sie führte zu der Einsicht, daß Sprache mit der übereinstimmenden Praxis einer Lebensform verwoben ist. Diese Übereinstimmung bedeutet, daß bestimmte Fälle und Situationen analog behandelt werden. Diese Möglichkeit der Analogiebildung findet Eingang in die Sprache und wird hier systematisiert. Durch das Feststellen bestimmter Sätze als Paradigmata und die Bildung anderer Sätze in Analogie zu ihnen lassen sich Systeme bauen, in denen die Verbindung zur Praxis nicht mehr unmittelbar sichtbar ist.

Aus dem so abgeleiteten Doppelcharakter der Bedingtheit und Notwendigkeit mathematischer Sätze erklärt sich Wittgensteins Selbstermahnung: »Nicht Empirie und doch Realismus in der Philosophie, das ist das Schwerste.« (BGM, VI, 22). Das Moment der Analogiebildung bringt die philosophische Betrachtung, wie Wittgenstein sie will, ihrerseits in Analogie zur Relativitätstheorie. »Das ist die Ähnlichkeit meiner Betrachtung mit der Relativitätstheorie, daß sie sozusagen eine Betrach-

tung über die Uhren ist, mit denen wir die Ereignisse vergleichen.« (BGM, S. 330).

Die Schließung der Akte ›Grundlagenkrise‹ kann man als
Programm der Spätphilosophie lesen; das Ziel als die Entwir-
rung von Scheinproblemen: »Die mathematischen Probleme
der sogenannten Grundlagen liegen für uns der Mathematik so
wenig zu Grunde, wie der gemalte Fels die gemalte Burg trägt.«
(BGM, S. 378).

Wenn nicht Grundlegung, was dann?

»Wozu braucht die Mathematik eine Grundlegung?! Sie braucht sie,
glaube ich, ebensowenig, wie die Sätze, die von physikalischen Gegenständen – oder die, welche von Sinneseindrücken handeln, eine *Analyse*.
Wohl aber bedürfen die mathematischen, sowie jene anderen Sätze, eine
Klarlegung ihrer Grammatik.« (ebd.).

Damit wird es Aufgabe der Philosophie, die Ordnung in den
Sätzen wieder zurechtzurücken, eine Aufgabe, die weder empirisch ist, über das Heranziehen von Erfahrung gelöst werden
kann, noch eine Aufgabe der Logik.

Der Zusammenhang der Sätze, den die Philosophie untersucht, ist der grammatische; und das heißt, die Philosophie hat
es mit internen Beziehungen zu tun. Eine solche Beziehung hat
niemals mit den Gegenständen zu tun, sondern nur mit den Begriffen. Diese Ebene der Sprache ist es, den die Mathematik ausschließlich nutzt. Deshalb hat die Mathematik keinen Gegenstand, über den sie sich definieren könnte. Ein mathematischer
Satz, der eine interne Beziehung zwischen zwei Gegenständen
behauptet – wie z. B. ›Jedem Punkt P auf der Geraden A entspricht ein Punkt P' auf der Geraden B‹ –, beschreibt keine Gegenstände, er konstruiert Begriffe (in unserem Beispiel einen
Begriff von Projektion (vgl. auch VGM, S. 85). Wittgenstein
grenzt die Mathematik so von der sie umgebenden Sprache ab:
»Sobald ich in die Mathematik gerate, werden Mittel und Ergebnis dasselbe. Sobald ich aber zwischen Mittel und Ergebnis
unterscheide, ist es keine Mathematik mehr.« (VGM, S. 61). Es
ist dann Anwendung der Mathematik oder irgendeiner anderen
Technik zur Lösung eines Problems.

Diese Definition der Mathematik hat Konsequenzen für den
Begriff des ›Beweises‹. Die Frage, ob ein Satz beweisbar ist,
kann nur für ein bestimmtes System, d. h. eine bestimmte Re-
chentechnik gestellt werden, also: ›Ist der Satz p beweisbar im
System S?‹. Dabei ist dieses System gleichbedeutend mit dem
Regelsystem, das die Rechentechnik festlegt, d. h. angibt, nach

welchen Regeln ein Satz in einen anderen umgeformt werden darf. Damit meint Wittgenstein nicht die Axiome oder explizite Schlußregeln. Die Technik des Beweises ist vielmehr außerhalb des Beweisbildes. »Man könnte den Beweis genau sehen«, schreibt Wittgenstein, »und ihn doch nicht als Transformation nach diesen Regeln verstehen.« (BGM, S. 303). Im Diskurs der Mathematik muß, so ist wohl diese Bemerkung zu deuten, Einigung über diese Technik erzielt werden. Von jemandem, der bei 4+1 als Ergebnis 5 erhält, sagen wir, er gebraucht die Regeln der Addition wie wir. Wir sagen auch, er *muß* 5 erhalten, wenn er richtig rechnet. Aber das stimmt nicht. Denn das Ergebnis ist hier Kriterium dafür, daß er die Regel richtig angewendet hat (vgl. BGM, S. 317). Wer die Additionsregeln akzeptiert, der sieht nicht ein, daß es so sein *muß*. Das ›Muß‹ drückt hier aus, daß er einen bestimmten Beweis angenommen hat (vgl. BGM, S. 309).

So sieht auch nur der den Beweis als Herleitung des Satzes nach den richtigen Transformationsregeln, der den Begriff dieser Regeln angenommen hat.

Der Beweis ist dann, nach Wittgenstein, in erster Linie eine genaue Verortung des Satzes im System. Der Beweis gibt eine übersichtliche Darstellung des Satzkörpers, in der der bewiesene Satz diesen Körper abschließt.

In Hilberts Forderung nach einem mathematischen Beweis der Widerspruchsfreiheit sieht Wittgenstein, nicht zu unrecht, den Gedanken der Mechanisierung der Mathematik. In seinen Aufzeichnungen sagt er, es gehe ihm darum, die *Einstellung* zum Widerspruch und zum Widerspruchsfreiheitsbeweis zu ändern (BGM, S. 213). Ein Kalkül, das scheint Wittgensteins Einstellung, muß seine Ordnung in der Anwendung zeigen. Darin zeigt sich auch, ob ein Widerspruch stört oder nicht. Als abstraktes Kriterium der Korrektheit will er das tertium non datur anscheinend nicht anerkennen.

Ähnliches sagt er über Gödels Beweis, daß man in jedem Axiomensystem Sätze formulieren kann, die mit den Axiomen des Systems nicht beweisbar sind, er müsse nicht *über* ihn, sondern *an ihm vorbei* reden (vgl. BGM, S. 383). Beide, Hilberts Forderung und Gödels Theorem, gehen vom Widerspruch bzw. der Entscheidbarkeit als quasi externen Qualitätsmessern aus; sie erwecken damit den Eindruck, als gäbe es Naturtatsachen über Kalküle.

Vielleicht hat Wittgenstein auch im Sinn, daß man auf einen auftretenden Widerspruch nicht wie auf einen Fehler reagieren *muß*. Denkbar wäre ja eine Einstellung, die sagt, an dieser und dieser Stelle kommt es immer zu einem Widerspruch, das stört mich aber nicht, denn ansonsten ist der Kalkül zuverlässig. Mathematiker werden damit aber dennoch nicht zufrieden sein. Sie sollten ihre abergläubische Angst vor dem Widerspruch ablegen. Aus einem Widerspruch kann alles gefolgert werden, und damit scheint die Mathematik zu wanken. Ohne einen konkreten Anlaß ist eine generelle Forderung nach einem Widerspruchsfreiheitsbeweis aber durchaus ähnlich einer Person, die jeden Morgen erst einmal den Motor ihres Wagens auseinandernimmt, um zu sehen, ob er anspringen wird.

Wittgensteins Einstellung zur Logik war gewiß nicht konsensfähig mit der Einstellung der meisten Logiker seiner Zeit. Zwar grenzt er die Logik gegen bloße Naturgeschichte (BGM, S. 352) und Erfahrungswissenschaft (ÜG, 98) ab, aber die ›Härte des logischen Muß‹ ist nicht die einer zeitlosen Wahrheit, sondern die Erziehung zur petrifizierten Regel, zum erstarrten Satz:

»Was zwingt mich denn? – Der Ausdruck der Regel? – Ja; wenn ich einmal so erzogen bin. Aber kann ich sagen, er zwingt mich, ihm zu folgen? Ja, wenn man sich hier die Regel nicht als Linie denkt, der ich nachfahre, sondern als Zauberspruch, der uns im Bann hält.« (BGM, S. 395).

In einem Brief an Moore schreibt Wittgenstein über ein Beispiel aus dessen vortägigem Vortrag im ›Moral Science Club‹: »In diesem Zimmer brennt ein Feuer, und ich glaube es nicht«, sozusagen einer wahrheitsfähigen Kontradiktion: »Dies zeigt einfach, daß die Logik nicht so simpel ist, wie die Logiker glauben, und es zeigt insbesondere, daß die Kontradiktion nicht etwas so *eindeutig Bestimmbares* ist, wie die Leute meinen. Sie ist nicht die einzige logisch unzulässige Form, und unter bestimmten Umständen ist sie auch zulässig.« (Briefe, S. 219). – In den *Philosophischen Untersuchungen* (352) wird der Satz vom ausgeschlossenen Widerspruch als Bild beschrieben, das uns vorgaukelt, in seinem Rahmen müsse die Lösung der Frage zu finden sein.

Lassen wir es mit diesen Hinweisen gut sein. Bevor im nächsten Abschnitt die Arbeit Wittgensteins mit der Sprache der täglichen Verständigung als Fortführung der hier wiedergegebenen Gedankengänge behandelt wird, soll abschließend noch ein Stück Mathematik gegeben werden, um daran Wittgensteins Einstellung zu einem mathematischen Gespenst, der Mengenlehre Cantors, zu erläutern. (Ich folge in der Darstellung Mehrtens 1990, S. 18ff.).

7.5 Cantors Diagonalverfahren (Die Grammatik von ›unendlich‹)

Jedem sind die natürlichen Zahlen bekannt: 1, 2, 3, . . . usw.

Diese Zahlen sind schon ein Zahlenkörper und werden als solcher mit $\mathbb{N}$ abgekürzt. $\mathbb{N}$ enthält schon intuitiv ›unendlich‹ viele Elemente, man kann potentiell immer weiter zählen. Nimmt man noch die 0 und die negativen Zahlen hinzu, ergibt sich bereits eine ›Paradoxie des Unendlichen‹. Es sind Zahlen hinzugekommen: 0, −1, −2, −3, . . . usw., aber in einem anderem Sinne auch nicht, denn man kann die ›ganzen Zahlen‹ − $\mathbb{Z}$, wie sie genannt werden – mit einem Teil ihrer selbst abzählen:

1 2	3 4	5 6	7 8
0 1	−1 2	−2 3	−3 4

Dieses Abzählen ist ein Zuordnungshandeln. Statt der Aufforderung: Und jetzt mache immer weiter so, kann ich auch Regeln formulieren und sagen: Jetzt folge diesen Regeln. Die Regeln sähen in diesem Fall so aus:

$$
\begin{array}{ccc}
\mathbb{N} & & \mathbb{Z} \\
1 & \longrightarrow & 0
\end{array}
$$

für eine gerade Zahl $\qquad n \longrightarrow \dfrac{n}{2}$

für eine ungerade Zahl $\qquad n \longrightarrow -\left(\dfrac{n-1}{2}\right)$

Und um die Abbildung in beiden Richtungen eindeutig zu machen:

$$
\begin{array}{ccc}
\mathbb{Z} & & \mathbb{N} \\
0 & \longrightarrow & 1 \\
n & \longrightarrow & 2n \\
n & \longrightarrow & -(2n-1)
\end{array}
$$

$\mathbb{Z}$ ist also ›abzählbar unendlich‹. Aber damit sind noch nicht alle uns vertrauten Zahlen beisammen. Als nächstes kämen die Brüche, die, als Verhältnis zweier ganzer Zahlen zueinander, ›Rationale Zahlen‹ ($\mathbb{Q}$) genannt werden. Auch die rationalen Zahlen sind noch abzählbar.

Ein qualitativer Schritt kommt durch die Reellen Zahlen $\mathbb{R}$ zustande. Zu ihnen zählt z. B. $\pi = 3{,}1415926535$. . . . Es sind Zahlen, die nicht durch einen Bruch darstellbar sind. Deshalb, weil sie keinem Verhältnis zweier ganzer Zahlen zueinander entsprechen, nennt man sie auch ›irrational‹.

Mit dem ›Goldenen Schnitt‹ kann man zeigen, daß jede Strecke so teilbar ist, daß die Teilstrecken in keinem ganzzahligen, also einem irrationalen Verhältnis zueinander stehen.

Alle Zahlen zusammen, die rationalen und die irrationalen, bilden demnach das Zahlenkontinuum, das man braucht, wenn man jedem konstruierbaren Punkt (ein Punkt ist immer mit einer Konstruktionsangabe identisch) einer Gerade eine Zahl zuordnen will.

Cantor hat nun durch einen Widerspruchsbeweis gezeigt, daß die ›abzählbar unendlichen‹ Natürlichen Zahlen nicht ausreichen, um die Reellen Zahlen abzuzählen. $\mathbb{R}$ ist ›nicht abzählbar unendlich‹. Auf diesem Unterschied beruht der mathematische Begriff der ›Mächtigkeit‹. Das Zahlenkontinuum ist mächtiger als die Natürlichen Zahlen.

Der Widerspruchsbeweis geht von der Annahme aus, das Gegenteil sei richtig, und zeigt, daß dies einen Widerspruch ergibt. Dann muß die gegenteilige Annahme richtig sein. Tertium non datur.

Die Annahme ist also: $\mathbb{R}$ ist mit den Natürlichen Zahlen abzählbar. Daß dies nicht geht, zeigt Cantor mit dem sogenannten ›zweiten Diagonalverfahren‹. Wenn $\mathbb{R}$ abzählbar sein soll, dann muß natürlich jede Teilmenge auch abzählbar sein. Man nimmt also das Zahlenkontinuum zwischen 0 und 1 und zählt ab:

1. $0, a_{11}, a_{12}, a_{13}, a_{14}, a_{15}, \ldots$ (Jede Stelle der Dezimalzahl hat
2. $0, a_{21}, a_{22}, a_{23}, a_{24}, a_{25}, \ldots$ zur eindeutigen Identifizierung
3. $0, a_{31}, a_{32}, a_{33}, a_{34}, a_{35}, \ldots$ einen doppelten Index: a_{11} ist also
4. $0, a_{41}, a_{42}, a_{43}, a_{44}, a_{45}, \ldots$ die erste (ganze) Zahl hinter dem
5. $0, a_{51}, a_{52}, a_{53}, a_{54}, a_{55}, \ldots$ Komma der ersten Reihe)

Nun kann man geradezu sehen, daß, wie weit man auch fortsetzt, auf der n-ten Stufe der Reihe der Zuordnung immer noch eine n+1te Reelle Zahl konstruierbar ist, indem man systematisch diagonal je eine Stelle aus jeder Zahl übernimmt und sie nach einer festen Regel verändert (z. B. ist die Ziffer 0, setzte ich eine 1, bei jeder Ziffer ungleich 0 setzte ich eine 0 ein). So erhalte ich $b_{11}, b_{22}, b_{33}, b_{44}, b_{55}$, eine Ziffernfolge, die ich zu einer Reellen Zahl $(0, b_{11}, b_{22} \ldots$ usw.) umschreiben kann, die sich garantiert in wenigstens einer Stelle von jeder der aufgeführten Reellen Zahlen unterscheidet und: für die keine Natürliche Zahl mehr übrig ist. Denn füge ich die neue Reelle Zahl der nächsten Natürlichen Zahl zugeordnet an, kann ich die Prozedur natürlich wiederholen. Es erinnert ein wenig an das Wettrennen zwischen Hase und Igel. Was der Beweis außer dem Satz vom ausgeschlossenen Widerspruch noch voraussetzt, ist die Möglichkeit des endlosen Fortsetzens.

Was hat Cantor nun eigentlich bewiesen? Daß es zwei Arten von ›unendlich‹ gibt? Daß es verschiedene Arten von Mengen mit unendlich vielen Elementen gibt? Was bedeutet ›nicht abzählbar unendlich‹ außer dem Schema der Beweisführung? Das heißt, bedeutet der Beweis irgendetwas außer sich selbst?

Es ist sehr bezeichnend für seine Auffassung von der Mathematik, wie Wittgenstein mit dem beschriebenen Diagonalverfahren umgeht. Cantor hat danach den Begriff der Reellen Zahl neu bestimmt und also neu geschaffen, indem er die Technik des Immer-wieder-eine-weitere-Zahl-Bildens zum bestimmenden Moment *erklärt* hat.

»Das Gefährliche, Täuschende der Fassung: ›Man kann die reellen Zahlen nicht in eine Reihe ordnen‹ oder gar ›Die Menge . . . ist nicht abzählbar‹ liegt darin, daß sie das, was eine Begriffsbestimmung, Begriffsbildung ist, als eine Naturtatsache erscheinen lassen.« (BGM, S. 131).

Tatsächlich hat Cantor den Begriff der Reellen Zahl zuallererst über seinen Beweis eingeführt. Daß die Reellen Zahlen keine Reihe bilden – zwischen jedes Paar irrationaler Brüche läßt sich ein weiterer ›schieben‹ – ist keine Entdeckung, sondern folgt aus der Erfindung, die Cantor gemacht hat.

Außerdem setzt die Redeweise voraus, daß es eine einheitliche Bedeutung des Ausdrucks ›eine Reihe bilden‹ gibt. Die Aussage, ›Die Ganzen Zahlen bilden eine Reihe, die Reellen Zahlen nicht‹, hat nach Wittgenstein noch keinen klaren Sinn, weil das Konzept des ›nach der Reihe Ordnens‹ bei den Reellen Zahlen nicht bestimmt ist. Das Diagonalverfahren liefert keinen Beweis dafür, daß dieses Ordnen nicht geht, weil man nicht weiß, »was es ist, was hier *nicht* geht.« (BGM, S. 130).

Richtiger wäre es nach Wittgenstein, aus dem Diagonalverfahren den Schluß zu ziehen, daß die Analogie zwischen dem Begriff ›Ganze Zahl‹ und ›Reelle Zahl‹ sehr viel geringer ist, als man meinen könnte. Der Begriff der Mächtigkeit täusche einen Vergleich nach der Größe vor (der ja tatsächlich *nicht* stattfindet): »Die Artverschiedenheit der beiden Konzeptionen wird durch eine schiefe Ausdrucksweise als Verschiedenheit der Ausdehnung dargestellt.« Das sei ein »Hokus Pokus« (BGM, S. 132).

Wittgenstein scheint der Ansicht zu sein, daß der Cantorsche Beweis zunächst nur eine Technik ist, mit der man eine von allen *bisher* aufgeführten Zahlen unterschiedene Zahl konstruieren kann. Die unendliche Möglichkeit, das fortzusetzen, bindet das Konzept der Ganzen Zahlen noch nicht an das der Reellen Zahlen an: »Man könnte sagen: Außer den rationalen Punkten befinden sich auf der Zahlenlinie *diverse* Systeme irrationaler Punkte.« (BGM, S. 134). Wittgenstein sieht die Technik des Goldenen Schnitts und die des Zählens sozusagen noch gar nicht zum Zahlenkontinuum (mit dem Bild des Punkte-Kontinuums auf einer Geraden) auf einer Linie verschmolzen. Es handelt sich um disparate Teile, solange keine Rechentechnik die Teile aufeinander bezieht. Er fährt fort: »Es gibt kein System der Irrationalzahlen – aber auch kein Über-System, keine ›Menge der irrationalen Zahlen‹ von einer Unendlichkeit höherer Ordnung.« (ebd.). Das Diagonalverfahren ist eher eine Technik, die besagt: Was auch immer als Ordnung vorgeschlagen wird, es gibt eine Möglichkeit, die Ordnung zu stören (vgl. BGM, S. 28).

Wittgensteins Kritik läuft darauf hinaus, daß wir zwar eine grammatische Technik der 1-1-Zuordnung der Natürlichen zu den Ganzen Zahlen haben, aber keine solche Technik für die Irrationalen Zahlen; hier sollte man sich in Erinnerung rufen, daß es ja gerade der Umstand ist, daß ihre Entwicklung (wie die von π) sich endlos fortsetzt, man also beliebig viele Stellen hinter dem Komma anfügen kann, der das Diagonalverfahren zuläßt. Im ersteren Fall kann man von der Zuordnungsmöglichkeit Gebrauch machen und so die Grammatik der beiden Zahlkörper verknüpfen. Aus dem Umstand der Nicht-Zuordenbarkeit der Irrationalen Zahlen folgt aber nichts Positives, kein Wissen etwa über die Anzahl von Irrationalzahlen. Das wäre nur der Fall, wenn man die Zahlen platonisch (als Quasi-Gegenstände) auffaßte: Dann würde der Beweis etwas Analoges zu ›Wo fünf Birnen hinpassen, passen immer sechs Äpfel hin‹ besagen. Zahlen sind, nach Wittgenstein, aber die Grammatik, die Regeln zu ihrer Verwendung im Kalkül.

Somit überschreitet Cantor schon mit der hypothetischen Bildung der ›Klasse aller Zahlenklassen, die mit $\mathbb{N}_0$ gleichmächtig sind‹, die Grenze des sinnvollen Sprechens. Denn nur mit der Technik der 1-1-Zuordnung von ›endlosen Reihen‹ hat auch der Begriff ›endlose Reihe‹ eine Verwendung und damit Bedeutung. Das entspricht dem Cantorschen ›abzählbar unendlich‹. Das bedeutet aber nicht, daß man sinnvoll von der Anzahl wiederum dieses Begriffes ›endlose Folge‹ sprechen kann, unabhängig von konkreten Zahlkörpern und Zuordnungstechniken. Damit würde der Begriff ›endlose Folge‹, der in der bisherigen

Technik die Bedeutung ›unendliche Möglichkeit‹ (immer noch eine Zahl zu bilden, zuzuordnen) hatte, zu einem Ausdruck über platonische Gegenstände, die man abzählen kann. Doch:

»Es gibt eben keine grammatische Technik, die die Verwendung so eines Ausdrucks nahelegte. Denn ich kann freilich den Ausdruck bilden: ›Klasse aller Klassen, die mit der Klasse ›endlose Folge‹ zahlengleich sind‹, wie auch den: ›Klasse aller Engel, die auf einer Nadelspitze Platz haben‹, aber dieser Ausdruck ist leer, solang es keine Verwendung für ihn gibt. Eine solche ist nicht zu entdecken, sondern: erst zu *erfinden*.« (BGM, S. 136).

Mit dieser Nadelspitze gegen die Mengenlehre soll das Kapitel enden – ohne Urteil, ob sie berechtigt ist. Worauf es ankam, war, zu verdeutlichen, wie Wittgenstein sich mit der Mathematik beschäftigt, um einen Eindruck zu vermitteln, was aus dieser Beschäftigung in seine späte Methode des Philosophierens eingegangen sein könnte.

8. Weltbild und Aberglaube – der Grat zwischen Rationalität und Irrationalität

8.1 Über Gewißheit: die Therapie Moores

In seinen letzten Aufzeichnungen beschäftigte sich Wittgenstein mit der Möglichkeit, ein Weltbild, als Meta-Sprachspiel zu den analysierbaren Sprachspielen, ausdrücklich zu formulieren. Das Ergebnis blieb, um es vorwegzunehmen, negativ; die tragende Bedeutung des Weltbildes, d. h. des Systems von Überzeugungen, die das Urteilen lenken, wird immer deutlicher, und immer deutlicher wird auch, daß es sich nicht in eine endliche Reihe von Glaubenssätzen, Regeln o. ä. fassen läßt.

Der Ansatzpunkt des Gedankengangs ist charakteristisch: Auf Anregung Norman Malcolms setzt Wittgenstein sich mit einem Aufsatz G. E. Moores auseinander – *A Defense of Common Sense* (In: Moore 1959, S. 32–59). Darin wird versucht, durch eine philosophische Überdehnung des Gebrauchs von ›Ich weiß‹ (und im weiteren Sinne des Begriffs von ›Wissen‹) bestimmte Grundpositionen der Philosophiegeschichte zu widerlegen und so den eigenen Standpunkt darzustellen. In dem Versuch, das sprachliche Ungleichgewicht, das dabei entsteht, therapeutisch auszubalancieren, läßt Wittgenstein nun den für ihn charakteristischen Spannungsbogen zwischen Sprachspielen als Naturtatsachen einerseits und als sozial etablierten Einheiten andererseits entstehen. Was ist also das Weltbild als Hintergrund allen Sprechens und Handelns?

- Es ist ›überkommen‹, d. h. gelernt, einsozialisiert.
- Da es den Hintergrund von ›wahr‹ und ›falsch‹ bildet, kann es selber nicht Kriterien der Richtigkeit unterliegen.
- Es ist als solches nicht sprachlich. Faßte man es in Sätze, so wären es nicht begründende Sätze, sondern Sätze einer Mythologie.
- Die Mythologie besteht in Handlungsanweisungen. Sie ist eine Praxis, deren Regeln auch unausgesprochen gelernt und beherrscht werden können (vgl. ÜG, 94/95).

Was die Beschreibbarkeit dieses fundierenden Hintergrundes angeht, macht Wittgenstein eine wichtige Einschränkung. Zwar lassen sich Weltbild und darin verankerte Überzeugungen ausdrücken und also beschreiben, nicht aber das *System*, das sie bilden:

»Nicht, als ob ich das System dieser Überzeugungen beschreiben könnte. Aber meine Überzeugungen bilden ein System, ein Gebäude.«

»Und wenn ich nun sagte ›Es ist meine unerschütterliche Überzeugung, daß etc.‹, so heißt das in unserm Falle auch, daß ich nicht bewußt durch bestimmte Gedankengänge zu der Überzeugung gelangt bin, *sondern, daß sie solchermaßen in allen meinen Fragen und Antworten verankert ist, daß ich nicht an sie rühren kann.*« (ÜG, 102, 103 – Hervorheb. von mir, D. S.; »Fragen und Antworten« im Orig. hervorgehob.).

Der Sprecher bewegt sich stets innerhalb des vorgegebenen Sprachnetzes, ist also zugleich autonom (indem er dessen Möglichkeiten nutzt) und abhängig (da er nicht willkürlich mit den sprachlichen Elementen umspringen kann). In einem weiteren Bild drückt Wittgenstein aus, daß der Sprecher buchstäblich in dieses Netz hineingeboren wird:

»Wenn wir anfangen, etwas zu *glauben*, so nicht einen einzelnen Satz, sondern ein ganzes System von Sätzen. (Das Licht geht nach und nach über das Ganze auf.)
Nicht einzelne Axiome leuchten mir ein, sondern ein System, worin sich Folgen und Prämissen *gegenseitig* stützen.« (ÜG, 141, 142).

Für die Dynamik dieses Systems bemüht Wittgenstein abermals eine Metapher: die des »Flußbetts der Gedanken« (ÜG, 97), das sich allmählich verschiebt, indem erstarrte Sätze (›Gewißheiten‹, absolut sicheres Wissen) und flüssige Sätze (Urteile) ineinander übergehen. Daraus folgt, »daß der gleiche Satz einmal als von der Erfahrung zu prüfen, einmal als Regel der Prüfung behandelt werden kann.« (ÜG, 98). – Dieser ganze Prozeß, das Spiel des Urteilens also, findet sprachlich im Bereich der Erfahrungssätze statt, ist demnach als ›Praxis‹ innerweltlich. Die ›Logik‹ scheidet Wittgenstein in derselben Bemerkung durch die negative Aussage davon ab, daß sie dennoch keine Erfahrungswissenschaft sei. Der wunde Punkt bleibt die Stellung der ›Logik‹, des Systems und die damit verbundene Frage, ob eine ›Theorie der Sprachspiele‹ möglich ist.

Wittgensteins Text kann als Therapie von Moores ›grammatischen Verfehlungen‹ schließlich nur gelingen, wenn er von einem Primat der Logik (oder dessen, was er System nennt) ausgeht. Indem er Moores Verwendungsweise von Ausdrücken implizit als metaphysisch einstuft und auf ihre alltägliche Verwendungsweise zurückführt, muß er von einem ›Wissen‹ Gebrauch machen, das diese Ebene des Alltags übersteigt; über

Moores Verwendungsweise wird geurteilt, sie beruhe auf einem Irrtum. Woher weiß der Therapeut das? – Die Frage wird allerdings gegenstandslos, falls Wittgensteins Text den Einwand selbst als grammatisch inkonsistent ausweisen kann, nämlich als Folge des Starrens auf das Wort ›Wissen‹ und auf das Bild, das man sich von seiner Bedeutung gemacht hat.

Wittgenstein beschränkt sich nicht auf eine besserwisserische Korrektur des Mooreschen Aufsatzes. Dessen Behauptung, er wisse einige Dinge mit absoluter (›metaphysischer‹) Gewißheit, begegnet er mit dem Einordnen dieser Gewißheiten in das *System*, aus dem sie genommen sind und in dem sie einzig sinnvoll zu verwenden und vielleicht sogar ›absolut sicher‹ sind.

Diese Arbeit endet gerade nicht im Irrationalismus einer aus dem Leeren gegriffenen Sprachtherapie, sondern zeigt Sprache als rational nachvollziehbares Verweisungsgeflecht. Als Teile ihrer Systeme sind die erwähnten Gewißheiten *Argumente*, nicht Wahrheiten. Ihre Erörterung gerät zu einer Erörterung des ›Weltbild‹-Begriffs als Resultat der Mythologie, die unserer Sprache innewohnt. Es entsteht so die Frage nach der Gültigkeit von Weltbildern und danach, was aus dieser Gültigkeit folgt. Es wird darauf beharrt, daß Sprache eine grundsätzlich argumentative Struktur hat und daß Elemente, die nicht-argumentativ sind (z. B. das Gefühl der Gewißheit, das eine Äußerung begleiten kann – vgl. ÜG, 524), nicht relevant für das Sprachverständnis sind. Das ›Weltbild‹ der Sprache ist dabei, wie alle Sprache, Amalgamierung von Wort und Tat, Zeichen und Praxis. Gerade weil dabei die »Tat«, die »unbegründete Handlungsweise« (ÜG, 402, 110) ursprünglich sein soll, kann als Argument (als sinnvolle Sprache) nur gelten, was zugleich nicht-kontingent und nicht-absolut ist. Sprache muß das aus der Handlungspraxis folgende Weltbild in Rede umsetzen. Diese Praxis steht weder unverrückbar fest, noch wäre sie beliebig. »Wenn sich die Sprachspiele ändern, ändern sich die Begriffe, und mit den Begriffen die Bedeutungen der Wörter.« (ÜG, 65). Man könnte dieses Zitat so interpretieren, daß die Sprache zwischen der gesellschaftlichen Praxis und der Praxis des Einzelnen vermittelt.

Wie steht es aber mit der Vermittlung dieser Vermittlung selbst? Wie steht es, in anderen Worten, mit dem Verhältnis von Praxis, Mythologie und Weltbild, die alle drei sprachlich darstellbar sind, zu Logik und System, die dies nach wie vor nicht zu sein scheinen? Denn während in der frühen Philosophie das Sagbare das Unsagbare bedeuten sollte, könnte man für die

148

spätere formulieren, die philosophische Arbeit spiele auf das sprachlich nicht mehr Einholbare an.

Dieses Anspielen vollzieht sich jedoch auf jederzeit argumentativ nachvollziehbaren Bahnen, die Exaktheit und Vagheit der Sprache umkreisen und verbinden. Es ist diese Eigenschaft, auf der Regel zu beharren, auch wenn sie metaphysisch nicht abzusichern ist, die Philosophie auch jederzeit von Literatur unterscheidbar macht. Was Habermas (1988b, S. 234f.) den *Minima Moralia* von Adorno bescheinigt, »daß in jedem der geschliffenen Fragmente das Ganze der Theorie zum Vorschein kam«, trifft auf Wittgenstein auch zu.

Freilich handelt es sich bei Wittgenstein weder um Fragmente noch um Aphorismen. Wittgenstein tritt auch nicht den *Gang in die Dichtung* an (vgl. M. Frank in Frank/Soldati 1989). Sein Stil versucht vielmehr der Suggestivkraft präformierter Begriffs- und Diskursfiguren zu entkommen, gerade um die Differenzierungskraft der Sprache zu maximieren. Die Ebene ›reiner Anschauung‹ erreicht er dabei nie, und er will es mit gutem Grund nicht. In der Frage: »Komme ich nicht immer mehr und mehr dahin zu sagen, daß die Logik sich am Schluß nicht beschreiben lasse?«, mit der Aufforderung: »Du mußt die Praxis der Sprache ansehen, dann siehst du sie.« (ÜG, 501), laviert Wittgenstein an der (oder über die?) Grenze zwischen Sprache und Differenzlosigkeit, nicht unähnlich der paradoxen Kommunikation im Zen.

Die Exaktheit der Methode Wittgensteins sichert ihr dabei einen Wahrheitsanspruch, den sie ausdrücklich nicht erheben würde. Es gelingt ihr, en passant die Naturwissenschaft als Richterin über das Machbare zu einem Sprachspiel unter anderen herabzustufen.

Ganz sicher ist ›therapeutische Sprachbehandlung‹ nicht Flucht ins Irrationale, wie Habermas es ihr neben anderen Konzeptionen der in die Enge getriebenen Philosophie (Vernunft?) vorwirft (vgl. Habermas 1988b, S. 45).

In der ›Linguistischen Wende‹ hingegen sieht Habermas nun eine Möglichkeit, aus dem grundbegrifflichen Rahmen der Metaphysik auszusteigen und im Rahmen einer »formalen Pragmatik [. . .] (im Gegensatz zu rein semantischer Analyse von Satzformen) [. . .] die zunächst verloren gegebenen Dimensionen und Fragestellungen der Subjektphilosophie« (Habermas 1988b, S. 55) wieder einzuholen. Der Philosophie kommt dabei die Rolle einer Vermittlerin zwischen den verschiedenen Expertenkulturen und Gesellschaftsbereichen (Wissenschaft, Recht,

Kunst etc.) zu, deren Ziel es wäre, zumindest zu klären, »ob die objektiv in ihre Momente auseinandergetretene Vernunft noch eine Einheit wahren kann, und wie die Expertenkulturen mit der Alltagspraxis vermittelt werden können.« (Habermas 1988a, 2. Bd., S. 585).

Hier nun wird der Zusammenhang mit Moore und *Über Gewißheit* sichtbar. Denn kürzer formuliert, und ein wenig bildungsbürgerlicher, lautet die Frage, ob der disparaten Wirklichkeit der Moderne ein kohärentes Weltbild zugrundeliegt oder ob sie in unzählige logisch-grammatische (im Sinne des späten Wittgenstein) diskontinuierliche Sprachspiele zerfällt. Der zweiten Alternative entspricht ein Kontextualismus, »der alle Wahrheitsansprüche auf die Reichweite lokaler Sprachspiele und faktisch durchgesetzter Diskursregeln einschränkt« (Habermas 1988b, S. 58).

Die folgenden Abschnitte sollen durch die Darstellung von Wittgensteins Weltbild-Begriff zeigen, daß die therapeutische Absicht (die Kritik an Moore) zugleich ein Versuch ist, den Reichtum der Sprache an kommunikativen Möglichkeiten gegen die Verengung und Deformierung philosophischen Sprachgebrauchs zu erhalten. Dabei erhält die Korrektur der Mooreschen Verwendung von ›Ich weiß‹ und ›Wissen‹ ihre Berechtigung aus der Kohärenz von Sprachspielen und Lebensform.

8.1.1 Moores ›Verteidigung des gesunden Menschenverstandes‹

Als »Ausflucht« bezeichnet es Kant, wenn einige falsche Freunde des gesunden Menschenverstandes sich in argumentativer Bedrängnis auf diesen berufen, indem sie sagen: »Es müssen doch endlich einige Sätze sein, die unmittelbar gewiß seien, und von denen man nicht allein keinen Beweis, sondern auch überall keine Rechenschaft zu geben brauche, weil man sonst mit den Gründen seiner Urteile niemals zu Ende kommen würde« (*Prolegomena*, S. 139, 140). Und tatsächlich ist es ja inkonsequent, sich im spekulativen Rahmen eines Begriffssystems plötzlich auf Alltagsüberzeugungen und Intuitionen zu berufen. Genau darauf beruft sich Moore jedoch in seinem Aufsatz, wenn auch nicht aus Bedrängnis, sondern in bewußt systematischer Absicht.

Moore argumentiert natürlich nach der erwähnten paradigmatischen Wende bereits in einem sprachphilosphischen Rahmen. Um seine eigene philosophische Position mitzuteilen, bedient er sich nicht philosophiegeschichtlicher Etikette, vielmehr zählt er eine Reihe von Aussagen, d. h. Sätzen (›propositions‹) auf, von denen er ›mit Sicherheit‹ weiß, daß sie wahr sind, und zwar absolut wahr. In einem zweiten Schritt behauptet er dann, daß jeder von uns diese Dinge ebenfalls während der meisten Zeit seines Lebens gewußt hat und weiß, so daß ich nun einige Beispiele in der ersten Person paraphrasieren kann:

- Es existiert im Moment ein lebender menschlicher Körper, der mein Körper ist.
- Dieser Körper wurde geboren und existierte seitdem ununterbrochen, wenn auch nicht ohne kleine Veränderungen zu erleiden.
- Mit dem Körper existieren andere Körper im dreidimensionalen Raum, darunter solche, die ihm ähneln. Diese waren nie weit von der Erdoberfläche entfernt, meistens sogar in Kontakt mit ihr. – Die Erde existierte lange bevor meiner Geburt.
- Ich bin ein Mensch.
- Seit mein Körper geboren wurde, hatte ich viele verschiedene Erfahrungen (›experiences‹).
- Ich hatte Erwartungen, die sich auf die Zukunft richteten, und Erinnerungen.
- Ich habe mich selbst, andere Menschen und Dinge wahrgenommen.
- usw. – (Vgl. Moore 1959, S. 32–59).

Es wäre gewiß verkehrt, Moore vorschnell Naivität zu unterstellen. Seine Beispiele sind so gewählt, daß tatsächlich niemand bei klarem Verstand unter gewöhnlichen Umständen an ihnen zweifeln würde. Was daraus nun folgt, darüber sagt Moore nichts aus. Im Gegenteil gesteht er seine Unwissenheit in dieser Hinsicht ausdrücklich ein: »Of the truth of these propositions there seems to me to be no doubt, but as to what is the correct analysis of them there seems to be the greatest doubt [. . .].« (Moore 1959, S. 59).

Wenn man seine Sätze in ihrer ›völlig alltäglichen Bedeutung‹ nähme, so folgert er, seien eine Reihe von Ansichten der Philosophiegeschichte absurd. Offensichtlich z. B. verbietet sich jede Form von reinem Materialismus oder Idealismus (im Text wird namentlich nur Berkeley erwähnt), ein Solipsismus, aber auch ein Gottesglaube, wenn Gott als ›zeitloses Bewußtsein‹ konzipiert wird.

Moore fügt seiner Liste dann noch die Annahme hinzu, daß mentale und physikalische Fakten unabhängig voneinander seien, um in einem skeptischen Argument zu enden: Viele Philosophen, behauptet er, glaubten zu wissen, was der Satz ›materielle Objekte existieren seit langer Zeit‹ heiße. Er dagegen glaube, daß man erst viel einfachere Sätze verstehen müsse, wie: ›Ich nehme gerade eine Hand wahr‹. Aber auch dieses sei schon eine Deduktion aus dem Wissen (a) Ich nehme *dies* wahr und (b) *Dies* ist eine menschliche Hand.

Diese Frage, was ich eigentlich weiß, wenn ich von einem Sinnesdatum weiß, es ist eine menschliche Hand, habe noch kein Philosoph so beantwortet, daß er auch nur in die Nähe der Wahrheit gelangt sei (vgl. Moore 1959, S. 55). Moore kehrt mit seinem Artikel die Kritik Kants an der Verwendung von Common-Sense-Argumenten gerade gegen die Philosophie und speziell gegen ihre spekulativen Systeme. Philosophie, kann man schließen, habe von den absolut sicheren Sätzen auszugehen und dürfe gegen deren unbezweifelbare Wahrheit nicht verstoßen. Diese Sätze müßten jedem System vorausgehen.

Moores ganzen Text hindurch tauchen Qualifikationen von Aussagen auf, die ihnen eine Position auf einer Art ›Gewißheits-Skala‹ zuschreiben: wahr, mit Sicherheit wahr, möglicherweise wahr, zum Teil wahr, möglicherweise zum Teil wahr usw. Diese Qualifikationen geben dem Text eigentlich erst seine begründende Struktur, denn nicht der Inhalt von Sätzen steht zur Debatte, sondern die Sicherheit, mit der sie gewußt werden.

Ein zweiter methodisch wichtiger Punkt ist die Berufung auf die ›ganz gewöhnliche‹ Bedeutung, denn welche ist das?

Der Paragraph 116 der *Philosophischen Untersuchungen* lautet:

»Wenn die Philosophen ein Wort gebrauchen – ›Wissen‹, ›Sein‹, ›Gegenstand‹, ›Ich‹, ›Satz‹, ›Name‹ – und das *Wesen* des Dings zu erfassen trachten, muß man sich immer fragen: Wird denn dieses Wort in der Sprache, in der es seine Heimat hat, je tatsächlich so gebraucht?
Wir führen die Wörter von ihrer metaphysischen, wieder auf ihre alltägliche Verwendung zurück.«

Tatsächlich nimmt Wittgenstein deshalb die Mooreschen Beispielsätze auch als völlige Gewißheiten an, aber er folgt deshalb keineswegs der ›Common-Sense‹-Argumentation; er akzeptiert auch die von Moore getroffene Unterscheidung zwischen ›wissen‹ und ›wissen, wie es zu verstehen ist‹ (›what is the correct analysis?‹) nicht. Vielmehr kehrt er das zitierte methodische

Diktum (PU, 116) gerade gegen Moores Berufung auf das, was wir doch alle wissen und zugeben müssen, wenn wir mal ganz ehrlich sind. Denn daraus lassen sich, auch wenn es ›stimmt‹, keine abstrakten Folgerungen ziehen, keine Beweise konstruieren (vgl. ÜG, 467).

Wittgenstein nimmt Moores Sätze als bedeutsam, weil sie eine besondere Stellung im System unseres Weltbildes haben. Indem er dieses System zu erfassen trachtet, entwickelt sich ein Manuskript, das trotz seiner »rationalen, sachlichen Dimension« immer auch einen »überempirischen, metaphysischen« Stilzug trägt (vgl. v. Wright 1990, S. 44).

8.1.2 Über Gewißheit

Der eher formale Begriff des ›Systems‹ steht in einem Spannungsverhältnis zu dem gefühlsmäßig besetzten Begriff des ›Weltbildes‹. Beide verweisen auf etwas anderes als die ›Lebensform‹, die ›gemeinsame menschliche Handlungsweise‹, die jederzeit beobachtbar, sprachlich formulierbar und als ›Praxis‹ diesseitige Basis der Sprachspiele sind.

Während ›Weltanschauung‹ (vgl. Frazer, S. 37 u. PU, 122) eine Perspektive bezeichnet, die sich in der Behandlung des Gegenstandes ausdrückt, ist dieser Gegenstand, und also auch der der Wittgensteinschen Philosophie, das ›System‹, das ›Weltbild‹.

In der Perspektive liegt eine Wertung, nämlich die Entscheidung, nicht zu erklären, sondern zu beschreiben, das ›Weltbild‹ dagegen versucht Wittgenstein *wertfrei* zu erfassen (vgl. Schulte 1990, S. 122). Deshalb auch, so argumentiert Schulte, betrachte Wittgenstein den Menschen unter philosophischer Perspektive als »rein instinktives Wesen«, weil die »elementaren Lebensformen, unsere fundamentalsten Sprachspiele und unsere unmittelbarsten Reaktionen offenbar weder Werte, noch Konventionen in bezug auf Gut und Böse beinhalten.« (ebd.). Dies steht in Übereinstimmung mit der Ansicht, die im *Vortrag über Ethik* weniger vertreten als vorgeführt wird: Im Versuch, einen ethischen Wert sprachlich zu fassen, rennt Wittgenstein dort gegen die Sprache an, um in dem Paradox zu enden, daß er jede sinnvolle Beschreibung eines ethischen Wertes gerade aufgrund ihrer Sinnhaftigkeit als unzureichend ablehnen würde (vgl. VüE, S. 18, s. o. Kap. 2.4).

Wenn das Weltbild nun keine ethische Funktion hat, welche Bedeutung kommt ihm dann zu? – Schulte macht den Vorschlag, das Weltbild sei eine »strukturierte, systematische Menge von Modellen«, die uns die Orientierung in der Wirklichkeit ermöglichen und deren allmähliche Änderung in der Zeit (das Mythologische an ihnen) durchaus damit in Einklang steht, daß sie uns zu je einem Zeitpunkt mit einem System unverrückbarer Wahrheiten versorgen (vgl. Schulte 1990, S. 127f.). – Wittgensteins Weltbildbegriff, so aufgefaßt, würde die Balance zwischen ›Logos‹ und ›Mythos‹ auf den Begriff bringen, und tatsächlich ist Wittgensteins Denken eine Art mathematisch exaktes Jonglieren mit den Elementen (Sprachspielen) des Weltbildes, das an Levy-Strauss' Charakterisierung des ›Wilden Denkens‹ als logischem Operieren mit konkreten Symbolen erinnert, innerhalb dessen die Unterscheidung ›formal‹/ ›inhaltlich‹ künstlich wird (vgl. Levy-Strauss 1979).

Wittgenstein beschreibt das ›Weltbild‹ folglich nicht von außen, er schreibt im Weltbild über das Weltbild. Nur so kann es mehr als formaler Bezugsrahmen und weniger als explizite Metaphysik sein. Was daraus zu schließen ist: zumindest soviel, daß man sich entweder zur Metaphysik bekennen oder auf Letztbegründung verzichten muß. Oder liefert *Über Gewißheit* eine dritte Möglichkeit?

8.1.3 Kritik an Moore

Nach Wittgenstein liegt Moores Grundirrtum in dem Glauben, man könne aufzählen, was man weiß. Durch das Auflisten wird das Wissen isoliert, und durch die völlige Abwesenheit eines Zusammenhanges verliert die Aussage ›Ich weiß‹ ihren Bezugspunkt. Man wiederholt z. B. mit Nachdruck: ›Ich weiß aber doch, daß ich ein Mensch bin.‹

Der Unsinn dieser Aussage und auch der übrigen Beispiele Moores zeigt sich darin, daß man ›Ich weiß‹ in jedem der Fälle weglassen könnte, ohne den Sinn der Aussage zu verändern. In anderen Worten: Soll das ›Ich weiß‹ den Irrtum ausschließen, »dann muß ein Irrtum auch in der *Behauptung* logisch sein.« (ÜG, 21).

Aus diesem Grund auch sind die Sätze interessant; nicht wegen der Sicherheit, mit der sie gewußt werden. Denn weder folgt aus der Versicherung ›Ich weiß x mit Sicherheit‹ die Wahrheit von ›x‹, noch folgt sie daraus, selbst *falls* ›x‹ wahr sein sollte.

Das Gefühl der Sicherheit wäre sozusagen rein zufällig angebracht.

Die tatsächliche Verwendungsweise des Ausdrucks ›Ich weiß‹ gehört eben zur ›illokutionären Rolle‹ (wie die Sprechakttheorie sagen würde) und nicht zum propositionalen Gehalt. Diese Unterscheidung nimmt Wittgenstein deskriptiv vorweg:

»Die Versicherung ›Ich weiß es‹ genügt nicht. Denn sie ist doch nur die Versicherung, daß ich mich (da) nicht irren kann. Und daß ich mich *darin* nicht irre, muß *objektiv* feststellbar sein.« (ÜG, 15).

Entsprechend:

»Die Gewißheit ist *gleichsam* ein Ton, in dem man den Tatbestand feststellt, aber man schließt nicht aus dem Ton darauf, daß er berechtigt ist.« (ÜG, 30).

8.1.4 Wissen/Zweifel

Gefragt sind also Gründe, wobei Gründe nicht im inneren (psychischen) Zustand des Versichernden liegen sollen. Das sollten sie nicht einmal beim Glauben, denn daß jemand etwas glaubt, muß er durch sein Verhalten unter Beweis stellen.

Ein Grund kann nur etwas sein, was sowohl wahr als auch falsch sein kann. Das heißt ›Wissen‹ und ›Zweifel‹ sind verbunden. Gewußt werden kann nur, was auch bezweifelbar ist. Bildet unser Wissen ein System, so bildet entsprechend auch der Zweifel ein System.

Zweifel hängt hier mit der Negation eines Satzes zusammen. ›Ich bin ein Mensch‹ ist kein Satz, der ein Wissen ausdrückt, weil es unklar ist, was seine Negation – als Tatsachenaussage – bedeuten soll. Er ist faktisch nicht bezweifelbar.

Wohl könnte ein Philosoph eine von Moores Selbstverständlichkeiten bezweifeln. Doch wäre dieser philosophische Zweifel unaufrichtig. Auch ein Idealist zweifelt praktisch nicht daran, daß er jetzt gerade seine eigene Hand sieht, aber er wird sagen, »um den praktischen Zweifel, der beseitigt ist, habe es sich ihm nicht gehandelt, es gebe aber noch einen Zweifel *hinter* diesem. – Daß dies eine *Täuschung* ist, muß auf andere Weise gezeigt werden.« (ÜG, 19). Wittgenstein teilt demnach Moores Kritik, nicht aber seine Methode. Das letzte Zitat kann man im Zusammenhang mit dem Beginn der *Bemerkungen über Frazers ›Golden Bough‹* sehen, wo es heißt, man müsse den Irrtum in die Wahrheit überführen, sonst nütze auch das Hören der Wahrheit nichts.

Was der Idealist übersieht, ist, »daß der Zweifel an einer Existenz nur in einem Sprachspiel wirkt.« (ÜG, 24). So wenig wie man von einem Menschen im Mooreschen Sinne sagen kann, »er *wisse* etwas; was er sage sei also unbedingt die Wahrheit« (ÜG, 403), so wenig kann man den Zweifel, als Einstellung, jedem Sachverhalt entgegentragen. Was Moores Sätze aussagen, ist wahr »nur insofern, als es eine unwankende Grundlage seiner [des Menschen] Sprachspiele ist.« (ebd.). Ein Zweifel ist nur möglich, wo das Sprachspiel ihn vorsieht. Auch der Zweifel bildet also ein System (vgl. ÜG, 126). Und um sich ›sinnvoll‹ zu irren, muß man bereits mit der Menschheit konform urteilen (vgl. ÜG, 156).

Es macht keinen Sinn zu bezweifeln, daß die Erde gestern mittag von 12 Uhr bis 12.05 Uhr existiert hat. Eher ist es denkbar, die Existenz der Erde vor 150 Jahren zu bezweifeln, denn nun wird »unser System der Evidenz« (ÜG, 185) – geologische Datierungsmethoden, die historischen Wissenschaften usw. bezweifelt. Es komme ihm nicht vor, schreibt Wittgenstein, »als sei dies System sicherer als eine Sicherheit in ihm.« (ebd.). – »Es kommt mir vor, als müßte der, welcher an der Existenz der Erde zu jener Zeit zweifelt, das Wesen aller historischen Evidenz antasten. Und von dieser kann ich nicht sagen, sie sei bestimmt *richtig*.« (ÜG, 188).

Für das System unserer Überzeugungen im ganzen kann es nach Wittgenstein keine rechtfertigenden Gründe geben. In ihm bestimmt sich zuallererst, was ein Grund genannt werden kann. Geschichtstheorie z. B. ist Konstruktion von Geschichte. Sie kann darum nicht mit geschichtlichen Daten begründet werden. Sie produziert diese Daten. Die Tatsachen der Geschichte können eine Theorie festigen, aber nicht in ihren Grundannahmen bestätigen. Das gilt selbstverständlich auch für die Theorien der Naturwissenschaft. Vielleicht kann man aus Wittgensteins ethischem Schweigen den Schluß ziehen, daß darum die Entscheidung für oder gegen eine Theorie eine ethische Handlung ist. Mit Sicherheit schließen seine Ansichten einen Fallibilismus Popperscher Prägung aus, nach dem eine sinnvolle Hypothese dadurch gekennzeichnet ist, daß sie widerlegbar sein muß. Zwischen wesentlich verschiedenen Theorien vermittelt nicht die Bestätigung durch eine ›Realität‹:

»Wo sich wirklich zwei Prinzipien« – und man könnte wohl sagen ›Systeme‹ – »treffen, die sich nicht miteinander aussöhnen, da erklärt jeder den Andern für einen Narren und Ketzer.« (ÜG, 611). Schon in den Vorlesungen 1931/32 findet sich, ebenfalls im Zusammenhang der Diskussion von ›Gewißheit‹ und dem Ausdruck ›Ich weiß‹ (den Wittgenstein hier prägnant mit dem Multiplikator 1, einem ›neutralen Element‹ gewissermaßen, vergleicht), eine erhellende Passage hierzu, die den Zusammenhang von ›Weltbild‹, ›System‹ und dem Wahrheitswert von Aussagen illustriert:

»Wenn es keine Probe zur Entscheidung zwischen zwei Aussagen gibt, bedeuten sie dasselbe. Als sich der Prälat weigerte, durch Galileis Fernrohr zu schauen, weil doch alles, was er da sähe, Teufelswerk und falsch wäre, hätte die richtige Erwiderung von Seiten Galileis gelautet: ›Ich bin ganz einverstanden, wir meinen beide genau dasselbe.‹« (Vorlesungen, S. 102).

Wenn Wittgenstein in *Über Gewißheit* von den unwankenden Grundlagen unserer Sprachspiele, den Grundprinzipien menschlicher Forschung (ÜG, 670), dem unbegründeten Handeln als Basis der Sprachspiele (ÜG, 110), des Wissens wie auch des Zweifels spricht, zielt er auf eine ›protosprachliche‹ Ebene, auf der Konzepte von (physischen und mentalen) Gegenständen erst hergestellt werden. Was Tatsachen schafft, kann nicht mit Tatsachen begründet werden.

In den zitierten Vorlesungsmitschriften findet sich kurz vor dem Galilei-Beispiel eine Stelle zum Verhältnis von Sinnesdaten und Begriffen. Sinnesdaten seien nicht die Quelle unserer Begriffe; sie würden nicht durch unsere Begriffe bewirkt. Die Erfahrung entziehe sich der wissenschaftlichen Erklärung, da man zu kausalen Gesetzen zuallererst durch Erfahrung gelange; d.h., die wissenschaftliche Erklärung beschreibe ja auch nur wieder eine Erfahrung (vgl. Vorlesungen, S. 101):

»Deshalb kann kein Satz von der Ursache der Sinnesdaten handeln.«

Und auch:

»Man kann nicht sagen, mein Wissen über die Evolution sei das Ergebnis der Evolution.« (Vorlesungen, S. 102).

Zum Verständnis dieser Aussagen empfiehlt es sich, die Begriffe ›Sinnesdaten‹, ›Erfahrung‹ und ›Kausalität‹ nicht allzu technisch aufzufassen. Was Wittgenstein differenzieren will, ist eine Ebene primärer Erfahrung (vgl. auch die *Philosophischen Bemerkungen*), die den sprachlichen Mitteln äußerlich ist, insoweit die Sprache sie nicht in dem Sinn bestimmt, in dem die Form eines Minerals die Verwitterungsformen eines Gesteins bestimmt. Und umgekehrt gilt die gleiche Unabhängigkeit. Nur so ist es auch konsistent, daß Wittgenstein eine Ebene in der Sprache, die Grammatik, ausscheidet, die erfahrungsunabhängig ist. Dennoch steht die Grammatik in einem Verweisungszusammenhang mit der Erfahrung, schließlich dient sie als ›Beschreibungsmuster‹, als Schema zur Generierung empirischer Aussagen. Die Verknüpfung der Ebenen liegt im Sprecher als empirisches, nicht als transzendentales Subjekt, und über den Sprecher in der Lebensform, der Sprechergemeinschaft, mithin den gesellschaftlichen Rahmenbedingungen.

Zu diesen Rahmenbedingungen gehören in unserem Jahrhundert natürlich die (Natur-)Wissenschaften und ihre Vorstellungen von ›Erklärung‹ und ›Wahrheit‹; und zwar nicht im Sinne irgendeiner der meta-wissenschaftlichen Legitimationen, auch nicht in ihrer selbstreflexiven Form, die sie selbstverständlich bei ihren hervorragenden Vertretern gefunden hat, sondern in dem trivialen Sinn, in dem eine angeblich wissenschaftliche Denkweise Eingang in den Alltagsdiskurs gefunden hat, ob es sich um Waschpulver handelt oder um die wissenschaftlich zu sichernde Tatsache, daß Großbauvorhaben ökologische Nachteile in Kauf nehmen. Worum es hierbei geht, ist die Vermengung zweier Ebenen, der einer ethischen Entscheidung und der begründbarer Aussagen. Wittgensteins kritische Einstellung gegenüber der Wissenschaft ist hinreichend herausgearbeitet worden (vgl. Hilmy 1987, S. 190–226) und bezieht sich auf die Hilfestellung, welche die Wissenschaft in ihrer popularisierten Form dem »Geist [. . .] des großen Stromes der europäischen und amerikanischen Zivilisation« (PB, Vorwort) leistet. Diesen Geist identifiziert Wittgenstein mit dem Begriff des ›Fortschritts‹, als *Form* wohlgemerkt, nicht als Inhalt; mitgemeint ist sicherlich die moderne Arroganz gegenüber dem Schicksal (auch wenn Wittgenstein diese Formulierung kaum gewählt hätte; zu Wittgensteins Einstellung zum ›Schicksal‹ vgl. v. Wright 1990, S. 206ff.; McGuinness 1988), die ihm durch Berechnung und das »Bauen immer größerer und komplizierterer Strukturen« (PB, Vorwort) entkommen zu können glaubt. In seinem *Vortrag über Ethik* spricht er von der »oberflächlichen Neugier auf die jüngsten wissenschaftlichen Entdeckungen« als einem der »schnödesten Wünsche des modernen Menschen.« (VüE, S. 9). Und schon der *Tractatus* bezeichnet das Kausaldenken als den »Aberglauben« (vgl. 5.136, 5.1361).

8.1.5 Bedingung der Möglichkeit von Urteilsspielen

Die unmittelbare Erfahrung kann nach Wittgenstein keinen Widerspruch enthalten. Das philosophische ›Ur-Problem‹ aber ist die bürgerliche Stellung des Widerspruchs. An diesem Punkt schließen Wittgensteins Überlegungen zur Mathematik (vgl. Kap. 7) an die Behandlung des Weltbildes als System an.

Analog der Mathematik behandelt Wittgenstein das ›Weltbild‹ als ein System von Aussagen, und das heißt, im Zusammenhang mit ›Wissen‹ und ›Zweifel‹, von Urteilen. Genau genommen von Urteilsspielen, denn Handlung und Sprache bilden ein kohärentes Symbolsystem im Sprachspiel.

Die Philosophie, eigentlich die ›Logik‹, klärt die Voraussetzung der Möglichkeit des Sprachspielens: »Denn wenn es zur Beschreibung des Sprachspiels gehört, so gehört es zur Logik.« (ÜG, 628). Diese Bedingung findet Wittgenstein im regelgeleiteten Gebrauch von Ausdrücken. »Und zur Logik gehört alles, was ein Sprachspiel beschreibt.« (ÜG, 56). Der Rahmen des regelgeleiteten Gebrauchs von Ausdrücken bestimmt die Menge der möglichen Mitteilungen. Wittgenstein beschäftigt sich also insofern mit ›Logik‹, etwas Abstraktem, als er die Möglichkeit von Mitteilung, wenn auch an konkreten Beispielen untersucht.

»›Philosophie‹ könnte man auch das nennen, was *vor* allen neuen Entdeckungen und Erfindungen möglich ist.« (PU, 126).

»Es ist uns, als müßten wir die Erscheinungen *durchschauen:* unsere Untersuchung aber richtet sich nicht auf die *Erscheinungen,* sondern, wie man sagen könnte, auf die ›*Möglichkeiten*‹ der Erscheinungen. Wir besinnen uns, heißt das, auf die *Art der Aussagen,* die wir über die Erscheinungen machen. [. . .] Unsere Betrachtung ist daher eine grammatische.« (PU, 90).

Insoweit sind Wittgensteins Bemerkungen abstrakt und konkret zugleich.

8.1.6 Erfahrung und Urteil

Die Wahrheit der Mooreschen Sätze gehört mit zu dem formalen System des Weltbilds. »Die *Wahrheit* gewisser Erfahrungssätze gehört zu unserem Bezugssystem.« (ÜG, S. 83). Damit wird der Begriff der Wahrheit ein formaler Begriff, zu unterscheiden etwa von dem wahren Urteil ›Diese Jacke ist grün‹ (wenn die bezeichnete Jacke tatsächlich grün ist). Gleichfalls zur Logik und damit zum ›System‹ gehört, was als Prüfung einer Aussage gilt (vgl. ÜG, S. 82). Die ›Wahrheit‹ gehört zum betreffenden Sprachspiel, nicht etwa ist sie dadurch bestimmt, daß die Aussage der Wahrheit entspricht.

Die Erfahrung zwingt uns nach Wittgenstein zu keinem Urteil (vgl. ÜG, 130f.). Das ist natürlich eine sehr exponierte Behauptung. Die Ansicht, daß Katzen nicht auf Bäumen wachsen, so wenig wie Automobile, scheint doch mit Erfahrung zusammenzuhängen und durch Erfahrungen bestätigt zu werden. Dennoch schreibt Wittgenstein: »Wenn nun alles für eine Hypothese, nichts gegen sie spricht – ist sie dann gewiß wahr? Man kann sie so bezeichnen. – Aber stimmt sie gewiß mit der Wirklichkeit überein? – Mit dieser Frage bewegst du dich schon im Kreis.« (ÜG, 191). Die Möglichkeit von Katzen-und Automobilbäumen ist einfach in unserem Weltbild nicht vorgesehen. Um uns eine Situation vorzustellen, in der wir bereit wären, diesen Tatbestand zu konstatieren, müßten wir soviel Überzeugungen außer Kraft setzen, daß das System als Ganzes kollabieren würde. Eine Hypothese, für die alles und gegen die nichts spricht, muß nicht notwendig mit der Welt übereinstimmen: »Sie zeigt uns bestenfalls, was ›Übereinstimmen‹ heißt.« (ÜG, 203).

Moores Sätze sind aber nicht einmal Hypothesen. Denn für sie gilt, daß die Idee der Übereinstimmung mit der Wirklichkeit keine klare Anwendung hat (ÜG, 215). Wie sollte ein Mensch aussehen, der – leiblich – keine Eltern hat? Es sind dies also alles Erfahrungssätze, die die Rolle von logischen Sätzen übernommen haben, die – in der Metapher des Flußbetts – das Fließen der Urteile lenken. Sie wechseln über die Grenze von Logik/ Grammatik und Empirie hin und her. Ein grammatischer Satz hat eine klare Entsprechung in einem analytischen Urteil, etwa: die Winkelsumme im Dreieck beträgt 180°. Ein empirisches Urteil wäre dann der Schluß aus der Summe zweier Winkel eines *gegebenen* Dreiecks auf den dritten. Moores Sätze jedoch gehören weder zum einen noch zum anderen. Überdies machen zwei der Beispiele in *Über Gewißheit* deutlich, daß Wittgenstein über die Sprache als ›räumliches und zeitliches Phänomen‹ und nicht als ›unräumliches und unzeitliches Unding‹ redet (PU, 108): Daß jeder Mensch zwei Eltern hat, ist ein Satz, der inzwischen schon flüssiger geworden ist, wie auch der Satz von der völligen Ausgeschlossenheit, schon einmal auf dem Mond gewesen zu sein. Beide Beispiele zeigen aber auch, daß daraus keineswegs die Wertlosigkeit des Ansatzes folgt. Die beiden Sätze sind ja nicht über Nacht fortgespült worden und das auch nicht wegen ihrer bleibenden Übereinstimmung mit der Wirklichkeit, sondern zum Teil wegen ihrer Verankerung mit anderen, auch normativen Sätzen. Argumentierte man etwa, daß jeder

Organismus dennoch auf alle Zeit zwei Eltern haben werde, in Gestalt zweier Zellen nämlich, so rettet man den Satz ›Jeder Mensch hat zwei Eltern‹, man zieht aber in anderer Richtung am Bezugssystem ›Weltbild‹: durch eine Veränderung der Grammatik von ›Eltern‹, was z. B. in einem differenzierteren Gebrauch der Begriffe ›Familie‹, ›Erziehung‹, ›Eltern‹ resultieren könnte. Das Beispiel verdeutlicht auch, wie am Anfang der Veränderung des Sprachspiels das Handeln – in diesem Fall die Techniken der Genetik – steht.

8.2 Handeln II

Da das Sprachspiel im Handeln wurzelt, wurzelt letztlich auch das ›Wissen‹ in einer Handlungsgewißheit. Daß die Gewißheit von Sätzen in Handlungen gründen soll, klingt zunächst seltsam. Das liegt, gemäß Wittgenstein, an einer verkehrten Vorstellung vom ›Wissen‹. ›Ich weiß‹, argumentiert Wittgenstein, besitzt eine primitive Bedeutung, in der es ›Ich sehe‹ ähnelt; etwa: ich weiß, daß noch Milch im Kühlschrank ist = ich habe es eben gerade gesehen. Daher rührt ein Bild vom Wissen, als hätten wir es – ähnlich Sehstrahlen, die wir wahrnehmen – in uns aufgenommen. Dann drückt ›Ich weiß‹ eine Beziehung zwischen dem Sprecher und einer Tatsache aus, als wäre eine externe Tatsache nun Bestandteil seines Bewußtseins geworden. Wittgensteins Ansicht scheint zu sein, daß ›Ich weiß‹ aber, wie ›Ich glaube‹ auch, eine Beziehung zwischen dem Sprecher und einem Satzsinn ausdrückt, so daß er sich der Wirkung des Satzes, wenn er ihn gebraucht, sicher sein kann. ›Wissen‹ und die damit einhergehende Sicherheit sind demnach ein soziales Phänomen, das in der Verläßlichkeit sozialer Reaktionen begründet ist. Externe Rechtfertigung auf der Ebene empirischer Argumente kommt zu einem Ende:

»Die Begründung aber, die Rechtfertigung kommt zu einem Ende; – das Ende aber ist nicht, daß uns gewisse Sätze unmittelbar einleuchten, also eine Art *Sehen* unsrerseits, sondern unser *Handeln*, welches am Grunde des Sprachspiels liegt.« (ÜG, 204).

Damit wird das Interesse auf den Prozeß gelenkt, in dem sprachliches und nichtsprachliches Verhalten als regelgeleitet entstehen: die Sozialisation.

8.3 Regeln II

Da Wittgenstein die Entstehung und Arbeitsweise des Systems auf der formalen Ebene interessiert, gewinnt der Regel-Begriff zentrale Bedeutung. Er wird jedoch nicht fetischisiert. Die Regel oder die Fähigkeit, der Regel zu folgen, sind nicht transzendentale Voraussetzung zum Erlernen und Spielen von Sprachspielen. Sie *sind* das Sprachspiel.

Kripke (1982/dt. 1987) führt in diesem Zusammenhang exemplarisch vor, wie man durch das Herausgreifen und -zitieren (der Leser sei also gewarnt) von einzelnen Wittgenstein-Sätzen gerade in die Irre geführt werden kann, aus der die Sätze den Weg weisen sollen. Kripke beginnt sein Buch mit einem Zitat, das das ›Wittgensteinsche Paradox‹ als zentrales Problem der *Philosophischen Untersuchungen* einführen soll: »Unser Paradox war dies: eine Regel könnte keine Handlungsweise bestimmen, da jede Handlungsweise mit der Regel in Übereinstimmung zu bringen sei.« (PU, 201). Soweit zitiert Kripke, um dann dieses Paradox, aus dem auch folgt, oder folgen soll, daß man sich der Bedeutung der eigenen Sätze und Wörter nicht sicher sein kann (Bedeutung wäre ja systematischer Gebrauch), zu entwickeln. Liest man Wittgenstein weiter, wird das Paradox bald gelöst:

»Die Antwort war: ist jede mit der Regel in Übereinstimmung zu bringen, dann auch zum Widerspruch. Daher gäbe es hier weder Übereinstimmung noch Widerspruch.« (ebd.) – ›hier‹ ist zu interpretieren als ›in einem System‹, in dem eine Regel eine Handlungsweise nicht bestimmt, und ein solches System enthält einen Widerspruch und ist darum sinnlos, weil – logisch und mathematisch – aus einem Widerspruch eben alles folgt. Was aber ist die Lösung? Ist die Regel doch fest an das Handeln gekettet? Natürlich nicht, sondern die Trennung in Regel und Handeln ist die Grundlage der Verwirrung:

»Daß da ein Mißverständnis ist, zeigt sich schon darin, daß wir in diesem Gedankengang Deutung hinter Deutung setzen [. . .]. Dadurch zeigen wir nämlich, daß es eine Auffassung der Regel gibt, die *nicht* eine *Deutung* ist; sondern sich, von Fall zu Fall der Anwendung, in dem äußert, was wir ›der Regel folgen‹, und was wir ›ihr entgegenhandeln‹ nennen. [. . .]
Darum ist ›der Regel folgen‹ eine Praxis.« (PU, 201, 202).

Kurz gefaßt, das Mißverständnis liegt also in der Annahme, Verhaltens- und Sprachnormen würden dem Individuum als

Programm eingeschoben, und es hätte dieses Programm nun, von Fall zu Fall, zu interpretieren. Während das Individuum nicht über diese Regeln verfügt, sondern aus ihnen besteht. Sprache wird damit unveräußerlicher Teil des Körpers. Baker und Hacker (1984) haben auch recht mit ihrer Kritik, daß aus der Annahme, daß Sprache ein System von Regeln sei, und das Sprechen ein unbewußtes Operieren mit diesem System, kein sinnvolles Sprachkonzept entstehen kann. Ebenfalls zu recht weisen sie auf den verwandten Fehler hin, nach Beziehungen zwischen Wunsch und Wunscherfüllung zu suchen:

»[. . .] philosophers are tempted to interpose abstract entities to explain an internal relation (e. g. between a proposition and the fact that makes it true or between an expectation and the event which fulfills it), not recognizing that every such relation is perspicuosly forged in language. The supposition that an interpretation, whether a personal or community-wide one, must mediate between a rule and its application is a parallel illusion of Reason.« (Baker/Hacker 1984, S. XIIf.).

Diese Kritik bedeutet, radikal genommen, daß ein Programm wie Chomskys Universalgrammatik, daß alle generativen Ansätze der Linguistik verfehlt sind. Da sie Regelverhalten durch Regelsysteme ›erklären‹, geraten sie in den von Wittgenstein erwähnten Deutungszirkel. Denn nun werden wieder Regeln benötigt, um das beschreibende Regelsystem zu interpretieren. Das Programm einer generativen Grammatik hätte demnach nur Sinn als Analyse formaler Strukturen, kann aber keine Aussagen über das Phänomen der Verständigung machen. Horwich (1984) weist ebenfalls in Auseinandersetzung mit Kripke darauf hin, daß es trotzdem nicht ausgeschlossen ist, Faktoren in einem Sprecher zu identifizieren, die mit einem erfolgreichen kommunikativen Verhalten einhergehen, und solche, die zu sprachlichen Regelverstößen führen.

8.4 Logische, grammatische, empirische Sätze

Festzuhalten bleibt, daß die Regel für Wittgenstein kein ›privates Objekt‹ ist. Die Praxis, auf die sie verweist, kann nach ihm nicht theoretisch gefaßt werden, wohl kann man sie – und ihren Wandel – beschreiben. Die ›Praxis‹ ist Grenzbegriff des Weltbild-Systems. Darin unterscheidet Wittgenstein, um zusammenzufassen, drei Kategorien von Sätzen:

(a) Logische Sätze: Das ist eine formale Kategorie. Der logische Satz ist im System unbedingt wahr, auch gegen jede empirische Evidenz (z.B. ›Rot und Gelb ergibt Orange‹, ›Wo ein Körper ist, kann kein zweiter sein‹, der Energieerhaltungssatz usw.).

(b) Grammatische Sätze: Jeder Satz, der mit dem System konsistent und regelgerecht ist. (Eine grammatische Bemerkung, wie Wittgenstein seine Sätze manchmal nennt, illustriert eine mögliche Verwendungsweise eines Wortes etc., ist also nicht wegen ihres ›empirischen‹ Inhalts an ihrem Ort).

(c) Empirische Sätze: Urteilssätze, mit denen individuelle Aussagen gemacht werden. Empirische Sätze können nicht nur, sie müssen wahr oder falsch sein. Logische Sätze sind weder wahr noch falsch.

Moores Sätze haben die Form empirischer Sätze, aber die Rolle von logischen. Logische Sätze erscheinen uns in gewissem Maße selbstbezüglich. Wenn man den Farben z.B. erst einmal Täfelchen angehängt hat, ist die Aussage ›Rot und Gelb ergibt Orange‹ nicht viel anders als ›2 + 2 = 4‹. Der Schluß folgt aus den Definitionen. Moores Sätze sind keineswegs selbstbezüglich, beziehen sich nicht nur auf die Beschreibungsform und drücken dennoch unverrückbare Überzeugungen aus. Woher die Sicherheit?

8.5 Erziehung

Aus der Erziehung? Wittgenstein stellt als Gedankenbeispiel die Frage:

»[. . .] warum sollte ein König nicht in dem Glauben erzogen werden, mit ihm habe die Welt begonnen?« (ÜG, 92).

Das würde natürlich gegen sehr viele von Moores Sätzen verstoßen.

»Und wenn nun Moore und dieser König zusammenkämen und diskutierten, könnte Moore wirklich seinen Glauben als den richtigen erweisen? Ich sage nicht, daß Moore den König nicht zu seiner Anschauung bekehren könnte, aber es wäre eine Bekehrung besonderer Art: der König würde dazu gebracht, die Welt anders zu betrachten.« (ebd.).

Indem unsere Sprache unsere Denkform ist, macht sie uns auch blind für bestimmte Möglichkeiten. An ihren Grenzen endet aber die Rationalität. Verschiebungen in diesem Bereich sind irrational, d. h. wie der Vorgang der Bekehrung unbegründbar. Das irrationale Moment betont Wittgenstein auch durch den anschließenden Verweis auf rein formale Elemente, die überredende Kraft haben können:

»Bedenke, daß man von der *Richtigkeit* einer Anschauung manchmal durch ihre *Einfachheit* oder *Symmetrie* überzeugt wird, d. h.: dazu gebracht wird, zu dieser Anschauung überzugehen. Man sagt dann etwa einfach: ›So muß es sein.‹« (ÜG, 92).

Die Motive ›Einfachheit‹, ›Symmetrie‹ sind übrigens von der Mathematik hergenommen.

Wichtiger aber ist, daß die Möglichkeit besteht, dem König beizubringen, mit ihm habe die Welt begonnen. Umgekehrt, wie lehrt man das Gegenteil? Warum glauben wir nicht alle, die Welt habe mit uns begonnen und ende mit uns? Spricht nicht die Erfahrung – ohne die Zutat irgendwelcher Urteile – dafür?

Auch in diesem Zusammenhang wendet sich Wittgenstein gegen eine falsche Vorstellung; eine falsche Vorstellung vom Lernen. Die Gewißheiten, auf die Moore sich beruft, und ähnliche, lernt man nicht explizit als Sätze. »Die Sätze, die für mich feststehen, lerne ich nicht ausdrücklich.« (ÜG, 152). Um ihre Position zu beschreiben, bedient sich Wittgenstein, einmal mehr, einer Metapher:

»Ich kann sie nachträglich *finden* wie die Rotationsachse eines sich drehenden Körpers. Diese Achse steht nicht fest in dem Sinne, daß sie festgehalten wird, aber die Bewegung um sie herum bestimmt sie als unbewegt.« (ÜG, 152).

Auch diese Metapher ist Ausdruck von Wittgensteins relationalem Wahrheitsbegriff. Die Gesamtheit der Beziehungen eines Satzes zu den restlichen Sätzen des Systems bestimmt seine Bedeutung und seine funktionale Rolle im System. So kann er sagen:

»Wir lernen die Praxis des empirischen Urteilens nicht, indem wir Regeln lernen. [. . .] Ein *Ganzes* von Urteilen wird uns plausibel gemacht.«
»Wenn wir anfangen, etwas zu *glauben*, so nicht einen einzelnen Satz, sondern ein ganzes System von Sätzen. (Das Licht geht nach und nach über das Ganze auf.)«
»Nicht einzelne Axiome leuchten mir ein, sondern ein System, worin sich Folgen und Prämissen *gegenseitig* stützen.« (ÜG, 140–142).

Aber wie geht das Licht langsam auf? Wodurch sind diese Sätze verknüpft? Worin liegt das Glauben an die Sätze? – Die Antwort auf alle diese Fragen ist die ›Praxis‹: »Das Kind lernt eine Menge Dinge glauben. D. h. es lernt z. B. nach diesem Glauben handeln.« (ÜG, 144). Ein Beispiel gibt Wittgenstein erst an späterer Stelle: »Das Kind lernt nicht, daß es Bücher gibt, daß es Sessel gibt, etc. etc., sondern es lernt Bücher holen, sich auf Sessel (zu) setzen, etc.« (ÜG, 476). Allgemein formuliert: Das Kind lernt, in seiner Umwelt zu operieren. Das Wissen, die Gewißheit kommt vor dem Zweifel, und das heißt demnach, das Handeln kommt vor dem Zweifeln. Denn ursprünglich ist das Handeln nicht begründet im sprachlichen Sinne: »Warum soll denn das Sprachspiel auf einem Wissen ruhen?« (ÜG, 477). Das ist ›unsere‹ metaphysische Forderung, von der Wittgenstein ›uns‹ heilen will, eine Forderung, die aus der falschen Vorstellung vom Wissen – einer Art unbewußten Theorie des Wissens, die wir voraussetzen – folgt. Wittgensteins Aufzeichnungen sind grammatische Bemerkungen zu den Begriffen ›Wissen‹, ›Glauben‹ etc. – Aufzeichnungen, die um die Wörter und die mit ihnen verbundenen Vorstellungen herumgeschrieben worden sind. Das soll zu der Einsicht führen, daß wir mit den Dingen operieren, bevor wir über sie nachdenken, geschweige denn, sie verstehen.

»Die Sprache«, heißt es daher, »ist nicht aus einem Raisonnement hervorgegangen« (ÜG, 475).

»Das Eichhörnchen schließt nicht durch Induktion, daß es auch im nächsten Winter Vorräte brauchen wird. Und ebensowenig brauchen wir ein Gesetz der Induktion, um unsre Handlungen und Vorhersagen zu rechtfertigen.« (ÜG, 287).

Kein Gesetz der Induktion und auch kein sonstiges System abstrakter Regeln; damit wird langsam deutlich, auf welche Ebene Wittgenstein mit seiner Analyse zielt: die des vor-reflexiven Instinkts. Diese Ebene hat zumindest eine Familienähnlichkeit mit der Willensmetaphysik Schopenhauers und dem Unbewußten bei Freud.

Ein entscheidender Unterschied besteht jedoch in der durchgängigen Rationalität des Wittgensteinschen Analogons zu Freuds ›Unbewußtem‹ und darin, daß es jederzeit aktualisierbar ist. Es besteht in den Folgerungen, die wir mit den durch Handeln gelernten Sätzen ›hinuntergeschluckt‹ haben. Es sind eben gerade diese Sätze, die feststehen.

Am Anfang steht das Bauen auf Autorität:

»Ein Kind lernt viel später, daß es glaubwürdige und unglaubwürdige Erzähler gibt, als es Fakten lernt, die ihm erzählt werden. Es lernt, daß jener Berg [von dem in einem Beispiel erzählt wird] schon lange existiert habe, *gar nicht*; d.h. die Frage, ob es so sei, kommt gar nicht auf. Es schluckt, sozusagen, diese Folgerung mit dem hinunter, *was* es lernt.« (ÜG, 143).

Was es lernt, ist, sich zu verhalten. Auf diesen ›primären‹ Sprachspielen ruhen erst die ›sekundären‹ des ›Fragens nach der Existenz‹ etwa (vgl. Hintikka/Hintikka 1986 zum begründenden Verhältnis der primären zu den sekundären Spielen; vgl. Finch 1977, S. 258f.).

Das Primat der ›gläubigen‹ Reaktion, die im eingespielten Sprachspiel zum gesicherten, begründbaren Wissen führt, entspricht dabei natürlich der Widerlegung des ›Regelparadoxes‹. Auch hier ist die Beweisführung analog dem mathematischen Beweis, der *zeigt,* daß die gegenteilige Annahme in den Widerspruch führt: In diesem Fall erweist sich ein Schüler, der den ersten Schritt des Unterrichts bezweifelt (sagen wir, die Existenz der Erde im Geschichtsunterricht) als nicht einmal des Zweifelns fähig. Sein Zweifel wäre ›hohl‹ (vgl. ÜG, 312 und die umliegenden Bemerkungen).

Das in der Praxis der Lebensform wurzelnde Weltbild läßt nur bestimmte Zweifel zu. Aller übrigen Skepsis ruft Wittgenstein zu: »Dieser Zweifel gehört nicht zu den Zweifeln unseres Spiels. (Nicht aber, als ob wir uns dieses Spiel aussuchten!)« (ÜG, 317). Diese und ähnliche Stellen sind häufig als Ausdruck eines Konservativismus und Quietismus interpretiert worden, als Sanktionierung des Status Quo. Dabei wurde aber übersehen, daß Wittgenstein lediglich vertritt, daß das geschichtliche und soziale Moment der Situation des Sprechers die Grenzen des Zweifels (und damit möglicher Kritik) bestimmt.

Daß Wittgenstein sich dezidiert gegen einen Relativismus von Weltbildern verwahrt – »Zu sagen: wir können am Ende nur solche Gründe anführen, die *wir* für Gründe halten, sagt gar nichts.« (ÜG, 599) – gibt dem System ›Weltbild‹ gerade jene Härte, die es erlaubt, sich von ihm auch abzustoßen.

Weltbild und Logik (das Flußbett der Gedanken) können sich verschieben, wenn dabei die Kohärenz der Sätze gewahrt bleibt: jener Zusammenhang, der sie zu einem System macht. Wittgensteins Denken zeigt hier eine Offenheit, die sich der sicheren Interpretation entzieht (vgl. Hilmy 1987, S. 267). Auch die genaueste Aussage, die sich in *Über Gewißheit* findet, liefert keine Definition eines Systems:

»Alle Prüfung, alles Bekräften und Entkräften einer Annahme geschieht schon innerhalb eines Systems. Und zwar ist dies System nicht ein mehr oder weniger willkürlicher und zweifelhafter Ausgangspunkt aller unsrer Argumente, sondern es gehört zum Wesen dessen, was wir ein Argument nennen. Das System ist nicht so sehr der Ausgangspunkt, als das Lebenselement der Argumente.« (ÜG, 105).

Das führt auf die Fragen, wie die Geschlossenheit des Weltbildes gesetzt wird und wie es überhaupt möglich ist, innerhalb eines Bildes über das Bild zu sprechen, wie Wittgenstein es ja tut.

Zur zweiten Frage findet sich nur ein dunkler Hinweis: Hier sei »*wieder* ein Schritt nötig ähnlich dem der Relativitätstheorie (ÜG, 305). – Dieser Schritt ermöglicht es, den Impuls eines Teilchens unabhängig vom Bezugssystem zu bestimmen (zu dieser Frage vgl. Hilmy 1987, S. 139f.).

Konkreter und damit interessanter ist der Hinweis auf die Lernsituation als Antwort auf das Problem, wie das System gesetzt wird:

»Das Kind, möchte ich sagen, lernt so und so reagieren; und wenn es das nun tut, so weiß es damit noch nichts. Das Wissen beginnt erst auf einer späteren Stufe.« (ÜG, 538).

8.6 Primäre und sekundäre Sprachspiele?

Mit der primitiven Lernsituation ist der Endpunkt der Wittgensteinschen Analyse bezeichnet, der Punkt, an dem es ein Fehler wäre, »nach einer Erklärung zu suchen, wo wir die Tatsachen als ›Urphänomene‹ sehen sollten. D. h., wo wir sagen sollten: *dieses Sprachspiel wird gespielt.*« (PU, 654).

Man hat vorgeschlagen (Hintikka/Hintikka 1986, S. 272ff., S. 256–258), die Sprachspiele dieser Ebene als ›physiognomische Sprachspiele‹ zu bezeichnen, und auch Finch (1977, S. 258–259) spricht von einer Proto-Sprache, die in den *Philosophischen Untersuchungen* enthalten sei und die sich aus der Schnittstelle sprachlicher mit gestischen Ausdrucksformen rekonstruieren lasse.

Ein Beispiel, an dem Wittgenstein den Zusammenhang ausführlich und an verschiedenen Stellen erläutert, ist das der ›Schmerzen‹. Eine Möglichkeit, wie Empfindungswörter sich auf Empfindungen ›beziehen‹, sei: »Es werden Worte mit dem ursprünglichen, natürlichen, Ausdruck der Empfindung verbunden und an dessen Stelle gesetzt.« (PU, 244). Das Wort ›beschreibt‹ in diesem Fall jedoch keineswegs die Schmerzempfindung, sondern es ersetzt andere Formen der *unmittelbaren* Schmerzäußerung. Und wie könnte ich denn, merkt Wittgenstein an, »mit der Sprache noch zwischen die Schmerzäußerung und den Schmerz treten wollen?« (PU, 245). Das Kind lernt ›Schmerzsprachspiele‹ nicht als Beschreibungen von Situationen (inneren und/oder äußeren), sondern es lernt, sprachliche Äußerungen in die vorsprachliche Praxis des Umgangs mit Schmerz zu integrieren, woraus sich das Sprachspiel ergibt:

»Es hilft hier, wenn man bedenkt, daß es ein primitives Verhalten ist, die schmerzende Stelle des Andern zu pflegen, zu behandeln, [. . .] also auf des Andern Schmerzbenehmen zu achten [. . .]. Was aber will hier das Wort ›primitiv‹ sagen? Doch wohl, daß die Verhaltungsweise *vorsprachlich* ist: daß ein Sprachspiel *auf ihr* beruht, daß sie das Prototyp einer Denkweise ist und nicht das Ergebnis des Denkens. [. . .] Zu meinem Begriff gehört hier mein Verhältnis zur Erscheinung.« (Zettel, 540–543).

Physiognomische Sprachspiele ruhen auf dem natürlichen, ursprünglich vorsprachlichen Ausdruck unserer Empfindungen und Gefühle und den instinktiven, d. h. nicht vernunftvermittelten Reaktionen anderer auf diesen Ausdruck. In dieser Kommunikationsform sieht Wittgenstein einen sicheren Hafen. Die Gewißheit dieser Sprachspiele ist verbürgt: »Sind wir vielleicht voreilig in der Annahme, daß das Lächeln des Säuglings nicht Verstellung ist? [. . .] (Das Lügen ist ein Sprachspiel, das gelernt sein will, wie jedes andre.)« (PU, 249). Das erinnert an die häufig vertretene Ansicht, Augen könnten nicht lügen, von dem leider gesagt werden muß, daß es nur die halbe Wahrheit ist: Es fällt den Augen lediglich schwerer. Was Wittgenstein aber meint, ist wohl, daß auf der Ebene des Einspielens solcher Reaktionsnormen ja noch nicht vom Säugling oder Kleinkind der ›passende‹ Ausdruck für sein inneres Empfinden gesucht, sondern die Grammatik seiner inneren Empfindung erst produziert wird. Soweit das vorsprachliche Verhalten und Empfinden also nicht paradox ist, wird auch die eingespielte Grammatik konsistent sein.

Nach Hintikka und Hintikka (1986, S. 258) ist daher die Verbindung zwischen Gefühl und Ausdruck auch eine logische, keine kontingente. Das Paradigma dafür wäre der Gesichtsausdruck. Wir interpretieren ein Gesicht nicht als freudig, traurig usw. Wittgenstein demonstriert diese ›Deutungsunbedürftigkeit‹ gestisch-mimischer Sprache mit einem ›grammatischen Witz‹: »Es zückt jemand das Messer auf mich, und ich sage: ›Ich

fasse das als eine Drohung auf.‹« (Zettel, 218). – Wie so häufig
besteht Wittgenstein ›gegenmodern‹ auf einer Ebene deutungs-
freien Sinns (vgl. Zettel, 225).

Die Sicherheit ist hier ursprünglich, der Zweifel kommt erst
später ins Spiel. In der Regel gibt es keinen Zweifel darüber, ob
der andere Schmerzen hat, egal ob er das in seinem Mienenspiel,
in Worten oder mit beidem ausdrückt: Wir deuten nicht, so wenig wie in anderen Empfindungsspielen, von dem äußeren Ausdruck auf einen inneren Vorgang. Wir deuten mithin auch nicht
durch einen Analogieschluß aus unserem Empfinden über die
gemeinsame Sprache auf das Empfinden anderer Menschen, das
uns ›eigentlich‹ im Inneren ihrer Schädel unzugänglich wäre:

»Sicher sein, daß der Andre Schmerzen hat, zweifeln, ob er sie hat, usf.,
sind so viele natürliche instinktive Arten des Verhaltens zu den andern
Menschen, und unsre Sprache ist nur ein Hilfsmittel und weiterer Ausbau
dieses Verhaltens. Unser Sprachspiel ist ein Ausbau des primitiven Beneh-
mens. (Denn unser *Sprachspiel* ist Benehmen.) (Instinkt.)« (Zettel, 545).

Unmittelbarer als im Schmerzverhalten ist der Schmerz nicht zu
haben, wie auch der Gedanke nicht unmittelbarer als im Sprach-
verhalten (im Satz) zu haben ist; der Satz drückt nichts aus als
sich selbst. Wittgensteins ›phänomenologische Welt‹ besteht
nur aus Oberfläche, wie Finch (1977, S. 174) es ausdrückt. In
dieser zweidimensionalen Transparenz sind die Phänomene lesbar wie ein Gesichtsausdruck, eindeutig, ohne Widerspruch.
›Phänomen‹ bedeutet hier wirklich ›Alltagsphänomen‹ (Finch
1977, S. 172). Wie nun in der Malerei die ›einfachere‹ zweidimensionale Leinwand die Möglichkeit der Dreidimensionalität
enthält, so werden durch die Versprachlichung zusätzliche
Welten geschaffen. Die Ebene der Täuschung entsteht durch die
Sprache, das Sehen – besser: die primäre Erfahrung – trügt
nicht. »Wie gesagt: denk nicht, sondern schau!« (PU, 66). Philosophie wäre die Ausräumung von Illusionen, die durch den
sprachlichen Symbolismus möglich geworden sind.

Finchs Interpretation ist radikal, wird aber durch die durch-
gängige Parallelität, mit der Wittgenstein ›Denken/Sprache‹
und ›Sehen‹ behandelt (vgl. auch Wenning 1985), gestützt.

Das Bemerkenswerte an dem Gedanken der Welt als lesbares
Gesicht ist, wie Finch schreibt, daß Wittgenstein ihn mit dem
gleichstarken Prinzip verbindet, »that the phenomena have no
character of their own at all, but all meaning lies in the language
and human activities with which we respond to the phenomena.« (Finch 1977, S. 190f.).

9. Philosophie und ihre Therapie

9.1 Wittgenstein und Psychoanalyse

Während Freud sich von der Seite des Irrationalen, des Unbewußten auf theoretische Weise dem ›Anderen der Vernunft‹ genähert hat, um ihm Boden abzugewinnen, bemühte Wittgenstein sich, den Boden der Vernunft abzusichern, indem er die logische Kohärenz nicht nur der Sprache, sondern eben des Sprachspiels forderte. Er enthielt sich dabei der Theorie, vielleicht weil er falsch verstandene Theorie als eine Wurzel des Übels ansah. Die Sprache der Philosophen bezeichnete er als durch zu enge Schuhe deformiert. Dasselbe könnte man von der Sprache von Theorien behaupten, denn Theorien kommen ohne Verbot bestimmter sprachlicher Wendungen (ohne Sprachverkürzung) nicht aus. Sie mögen deshalb nicht geeignet sein, das Übel zu beheben, um dessen Verschwinden es Wittgenstein ging.

Die Beziehung zwischen Wittgenstein und Freud ist komplex. Auf der einen Seite sprach Wittgenstein, wie Rhees mitteilt (LA, S. 41), von sich als einem Schüler und Nachfolger Freuds, auf der anderen Seite kritisierte er zumindest Teile von Freuds Theorie als irreführend, als »Vorurteil«, dem Freud alle Erscheinungen einpassen wolle (vgl. BüF, III, 320).

Wittgensteins Kritik an Freud besteht, kurz gefaßt, in dem Vorwurf der Verwechslung von Vergleichsobjekt (oder Urbild) und betrachtetem Gegenstand. Der Gedanke der ›Wuncherfüllung‹, als Motivation für welches Verhalten auch immer, ist gewissermaßen Freuds ›conditio sine qua non‹. Wittgenstein gibt zu bedenken, man könne sicher sein, daß Träume, die einmal eine Wunscherfüllung sein können, ein anderes Mal eine ganz andere Funktion haben. Daß sich aus dem Wunsch, alle psychischen Phänomene durch ein physikalisches Modell zu erklären, begriffliche Widersprüche ergeben, bestätigt Wittgensteins Skepsis. So sind psychoanalytische Erklärungen nur als intentionale Erklärungen sinnvoll. Dabei gehen die Motive des Individuums seinem Verhalten voraus, als Gründe, nicht als Ursachen. Die ›Nicht-Lösung‹ eines Konflikts als Ursache einer Erkrankung aufzufassen, wie Freud es tut, und die Krankheit als Wirkung, kehrt die Zeitlogik gerade um. Denn die Krankheit besteht gerade in der Unfähigkeit, den Konflikt zu lösen (vgl. hierzu Fischer 1987, S. 110ff.). Im *Blauen Buch* stellt Wittgenstein das als Übersehen der logischen Differenz zwischen zwei möglichen Antworten auf die Frage ›Warum?‹ dar (vgl. BB, S. 33ff.). ›Warum schmilzt Eis in der Sonne?‹, verlangt eine völlig andere Form von Antwort als die Frage ›Warum kommst du immer zu spät?‹. In diesem Zusammenhang stellt Wittgenstein auch fest, daß die Kette von Gründen für eine Handlung an einer Stelle abreißt. Was sich sinnvoll über den Zusammenhang menschlicher Handlungen sagen läßt, findet auch in der Ausdehnung der Zeit ein Ende; im Gegensatz zu Freuds Theorie, die durch ihren durchgängigen und prinzipiellen kausalen Determinismus zu dem Konzept archaischer ›Ur-Konflikte‹ gelangt.

In seinen Vorlesungen (Vorlesungen, S. 164 u. 236f.) vergleicht Wittgenstein das ›Unbewußte‹ in Freuds Theorie mit den ›unsichtbaren Massen‹ in der Mechanik von Hertz. Beide Größen werden eingeführt, um eine einheitliche Beschreibung der ›Welt‹ zu ermöglichen, die Konsistenz des Begriffsnetzes aufrechtzuerhalten:

»Hertz hat gesagt, wo etwas nicht seinen Gesetzen entspreche, müsse es unsichtbare Massen geben, um es zu erklären. Diese Aussage ist weder richtig noch falsch, aber sie kann praktisch oder unpraktisch sein. Hypothesen, wie das Reden von ›unsichtbaren Massen‹ und ›unbewußten geistigen Ereignissen‹ sind Normen des Ausdrucks. Sie finden Eingang in die Sprache, damit wir sagen können, hier *müsse* es Ursachen geben.« (Vorlesungen, S. 164; vgl. auch Fischer 1987, S. 128).

Der Theoretiker rekonstruiert in beiden Fällen aus dem Bekannten das Unbekannte. Die Rechtfertigung der Methode liegt natürlich in der Anwendung, der erfolgreichen Berechnung der Physik, der Heilung durch Therapie. Dennoch liegt in der symbolischen Konstruktion solcher Scheinwelten die Gefahr, daß die abgeleitete Erscheinung sich an die Stelle der beobachtbaren Phänomene setzt und die Oberhand gewinnt. Das ist zumindest eine der Möglichkeiten, wie der Verstand durch sprachliche Bilder verhext werden kann.

Wittgenstein erklärt Freuds Theorie keinesfalls für verkehrt. Er hält sie allerdings in ihrem physikalistischen Teil für überzogen (Determinismus), als ›Erklärung‹ gar für verfehlt, was aber schwerer wiegt, er hält ihre Bilder für suggestiv und darum für gefährlich. Jeder Esel, so findet es sich in einer späteren Bemerkung (VB, S. 527), habe diese Bilder nun zur Hand, um mit ihrer Hilfe Krankheitserscheinungen zu ›erklären‹.

In der neueren psychoanalytischen Diskussion werden viele der Aspekte, die Wittgenstein als ›grammatische Deformationen‹ an Freud ›therapiert‹, überdacht und reformuliert. So wird Therapie nicht mehr durchgängig als Rekonstruktion eines Ursache-Wirkung-Geschehens begriffen, sondern als »konstruktive Neuorientierung des Patienten in und durch Geschichten« (Fischer 1987, S. 5). Das Dilemma der ›historischen Wahrheit‹ hypothetischer frühkindlicher Ereignisse, die sich nicht anders als durch Zustimmung des Patienten belegen läßt, wird damit umgangen. Unter dieser Perspektive gerät die Analyse des Unbewußten zu einer Veränderung der Grammatik der Sprachspiele des Patienten.

Bedenkt man Wittgensteins kulturkritische Einstellung, und nimmt man den Umstand hinzu, daß individuelle Krankheit mehr und mehr als Spiegel gesamtgesellschaftlicher Verzerrungen interpretiert wird, so kann man sagen, daß hier Linien des Wittgensteinschen Diskurses mit solchen des psychoanalytischen zusammenlaufen.

Nicht unerwähnt bleiben darf in diesem Zusammenhang der Ansatz von Lazerowitz und Ambrose (Lazerowitz 1977; Lazerowitz/Ambrose 1984). Ihr Ausgangpunkt: »a philosophical theory is essentially an unconsciously engineered semantic deception.« (Lazerowitz 1977, Vorwort). Der Philosoph verschiebt die Grammatik von Ausdrücken, um sich bestimmte unbewußte Wünsche zu erfüllen. Technisch beschreibt Lazerowitz den Vorgang in folgenden drei Schritten:

(1) Ein verengter Gebrauch eines Ausdrucks wird eingeführt.
(2) Dieser Gebrauch wird nicht als eine neue Ausdrucksweise, sondern als Tatsachenbehauptung hingestellt (Verwechslung von ›logischem Satz‹ und ›empirischem Satz‹).
(3) Dadurch tritt nun die ›Wunscherfüllung‹ ein.

Solipsismus z. B. erscheint dann als grammatisch hergestellte Regression in den primären Narzismus. Kants Fassung der Naturgesetze als Konstitutionsprinzipien des Verstandes wird in dieser Theorie ebenfalls zu einer Regression in die Phase, da Ich und die Welt noch identisch waren.

Lazerowitz und Ambrose weisen auf zwei wichtige Punkte hin: Erstens, daß Wittgenstein seine neue therapeutische Konzeption von Philosophie nirgends so deutlich ausdrückt wie im *Blauen Buch* und zur Zeit von dessen Entstehung bis Mitte der dreißiger Jahre, und zweitens, daß das zentrale Motiv dabei die Verwechslung sprachlicher und ontologischer Fragen ist. Durch die Anbindung an die unverändert übernommene psychoanalytische Orthodoxie, gerade den Teil von Freuds Denken, der Wittgensteins Kritik herausforderte, verliert der Ansatz von Lazerowitz und Ambrose, was er gewann: Offenheit für eine radikale, neue Fragestellung und damit Betrachtungsweise für Philosophie im speziellen und Theorie im allgemeinen.

Die Vermengung logischer mit empirischen Fragen entspricht einer grammatischen Deformation. Der Sprache werden bestimmte Ausdrucksmöglichkeiten entzogen. So will Moore durch seine Argumentation den Ausdruck ›Ich weiß x‹ von der Möglichkeit ›Ich glaube, ich wisse x‹ abkoppeln. Die zweite Form ist nach Wittgenstein aufgrund seines streng relationalen Wahrheitsbegriffs immer denkbar, auch in solch auf den ersten Blick absurden Fällen wie ›Ich glaube zu wissen, ich sei ein Mensch‹. Dieser Satz drückt entweder etwas aus, was wir nicht sinnvoll ausdrücken können – etwa ›Ich bin Ich‹, einen Satz, der in keinem sinnvollen Sprachspiel Verwendung hat –, oder er hat einen Sinn, der am Begriff des ›Mensch-Seins‹ hängt. Dann aber kann sich der Sinn wandeln, und der Satz ist nicht zeitlos wahr. Was gemeint ist, wird durch ein anderes Beispiel vielleicht plausibler:

»Wenn wir in unserm System denken«, schreibt Wittgenstein in *Über Gewißheit* (108), »so ist es gewiß, daß kein Mensch je auf dem Mond war«. Während dieser Satz zur Zeit seiner Niederschrift noch zu jenen gehörte, die obwohl empirisch, doch logisch waren, insofern ihre Negation ›im System‹ sinnlos gewesen wäre, hat er innerhalb der nächsten zwanzig Jahre die Seiten gewechselt.

Der Begriff des ›grammatischen‹ (logischen) Satzes scheitere daher, so behauptet Wenning (1985), am Abgrenzungsproblem zwischen Logik und Empirie. Der Autor erläutert dies am Beispiel des Verhältnisses von Sehtheorie und Wittgensteins Analyse der Farbbegriffe. Mit Farbbegriffen ›rechnen‹ wir:

»In der Tricolore kann z.B. das Weiß nicht dunkler sein als Blau und Rot. Hier gibt es eine Art Farbmathematik.« (BüF III, 2, 3).

Wenning weist darauf hin, daß dies nicht Folge der Farbmathematik ist, sondern, wie die physiologische Forschung inzwischen gezeigt habe, in der Struktur der Farbrezeptoren und der Reizverarbeitung eine Grundlage finde.

Dieser Einwand führt auf Wittgensteins Philosophie der Psychologie, die den zweiten Teil der *Philosophischen Untersuchungen* hätte bilden sollen. Sie soll hier nur gestreift werden. Wenning könnte man dreierlei entgegnen:

(1) Selbst wenn ein völliges physiologisches Analogon der Grammatik von Sprachspielen gefunden würde, wäre dieses Analogon nicht die Erklärung des Sprachspiels. Der innere materielle Vorgang hat dieselbe logische Stellung wie ein Gefühl, und: »Auch wenn Einer nur dann, und nur so lange, eine bestimmte Fähigkeit hätte, als er etwas Bestimmtes fühlt, wäre das Gefühl nicht die Fähigkeit.« (PU, S. 500).

(2) Die Korrektheit der physiologischen Erklärung hängt von dem Sprachspiel ab. Im *Blauen Buch* (S. 24f.) findet sich dazu ein Gedankenexperiment, in dem eine Versuchsperson, die gleichzeitig Experimentator ist, ihr eigenes Gehirn beobachtet, während sie einen Satz schreibt. Das Beste, was sie erreichen kann, ist, eine Parallelität der Ereignisse festzustellen. Wittgenstein merkt an, daß es keinen Sinn hat, nach dem ›Ort‹ des in jenem Satz ausgedrückten Gedankens zu fragen. Dieser Ort ist nämlich das in der Zeit ausgedehnte Sprachspiel.

Denselben Umstand erläutert Wittgenstein in den *Philosophischen Untersuchungen* (S. 520) im Zusammenhang mit dem ›Aspektsehen‹. Wie läßt es sich erklären, daß wir dasselbe Bild einmal als Hase, einmal als Ente sehen?

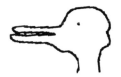

Alle Messungen der Augenbewegungen führen dabei höchstens zu einem weiteren Kriterium des ›Sehens als‹:

»Der Zweck dieser Bemerkung war aber, uns vor Augen zu führen, was geschieht, wenn uns eine physiologische Erklärung dargeboten wird. Der psychologische Begriff schwebt über dieser Erklärung unberührt. Und die Natur unseres Problems wird dadurch klarer.« (PU, S. 550).

(3) Das Zitat macht deutlich, wie Wittgenstein den Begriff ›Psychologie‹ verwendet: für alle Sprachspiele, bei denen ›innere Vorgänge‹ eine Rolle zu spielen scheinen, im Gegensatz zu

Sprachspielen über ›äußere Gegenstände‹. In gewissem Sinne trennt er Physik von Psychologie, um beide in der Logik von Sprachspielen wieder aufzuheben. Die Parallelität von ›Sehen‹ und ›Denken‹ besteht auch darin, daß wir uns über das Sehen dieselben falschen Vorstellungen bilden wie über das Denken. In beiden Fällen trennen wir ›physikalische‹ Zeichen vom ›mentalen‹ Vorgang des Deutens und Verstehens. Das Aspektsehen ist dabei vergleichbar dem Auffassen eines Satzes in verschiedenen Bedeutungen, z. B. ›Das war ein schneller Zug‹, geäußert neben einer Bahnstrecke oder am Schachbrett.

Man kann nach Wittgenstein die Sprachspiele der Physiologie zwar kriteriologisch auf die Sprachspiele mit psychologischen Ausdrücken beziehen, aber man kann die *Logik* der einen nicht in der *Logik* der anderen aufgehen lassen – es handelt sich um völlig verschiedene Praxen. Er vergleicht den Zustand der Verwirrung in der Psychologie mit dem der Mathematik (oder bestimmter Zweige, der Mengenlehre): Wie dort Beweismethoden (also eine Praxis) mit Begriffsverwirrung einhergingen, so hier experimentelle Methoden und Begriffsverwirrung: »Das Bestehen der experimentellen Methode läßt uns glauben, wir hätten die Mittel, die Probleme, die uns beunruhigen, loszuwerden; obgleich Problem und Methode windschief aneinander vorbeilaufen.« (PU, S. 580).

Im Ergebnis sichert Wittgenstein mit dieser Argumentation die Vernunft, wie sie sich begrifflich-praktisch auf die Wirklichkeit bezieht, sie sich aneignet und sie umbildet, vor jeder Erklärung durch irgendein partikuläres Ergebnis dieses Prozesses. Die Vernunft bleibt eigenständig, wenn auch nicht unwandelbar.

Wittgensteins Philosophie der Psychologie sieht die Deutung eines Bildes oder eines Begriffes, die Herstellung einer Analogie zwischen Gesehenem oder Gelesenem/Gehörtem und anderen Fällen als eine Tätigkeit, die – analytisch und synthetisch – Sinn herstellt. Analytisch, insofern sie ›das Material‹ in Teile zerlegt, synthetisch, insofern sie diese Teile mit den Teilen anderen Materials analogisiert. Eine Wahrnehmung zu identifizieren (zu benennen), eine Wortbedeutung zu verstehen, wäre dann ein analytisch-synthetischer Akt, der sich der begrifflichen Auflösung entzieht und nur gezeigt werden kann.

9.2 Psychoanalyse von Theorien

Wittgensteins Anliegen war es, das Aufgehen von wesentlich verschiedenen Grammatiken ineinander (oder gar ihre Hybridisierung) zu vermeiden, die grammatische Deformation zu beheben. Seine Philosophie ist nicht mehr Philosophie der Sprache als die Medizin der Körper ist, den sie behandelt. »Der Philosoph«, heißt es, »behandelt eine Frage; wie eine Krankheit.« (PU, 255). Eine Bemerkung, die in ihrer Mehrdeutigkeit die Bestimmung durch den Leser fordert. Denn ist die Frage die Krankheit? Die philosophische Behandlung der Frage die Krankheit? Oder ist gar die Behandlung die Krankheit?

Wittgenstein weist an dieser Stelle seiner Philosophie in eine spekulative Weiterführung. Da er nur eine Methode, keine Anwendung lehrt, steht sein Textwerk letztlich nicht für sich.

In den Nachlaßschriften Erich Fromms (Fromm 1990) findet sich der Gedanke einer ›Psychoanalyse von Theorien‹, die einerseits Ähnlichkeit mit Wittgensteins Bemühung um die ›grammatische Null-Lage‹ hat, andererseits, auf Wittgenstein selbst angewandt, die Grenzen dessen Denkens aufzuzeigen hilft. Eine umfassende, therapierende Analyse wendete sich so gegen Grundelemente der Theorie, die zwar als letzte Wahrheiten erscheinen mögen, eigentlich aber nur die Beschränktheit und die Ausgrenzung von Fremdem offenbaren, d. h. die Ausrichtung des eigenen Ansatzes garantieren.

Jede Theorie, das ist Fromms Ausgangspunkt, ist durch die Persönlichkeit ihres Urhebers (oder ihrer Urheber) und durch den geschichtlichen Moment ihrer Entstehung geprägt. Prägung heißt hier, daß bestimmte Gedanken notwendig zugunsten anderer unterdrückt werden. Es ist das Charakteristikum von Theorien, im Interesse der Pointierung zu verkürzen.

Sprachlich zeigt sich das am markantesten in den Begriffsbildungen einer Theorie und im Stil ihrer Texte. Fromm gibt einige Indikatoren für die Aufdeckung theoretisch unterschlagener Denkmöglichkeiten:

- die Ausdrucksweise eines Autors
- immanente Widersprüchlichkeiten der Texte
- Aspekte, die nur kurz erwähnt werden
- übermäßiges Insistieren auf bestimmten Punkten
- Auslassen von möglichen Hypothesen

(vgl. Fromm 1990, S. 40).

Wir überlassen es dem Leser, Wittgensteins Verfahren der Korrektur degenerierter Ausdrucksweisen als sinnverwandt zu betrachten, und führen sogleich kursorisch auf, welches die Haupt‹defizite‹ der Texte Wittgensteins unter diesen Prämissen sind:

(1) Die Unterlassung einer gesellschaftstheoretischen Grundlegung sprachlichen Vermögens.

(2) Die konsequent sprachimmanente Haltung, die ihn zwar auf die Lernsituation hinweisen läßt, eine Sozialisationstheorie aber aus dem Blick verliert, welche ja gerade auch den Übergang von vor-sprachlichem zu sprachdurchsetztem Verhalten behandeln müßte.

(3) Die Negierung der Bedeutung des ›inneren Erlebens‹ für sprachliches Verhalten. Alle drei Punkte hängen freilich mit der ›Perspektive Sprachspiel‹ zusammen, unter der Handeln, Sprache und Erleben immer schon synthetisiert erscheinen, ihr Bezug aufeinander darum nicht thematisch werden kann.

Es ist daher keine Überraschung, daß auf diesen Gebieten eine Art Fortführung der Wittgensteinschen Spracharbeit versucht worden ist.

9.3 Gesellschafts- und kulturtheoretische Ergänzungen

Mit dem Buch von Peter Winch (Winch 1966) beginnt die Rezeption Wittgensteins in den Gesellschaftswissenschaften, die auf gewisse Weise dessen eigene Aporie nachzeichnet.

Winch selbst führt einen Kulturrelativismus ein, der zwar wertfrei sein möchte, Sprachspiele (als Lebensformen) aber parallel und unverbunden beschreibt und damit gerade das wichtige Moment der ›Vermittlung‹ verfehlt.

Das wird nun sowohl in Habermas ›Theorie des kommunikativen Handelns‹ (Habermas 1988a) als auch bei Apel (Apel 1990) zentral. Bei Habermas wird die Philosophie im gesellschaftlichen Prozeß zur ›ersten Vermittlerin‹ zwischen den disparaten Diskurs-Kulturen. Für Apel soll der transzendentalpragmatische Rückgang auf das, ›was wir immer schon voraussetzen, wenn wir vernünftig reden/ernsthaft argumentieren‹, die Einheit der Vernunft und die Verbindlichkeit ethischer Normen rechtfertigen.

Beide Ansätze scheitern, soweit sie Wittgensteinsche Motive übernehmen, an der Hermetik von Wittgensteins Methode. Eine Theorie des kommunikativen Handelns müßte eine Meta-Theorie vernünftigen Sprechens sein – genau das ist bei Wittgenstein ausgeschlossen. Die transzendentalpragmatische Letztbegründung wiederum übersieht, daß ein Ende der Rechtfertigung immer beim voraussetzungslosen Handeln, nicht in der Reflexion liegt (vgl. ÜG, 475 und viele ähnliche Stellen) – Soweit diese Theorien Berechtigung haben, widerlegen sie Wittgenstein eher, als daß sie sich auf ihn berufen könnten.

Konsequenter folgen Berger (in Wiggershaus [Hg.] 1975) und Geertz (Geertz 1990) der Aporie Wittgensteins: Nur als Beteiligte am Sprachspiel der Betroffenen können der Sozialwissenschaftler und der Ethnologe wahrheitsfähige, authentische Aussagen treffen; dann haben sie jedoch bereits die theoretische Distanz verloren und damit die Fähigkeit, zwischen ›Urteil‹ und ›Vorurteil‹, zwischen ›wahrem‹ und ›falschem‹ Bewußtsein zu unterscheiden. Trotz dieser Schwierigkeit ist Geertz' Plädoyer für eine Ethnologie als Kunst interkulturellen Zuhörens und Verstehens eine bemerkenswerte Fortführung auch Wittgensteinschen Denkens.

Das trifft auch auf Lorenzer zu, der durch die Mißachtung der Unhintergehbarkeit der ›Sprachspiele‹ als Horizont die Freiheit gewinnt, über die Etablierung von vorsprachlichen und dann sprachlichen Interaktionsformen in der Mutter-Kind-Beziehung zu sprechen.

Lorenzer gelingt es, über den Begriff des ›innerlich-äußerlichen szenischen Arrangements‹, das in der Versprachlichung benannt wird (vgl. Lorenzer 1977, S. 45 ff.) und das immer auch externe Praxiselemente aus dem Umgang mit der Bezugsperson neben dem rein inneren ›Erleben‹ enthält, das scheinbare Dilemma des Privatsprachenproblems aufzulösen, d. h. Wittgensteins eigentliche Absicht deutlicher zu machen: daß Sprache sich niemals auf rein Privates beziehen kann, weil dieses ›rein private Objekt‹ nur als degenerierte Konstruktion existiert und in Wahrheit eine sozial vermittelte Größe ist.

Da Erleben und Gefühl damit vom Hauch des Solipsistischen befreit sind, gibt es aber auch keinen Grund mehr, warum die Synthese von Erleben, Handeln und Sprache nicht Gegenstand des Denkens werden sollte.

Das führt zur lediglich angerissenen Psychoanalyse von Wittgensteins eigenem Denken zurück, die hier mit einer spekulativen Frage abgeschlossen werden soll:

Ist die Mißachtung der Bedeutung von Gefühlen bei Wittgenstein auch ein Hinweis darauf, daß ›Philosophie‹, die ja ebenso vehement ausgegrenzt wird, kein gänzlich rationales Unternehmen sein kann? Daher auch nicht beherrschbar und berechen-

bar ist? Daß sie eine Synthese von Vernunft und Pathos darstellt? – Hätte Wittgenstein die Philosophie und ihre Sätze gerecht behandelt, ›gerecht‹ gemäß seiner eigenen Prinzipien,
hätte er eigentlich sagen müssen: Seltsam, da werden 2000 Jahre
lang Vorschläge gemacht, aber niemand handelt danach.
Und das muß ja nicht gegen die Vorschläge sprechen.

Nachwort

»Unser Fehler ist, dort nach einer Erklärung zu suchen, wo wir die Tatsachen als ›Urphänomene‹ sehen sollten. D. h., wo wir sagen sollten: *dieses Sprachspiel wird gespielt.*« (PU, 654).

K. B.: (1) Welche Folgen hat der ›Fehler‹? Verwirrung? Schlimmeres? Oder nur eine Klarheit, die unerwünscht ist? – Als beschränkte eine distanzierte Sicht die Mannigfaltigkeit der Phänomene. Sie will sie doch nur überblicken! Und wenn die Erklärung philosophisch spricht, so tut sie niemandem etwas zuleide.

(2) Wer sagt das – wer überhebt sich hier mit solchem Gebot der Beschränkung? Und muß das Gebot allein nicht den dringenden Wunsch wecken, gegen es zu verstoßen, wenn nicht sogar schon die *Möglichkeit* andeuten, daß man dagegen verstoßen kann? Die ›Tatsache‹ mag hier nicht die sein, die der *Tractatus* kennt, doch der beschränkende Gestus ist derselbe. Und das ›Urphänomen‹ darf sicherlich nicht in die Hände des Analytikers fallen, der daran den Wunsch nach Metaphysik erkennt. Muß nicht, wo gespielt wird, Ernsthaftes denkbar sein?

D. S.: ad 1) Eine Erklärung will nicht *überblicken*, sie will *zusammenfassen*. Erklären heißt, den einzelnen Fall um sein Individuelles kürzen; die Würde des Phänomens verletzen. Am Ende erlangen die Konstruktionen eines eiligen Verstandes mehr Realität als der Anlaß des Denkens. Eine Gefahr: daß es sich in seiner Selbstbezüglichkeit verliert (ohne es zu merken).

ad 2) Dem Spiel ist es natürlich ohnehin bitterer Ernst, deshalb der moralische Nachdruck, der im ›sollte‹ steckt. Weil die Erklärung, in der falschen Richtung gesucht (und gefunden), die tatsächlichen Probleme aus dem Gesichtsfeld geraten läßt.

Der Gestus der Beschränkung ist kein Frageverbot. Der Text spricht zu sich selbst, Wittgenstein kann nur die Sinngrenze seiner eigenen Grammatik untersuchen, die allerdings wegen der sozialen Natur von Sinn mit der des Lesers *familienähnlich* sein muß. Drei Fragen:

1. Würde ein Chinese Wittgensteins Aufforderung verstehen?
2. Welchen Unterschied macht das Spiel der Philosophen?
3. Ist es nicht die Abstraktion, die sich überhebt?

K. B.: Die Abstraktion erlangt nichts Festes, sie ist nichts anderes als das Reflexionsmedium (anderes allerdings als pures Hinschauen)! Gelingt die (philosophische) Erklärung, dann ist ›das Individuelle‹ – nebenbei selbstverständlich ein Abstraktum – nirgendwo so gut aufgehoben wie in ihr, denn dem seichten Blick erscheint doch alles beliebig. Die berechtigte Andeutung von ›Gefahren‹ weist nur darauf hin, daß die Vernunft sich eben nicht, wie sie selbst einsehen kann, so sputen muß – für sie gibt es ja Zeit (genug zum Überlegen). Keine Angst – sie versteht ihr Geschäft, und ihre Selbstbezüglichkeit läßt sie schon ›halt!‹ sagen.

Wie sagt das Spiel, daß es ihm Ernst ist? Warum soll nicht das ernste philosophische Spiel diese Aufgabe übernehmen – Und *den* Unterschied macht es! Neben vielen anderen, die ihm in Jahrhunderten zu den tatsächlichen Problemen eingefallen sind. Spricht übrigens der Text zu sich selbst, dann ist es ja in Ordnung: So etwas leistet das schlichte Gebot nämlich nicht von allein – und die alltäglichen Sprachspiele auch nicht. Der Chinese schließlich mag getrost Wittgenstein lesen (es existieren Übersetzungen, und Goethe sprach von ›Weltliteratur‹). Die große Mauer steht nicht ewig – doch auch einem vereinten Eurasien stünde noch Weiteres bevor. Liest der Chinese neben Wittgenstein noch anderes, kann ihm geholfen werden.

D. S.: Alltägliche Rede – poetische Rede – philosophische Rede – spekulative Rede.

Die Erstgenannte verliert sich in der stumpfen Routine etablierter Lebensform, die Letztgenannte im Stumpfsinn professionell eingespielter Leer-Verständigung. Common-Sense und Metaphysik sind Kurpfuscher, die unser *aufrichtiges* Fragen verletzen. (Die ›Wahrheit‹ des philosophischen Diskurses ist eben eine Hure.) Also: Leer-Lauf oder nicht? Auch abstrakte Lösungen sind selbstverständlich erlaubt, wenn sie ins Getriebe eingreifen. Dann setzen sie sich nämlich ins Konkrete um. *Das* müssen sie aber *er*weisen, nicht *be*weisen!

Und damit es an dieser Stelle keinen Wortstreit gibt: Beispiele! Erfinden die Philosophen also nicht bloß dauernd Feste, die nicht gefeiert werden (vgl. PU, 132), dann, bitte, die Veranstaltungsdaten.

K. B.: Zunächst die traurigen Feste der Philosophie: Die Wahrheit (hier ein Wortstreit: *sie* prostituiert sich nicht) war schon fort, bevor es losging. Oder man warf sie raus, obwohl sie gar nicht erschienen war. Es kam keine Stimmung auf, und von draußen hörte man nichts. ›Absage an die Metaphysik‹ nennt sich solche Veranstaltung zum Beispiel. Und ist mit sich selbst nicht zufrieden.

Warum übrigens sollen ausgerechnet Feste (auf die man doch nicht verzichten möchte) genauso verlaufen wie der Trott, dem man doch einmal, ohne sich etwas vorzumachen, entgehen wollte. Das Bild der Maschine erschlägt die Sprache (unter anderem auch die ›poetische‹).

»Wollte man *Thesen* in der Philosophie aufstellen, es könnte nie über sie zur Diskussion kommen, weil Alle mit ihnen einverstanden wären.« (PU, 128). Und: »Wäre jemand imstande, ein Buch über Ethik zu schreiben, so würde dieses mit einem Knall sämtliche anderen Bücher auf der Welt vernichten.« (VüE, S. 13). Ein schönes Fest: Alle sind sich einig, und Feuerwerk gibt es überdies. Doch ist man hier auch schadenfroh (das gehört zum philosophiekritischen Geschäft und wird in den Vorzimmern der Spekulation abgemacht). Der Festkalender verzeichnet unter 1781:

»Es ist nämlich umsonst, *Gleichgültigkeit* in Ansehung solcher Nachforschungen erkünsteln zu wollen, deren Gegenstand der menschlichen Natur *nicht gleichgültig* sein kann. Auch fallen jene vorgeblichen *Indifferentisten*, so sehr sie sich auch durch die Veränderung der Schulsprache in einem populären Tone unkenntlich zu machen gedenken, wofern sie nur überall etwas denken, in metaphysische Behauptungen unvermeidlich zurück, gegen die sie doch so viel Verachtung vorgaben.« (*Kritik der reinen Vernunft*, AX).

D. S.: Das absolut Absolute, bei gleichzeitiger Bescheidung. Höchste Poesie bei höchter Analytik usw. usw. Also, jeder Versuch, Wittgenstein zu paraphrasieren, fällt ins Geschwafel zurück, d.h. in Metaphysik. »Was der menschlichen Natur nicht gleichgültig sein kann«? Wessen Natur? der Natur welches Menschen? Warum nicht gleichgültig? Sobald die Argumentation zeigen soll, worauf sie sich bezieht, fällt sie in sich zusammen. Dabei geht es keinesfalls um Nützlichkeit o. ä. Nun können wir entweder die historisch stattgefunden Verselbständigung des philosophischen Diskurses imitieren, und d.h. ad infinitum weiterdiskutieren (und wenn das Spaß macht, na gut, aber warum dann das Pathos?), oder es geht jetzt darum, das *Problem* (wenigstens eins) zu benennen – von mir aus: umschreiben –, das tatsächlich nicht mit Gleichgültigkeit angesehen werden *kann* und mit dem die Philosophie sich in einer Weise auseinandersetzt, die sich vom zeitvertreibenden Fingerklopfen auf der Tischkante nachweislich unterscheidet.

In aller Deutlichkeit: kein Gedanke soll unterbunden werden – sondern die chronische Verwechslung von Gedanke und sprachlicher Fata Morgana.

K. B.: Zunächst waren Feste, jetzt sind plötzlich Probleme erwünscht – Wer wird schon schlau aus der Philosophie, viel weniger noch aus den Gebildetsten unter ihren Verächtern.

Wittgensteins Fatum ist, daß er das Königsberger ›Urphänomen‹ paraphrasiert, ob er möchte oder nicht. Oder besser: Wenn er nicht gewollt hätte, wäre er Pilot geworden. Und daß es Interessanteres gab, war ihm früh klar. Es konnte nur noch reizender werden durch die artistische Kapriole des sogenannten ›Selbstverdikts‹ (*Tractatus*, 6.54). Also ohne Treppchen zum ›Problem‹ (es stellt sich, wie gesagt, *innerhalb* des ›Geschwafels‹ und überführt den hastigen Vorwurf).

Es muß nicht unbedingt ›Subjektphilosophie‹ sein – doch festzustellen ist, daß der Gedanke sich anschaut – sich anschauen kann und es ›sollte‹ –, dabei aber bestürzt feststellt: Hier ist nichts eindeutig. Am wenigsten, warum wir nicht fragen dürfen. Wenn es willkürlich haltmachen muß, (er-)löst das Wort nichts. Und darum ist es doch zu tun. Zumindest kann die Philosophie benennen, wer und was hier verzweifelt. Und das mit Hilfe eines poetisch-analytischen Gewährsmannes:

»Wenn die Abstraktion so hoch, als sie immer kann, hinaufsteigt [wer wollte sie hindern, wenn nicht sie selbst], so gelangt sie zu zwei letzten Begriffen, bei denen sie stille stehen und ihre Grenzen bekennen muß. Sie unterscheidet in dem Menschen etwas, das bleibt, und etwas, das sich unaufhörlich verändert.« (Schiller: *Ästhetische Erziehung*, 11. Brief).

Was könnte Wittgenstein antworten und einsetzen? – Ohne, langweilig, immer nur auf ›Unsinn‹ hinzuweisen, der dann überall lauert, wenn man ohnehin schon *seiner* Ansicht ist, die aber doch gerade in Frage steht.

D. S.: Also: Der sich selbst anschauende Gedanke verliert die Eindeutigkeit; das führt zur Ur-Teilung-Frage. Letzte Frage der Abstraktion wäre die nach dem Widerspruch zwischen Identität und Differenz. Wittgensteins Antwort: der Widerspruch liegt in der Form der Betrachtung, nicht im Gegenstand. Reflexion auf die Betrachtungsform soll zu Differenzlosigkeit führen; d. h. dem Punkt, an dem die Sprache noch nicht Mittel zur Diskriminierung ist, an dem Sprache noch nicht feststellt, sondern mitfließt. Die Abstraktion läßt sich auf ihrem Höhenflug von bestimmen Bildern navigieren: Was macht den Kern des Menschen aus, wenn alles, was wir in Worte fassen können, nicht hinreicht, um ihn zu definieren? Woran soll ich einen Gegenstand erkennen, der sich fortlaufend verändert? Das ist ja fast wie eine Rechnung, in der auf jeder Stufe eine andere Rechenmethode verwendet wird! Etwas muß sich doch gleichbleiben! – Aber wenn ich zuschaue, wie der Gegenstand sich ständig wandelt, weiß ich doch auf jeder Stufe, daß er noch der Gegenstand von eben ist. – Ich will nicht auf die Stufe der Imitation des Meisters sinken. Ohne Beispiele: Jede Abstraktion verläuft entlang Bildern, die nicht die einzig denkbaren sind. Noch nicht einmal die erwähnte oberste Stufe der Abstraktion benennt *das* letzte Problem. Zu ihr gehört ein Bild vom Menschen, das von bestimmten Ansichten geprägt ist. Über die können wir reden!

K. B.: Zunächst fragt sich, welchen Rang die ›Ansichten‹ einnehmen – selbstverständlich sind sie nicht, und wo man nach äußerlichen Motiven für eine (verbotene) Lösung sucht, unterbietet man zwangsläufig, was hinter die Motivation zurückfragte. Doch so einfach macht es sich Wittgenstein ja gar nicht: Seine angeblichen Lösungen sind doch transparent, denn sie sind tentativ, vorübergehend, dürfen sich nicht verfestigen – doch warum? Die Möglichkeit dieser Frage entspricht dem Charakter der scheinbaren Antworten – sie wirken porös. Noch einmal, was tritt an die Stelle der Grundlage, und d. h., was läßt uns sagen, daß es sich um Irrtum handelt? Oder kann man nicht ausschließen, daß die ›Methode‹ Wittgensteins schon immer Wahn ist?

Abgesehen davon, daß es philosophisches Denken (ohne Leiter) natürlich selbst schon leistet, die Differenz von Identität und Differenz zu deren Identität umzufunktionieren – *diese* überall zutreffende Teilung könnte zu abstrakt sein. Wenn Einheit (dem Subjekt) evident, obschon der differenzierenden Argumentation verdächtig ist, dann geht sie der Teilung voran, ist von anderem Status als sie. Und diese Grundeinstellung zeigt sich auch an den Sätzen der Logik (im *Tractatus*): Nicht monomanisch, ist sie vielmehr verantwortlich für eine Ordnung, für den geordneten Weltbezug.

Die Eigentümlichkeit philosophischer Thesen: Was nur ›Form der Betrachtung‹ ist, gerät anscheinend und noch im *Tractatus* zum Inhalt: So macht sie einsichtig, worauf die Mannigfaltigkeit sich stützt. Sie wird verantwortlich gemacht, hat sich und ihr Anderes zu begründen. Sicherlich soll sich Ruhe einstellen, doch daß man auch über etwas reden kann, muß schon in ihr liegen: beredtes Schweigen. Der verstummte Weise ähnelt dem borniertern Glotzer zum Verwechseln.

D. S.: Das letzte zuvörderst: der bornierte Glotzer *kommuniziert* nicht, führt nicht einmal Selbstgespräche, während Schweigen, beredt oder still, *immer* Kommunikation ist. Dessen hat Wittgenstein sich bedient, um seine Grundeinsicht mitzuteilen: die Grundfragen der Philosophie sind Rätsel der Sprache. Die Philosophie ist nun niemals weiter gelangt als Plato, und das liegt, wie Wittgenstein an einer Stelle ironisch fragt, doch wohl nicht daran, daß Plato *so schlau war?* Es liegt an der Verkennung der Natur philosophischer Probleme – Metaphysik ist *falsche Philosophie.* Wittgenstein macht Ernst mit der Zweitrangigkeit der Sprache (als Wirklichkeit) gegenüber der Praxis (als Wirklichkeit). Sprachimmanent Fragen beantworten, Probleme lösen zu wollen, heißt, das Abgeleitete dem Ursprünglichen vorzuordnen. Ergebnis: Sätze, die nichts bewegen, leerlaufende Räder. Gefragt: die Veränderung der Lebensweise, denn nur die kann die »Krankheit einer Zeit« heilen (BGM, S. 132). Wittgensteins Beitrag hierzu: Überwindung der künstlichen Trennung von Sprache und Handeln – im Begriff des ›Sprachspiels‹.

Das ist natürlich eine Demütigung des Subjekts, schlimmer noch als die von Freud erlittende, denn das ›Ich‹ hat bei ihm wenigstens noch ein eigenes Haus (wenn es auch nicht Herr darin ist), bei Wittgenstein lebt es in seiner Teilnahme an Sprachspielen – als Dauergast. Das unterbietet das Niveau der Reflexionsphilosophie, insofern der hineingeborene Körper immer mit->denkt‹, die Vernunft nicht autonom ist, überbietet es aber zugleich, indem es die Abstraktion, dessen Kind der Gedanke schließlich ist, nicht mit dem Bade der Spekulation ausschüttet. Vielmehr geht es um permanente Vermittlung des Abstrakten mit dem Konkreten, d. h. Wittgensteins Texte kämpfen um die Null-Lage der Grammatik, eine entpersönlichte Balance, als einem Kontrast, zu dem das Subjekt, nicht als Platzfreihalter, sondern in seiner momenthaften Gegebenheit in Widerspruch geraten kann. Wittgenstein: »Revolutionär wird der sein, dem es gelingt, sich selbst zu revolutionieren.« – Goethe: »Solang Du das nicht hast, dieses stirb und werde, bist du nur ein trüber Gast, auf dieser dunklen Erde.«

K. B.: Obwohl's »die Menge gleich verhöhnet« – ihr zum Trotz ist darauf zu bestehen, daß vernünftige, integrative Philosophie die prekäre Lage des ›Subjekts‹ (der Grenze, nicht des Teils der Welt) erkannt hat, daß ihre transzendentale Variante sowohl hochmütiger Hypostasierung und Objektivierung der Grenze zur ›Substanz‹ als auch ihrer reflexionslosen Unterordnung in die Umwelt den Garaus macht (Vgl. das Kapitel *Von den Paralogismen der reinen Vernunft* in der *Kritik* [!!] *der reinen Vernunft*). Nur wenn Vorurteile und Unkenntnis den Blick auf die philosophische Tradition trüben, kommt es zu den Mißverständnissen: Therapie eher des eigenen Verständnisses als der Sprache oder der philosophischen Fragen wäre hier nötig.

Man kann sich beinahe nur wiederholen, und so sei es: Was Wittgensteins Grenzgang (im *Tractatus*) von dem z. B. Kants unterscheidet, ist allein das seinerseits immanent begründete Mißtrauen hinsichtlich sinnvoller Benennung oder gar Strukturierung der Grenze – des Subjekts, der transzendentalen Logik. Und doch findet man jenseits des Schlagbaums im Nu wieder die alten Bekannten (die noch aus der Zeit vertraut sind, als die Grenze offener war): Logik und Metaphysik, Ethik und Ästhetik, schließlich das ›Subjekt‹.

Man hat gemeint, daß die Rettung der ›Metaphysik‹ per viam negationis, d. h. durch Zuflucht zu einer Art docta ignorantia auch in der Spätphilosophie noch erhalten sei. War es aber die Crux des frühen Werks, die paradoxen, auf der unmöglichen, ethischen oder metaphysischen Bedeutung insistierenden Sätze in ein Ganzes gestellt zu haben, das gar nicht mittels seiner Aussagen, sondern wesentlich nur im Vollzug der Selbstdurchstreichung sprechen sollte, so sind konsequenterweise *jetzt* gar keine expliziten Hinweise auf solche Transzendierung des analytischen Unternehmens mehr zu finden.

Falls Wittgensteins spätere Philosophie wider Erwarten in der Lage ist, und sei es in einer methodischen Darstellung, eine ähnliche ›Dialektik der Grenze‹ (dieses große Wort muß doch einmal gelassen ausgeprochen werden) anzudeuten – dann wird sich die ›Null-Lage‹ wohl vom entindividualisierten transzendentalen Subjekt und seiner Distanz zum Getriebe gar nicht so sehr unterscheiden (denn das war *nicht* substantiell gedacht). Und von dort läßt sich im sich selbst bescheidenden (insofern ethischen) Überblick sehen, wie Individuelles und Individuum (Person) im Wechselverhältnis stehen. Es läßt sich aber bezweifeln, ob die spätere Philosophie Wittgensteins – »Bemerkungen zur Naturgeschichte des Menschen« (PU, 415) – von diesem Verhältnis noch wissen will. Will sie es nicht, dann muß sie durchaus nicht sinnlos reden. Sie wird dann nur insofern im

Kreis gehen, als sie von vornherein aus dem Begriff von Philosophie ausschließt, was eine grundsätzliche Kritik (ein Gegenzug im Spiel) doch erst hätte ad absurdum führen müssen. Das ist nicht fair:

Denke, jemand weigerte sich mitten im Spiel, den Regeln zu folgen. Etwa wie einer, der stolz ›Schach‹ ankündigt, aber keinen Spielzug macht, sondern mit hochfahrender Geste das Brett umstößt. (Ebenso: Wenn man sagte: »Hört folgende Geschichte« und eine Melodie pfeift.)

So Wittgenstein: Das Spiel ›Philosophie‹ wird gespielt; einer aber macht ganz etwas anderes und etwas, *dessen* Regeln den Spielregeln überlegen sein sollen. »Ich spiele nicht mehr mit!« wäre der spielentscheidende Zug, ein Spielverderber der Großmeister.

Aber ist denn die Philosophie nicht zu ernsthaft für solch ein Bild? Können wir sagen, sie sei Spiel? – Kann sie nicht *ganz* fehlschlagen oder *ganz* gelingen? – Ja, nur müssen die Philosophen eben philosophisch darauf verständigt sein, was *hier* ernsthaft ist und wann *hier* etwas falsch oder richtig sein kann. Die Spielenden sind frei – wenn sie sich nach den Regeln richten.

D. S.: Die ›Dialektik der Grenze‹ gibt es beim spätesten Wittgenstein tatsächlich nicht mehr. Durch seine Selbsttherapie ist klar geworden, daß die Vorstellung von einer Grenze, auf die Welt als ganze angewandt, ein falsch verwendetes Bild ist. Alle Grenzziehung findet innerhalb unserer Lebensform statt – und ist hier allerdings höchst bedeutungsvoll. Von einer transzendentalen Grenze zu sprechen – ob substantiell oder funktionell oder sonstwie – ist analog dem Vorgehen Cantors, wenn er von der Klasse aller Klassen spricht, die zahlengleich mit der Klasse ›endlose Folge‹ sind: die Übertragung eines Bildes, ohne daß dessen Anwendung in irgendeiner Weise geklärt wäre; paralogisch allerdings. Wenn von einer Grenze gesprochen wird, muß sie eine Rolle im Spiel haben – soll sie kein Dogma sein, muß sie überdies verschiebbar sein. Die Ermittlung der ›grammatischen Null-Lage‹ ist nicht ›Kritik der reinen Vernunft‹, sondern Kritik des momentanen Zustands des Sprachspiels; nicht nur Tatsachen, auch Möglichkeiten ändern sich. Wittgensteins Philosophie liefert nicht Bemerkungen zur Naturgeschichte des Menschen: »[...] wir betreiben nicht Naturwissenschaft; auch nicht Naturgeschichte, – da wir ja Naturgeschichtliches für unsere Zwecke auch erdichten können.« (PU, S. 368) – man muß an dieser Stelle einräumen, daß Wittgenstein sich zu wenig um die

Ähnlichkeit seiner *Zwecke* mit denen der Philosophen vor ihm auseinandergesetzt hat: denn die Zwecke, auch wenn er sie mit einer grundsätzlich neuen Methode verfolgt, sind die Feststellung dessen, was *vor* aller tatsächlichen Naturgeschichte *notwendig* ist und was *nach* ihr *möglich* ist; letztlich negative Metaphysik. – Hat er also das Brett voreilig umgeworfen?

Stellen wir uns ein Fragespiel ohne Anworten vor. Das Ziel einer Frage wäre nicht ihre Antwort, sondern eine weitere Frage. Wenn einmal eine Antwort gegeben wird, tun alle, als sei nichts geschehen und stellen rasch weitere Fragen.

Solange sie zufrieden sind, würde ich sagen, ist es gut. Was aber, wenn sie verzweifelt sind, und auf unsere Nachforschungen stellen wir fest, daß sie das Spiel von anderen Leuten abgeschaut, aber nicht richtig verstanden haben? – Sollten wir ihnen beibringen, *was* eine Frage, *was* eine Antwort ist? (Wenn sie bezahlt werden für ihr Spiel, sind sie natürlich nicht verzweifelt, sondern verbeamtet.)

Was berechtigt uns, etwas eine Frage zu nennen, wenn es darauf nach zweieinhalbtausend Jahren keine Antwort gibt? Das Fragezeichen? – Nicht die Schulphilosophie ist über einen Irrtum, sondern der philosophisch Fragende ist aufzuklären, *damit* er spielen kann.

Es genügt in der Philosophie eben *gerade* nicht, sich auf falsch oder richtig zu verständigen; Philosophie ist keine Mathematik der Wörter, keine Arbeit an der eigenen Sprache, sie beschäftigt sich mit Problemen, die außerhalb ihres (bisherigen) Mediums wurzeln.

Wenn es der Philosophie nicht mehr gelingt, aus der Höhe der Abstraktion wieder zu den konkreten Fällen hinabzugelangen, ist auch nichts gewonnen, wenn sie sich in ihrem Diskurs intersubjektiv einigelt: dann handelt es sich »um die Abstraktion, vor der wir uns fürchten« (Goethe). – Wir sind nicht verrückt, wir philosophieren nur?

K. B.: Nochmal zum Selbstbezug des transzentalen Subjekts: Daß es sich auf sich selbst als auf etwas bezieht, das ›eins und doppelt‹ ist, führt das *philosophische* Sprachspiel hier nicht zur Verwirrung, sondern entdeckt und benennt ein Verhältnis, das ansonsten nicht zu haben ist. Dieses Verhältnis wird reflexiv bestimmt (die Stufen der Leiter) – nicht inhaltlich. Der Gegenstand oder (ein anderer Wortgebrauch) *Inhalt* der Reflexion ist, wo es zu ihm kommt, transitorisch, nicht dogmatisch. Von alters her ist der Himmel blau, der Ball rund

und »p. ~ p« falsch. Erwartet so etwas, wer endlich Antworten will?

Woran orientiert sich denn, wer immer wieder nach ›Klärung‹ des Sprachgebrauchs verlangt? Gehört *die* denn zum Spiel?

Die spielimmanente Funktion eines philosophischen Begriffes ist geschenkt. Die scheinbaren Ansprüche der Welt treten doch eben dieser philosophischen Selbstzufriedenheit seit jeher entgegen. Das Geheimnis einer jeden vernünftigen Philosophie: Daß sie von etwas redet, ja sogar auch schweigt, das ihr selbst angehört, mit ihr erst zu dem wird, was es ist. Wo sie, wie der *Tractatus*, ausgrenzt, schlägt sie sich das Grenzgebiet und in diesem Gestus auch Neuland zu. Dieser simplen Dialektik entgeht kein Schweigen (kein Verschweigen), es sei denn ein blödes (doch Blödheit mag auch getrost plappern).

D. S.: Klärung des Sprachspiels ist immer schon Überschreitung des Sprachspiels, Wittgensteins Behauptung, die Philosophie lasse alles, wie es ist, eine Ungeheuerlichkeit – denn dann muß sie ja *wissen*, wie es ist! Also, daß die Philosophie abdankt oder Wittgenstein oder die Philosophie bei Wittgenstein, davon kann keine Rede sein. Was einmal genannt ist, kann man noch verdrängen, aber nicht vergessen. Darin liegt die Macht der Sprache. Und Wittgenstein fragt: was, *genau*, kommt denn hier, bitteschön, zur Sprache? Zur Sprache kommt aber nicht der Selbstbezug eines transzendentalen Subjekts, sondern der Weltbezug der realen Subjekte. Aus dem isolierten Subjekt läßt sich eine Wahrheit nicht herausfabeln, weil sie in der Vermittlung der inneren mit der äußeren Natur liegt. Auch wenn im Verlauf dieses Prozesses – und mit dem ›Werden‹ hat der Verstand von alters her seine Probleme – Begriffe versteinern, so machen sie doch noch lange keine Welt (so sehr das Zeug auch gefällig ist): Sprache ohne Praxis und Praxis ohne Sprache wissen beide nicht, was sie tun.

Nun könnte man auf den Gedanken des f . . . Kompromisses kommen: laß uns doch das transzendentale Subjekt zum Subjekt des Sprachspiels, das aus sich Heraussetzen der Welt zur Überschreitung des Sprachspiels und beider Böcke zum Gärtner unseres Gedankenfriedens machen? – Doch da fällt uns unverhofft Kurt Tucholsky ins Wort: »Alles ist richtig – auch das Gegenteil. Nur zwar . . . – aber

. . . das ist nie richtig.« In der Mitte zwischen zwei Begriffen liegt eben nicht die Lösung, da liegt munter das Problem.

»Anatomieren magst du die Sprache, doch nur ihr Kadaver, Geist und Leben entschlüpft flüchtig dem groben Skalpell.«
(Goethe/Schiller, *Xenien*)

Bibliographie

In der bisher umfangreichsten Wittgenstein-Bibliographie (Hg. von Shanker, V.A./Shanker, S. G. 1986) findet man 5868 Eintragungen. Diese beeindruckende und furchteinflößende Zahl reduziert sich bei näherem Zusehen jedoch drastisch. Neben der – sicherlich lobenswerten – Aufnahme von Übersetzungen der Werke Wittgensteins in alle möglichen Sprachen trägt auch zur Fülle bei, daß Aufsätze aus einschlägigen Sammelpublikationen gesondert aufgeführt werden. In diesen Kompilationen, deren einzelne Aufsätze hier im Regelfall nicht verzeichnet sind, findet man wichtige und interessante Beiträge. Es sei daher ausdrücklich auf sie verwiesen.

Die vorliegenden bibliographischen Angaben erheben keinen Anspruch auf Vollständigkeit. Die neuesten deutschsprachigen Veröffentlichungen wurden aufgenommen. Darüberhinaus ›Klassiker‹ der Rezeption und zentrale englischsprachige Publikationen der letzten Zeit, während Titel in anderen Sprachen im wesentlichen unberücksichtigt bleiben (womit keine Wertung verbunden ist – vor allem auf die italienische Literatur zu Wittgenstein soll hier zumindest hingewiesen werden).

1. Schriften Wittgensteins

Werkausgabe (Frankfurt a. M. 1989):
Erster Band: *Tractatus logico-philosophicus*
  Tagebücher 1914–1916 (bis Januar 1917)
  Aufzeichnungen über Logik
  Aufzeichnungen, die G. E. Moore in Norwegen nach Diktat niedergeschrieben hat
  Philosophische Untersuchungen
Zweiter Band: *Philosophische Bemerkungen*
Dritter Band: *Ludwig Wittgenstein und der Wiener Kreis. Gespräche, aufgezeichnet von Friedrich Waismann.*
Vierter Band: *Philosophische Grammatik*
Fünfter Band: *Das Blaue Buch*
  Eine philosophische Betrachtung (Das Braune Buch)
Sechster Band: *Bemerkungen über die Grundlagen der Mathematik*
Siebenter Band: *Bemerkungen über die Philosophie der Psychologie*
  Letzte Schriften über die Philosophie der Psychologie

Achter Band: *Bemerkungen über die Farben*
Über Gewißheit
Zettel
Vermischte Bemerkungen
Tractatus logico-philosophicus. (Kritische Ausgabe). Hg. von B. McGuinness und J. Schulte. Frankfurt a. M. 1989 (enthält den *Prototractatus*)
Prototractatus. Hg. von B. McGuinness, T. Nyberg und G. H. von Wright. London 1971.
Vortrag über Ethik und andere kleine Schriften. Hg. von J. Schulte. Frankfurt a. M. 1989.
Enthält:
Vortrag über Ethik
Bemerkungen über logische Form
Bemerkungen über Frazers ›Golden Bough‹
Aufzeichnungen für Vorlesungen über ›privates Erlebnis‹ und ›Sinnesdaten‹
Ursache und Wirkung. Intuitives Erfassen
Wörterbuch für Volksschulen. Hg. von Adolf Hübner, Elisabeth und Werner Leinfellner. Wien 1977. (Mit dem *Geleitwort* des Verfassers)

2. Vorlesungsmitschriften / Gesprächsaufzeichnungen

Ludwig Wittgenstein und der Wiener Kreis. Gespräche, aufgezeichnet von Friedrich Waismann. (Band 3 der Werkausgabe)
Wittgenstein's Lectures in 1930–33. In: Moore, G. E.: *Philosophical Papers.* London 1959. S. 252–324.
Vorlesungen 1930–1935. Aus den Aufzeichnungen von John King und Desmond Lee: Cambridge 1930–1932. Aus den Aufzeichnungen von Alice Ambrose und Margaret Macdonald: Cambridge 1932–1935. Frankfurt a. M. 1984.
(Als Taschenbuch: Frankfurt a. M. 1989 [stw 865])
Lectures and Conversations on Aesthetics, Psychology and Religious Belief. Hg. von Cyrill Barrett. Oxford 1983 (Neudruck) – (dt. Ausgabe: Göttingen 1968)
Vorlesungen über die Grundlagen der Mathematik. Cambridge 1939. Frankfurt a. M. 1978.
Wittgenstein's Lectures on Philosophical Psychology. 1946–47. Notes by P. T. Geach, K. J. Shah, A. C. Jackson. Hg. von P. T. Geach. New York/London u. a. 1988.

3. Briefe

Briefwechsel mit B. Russell, G. E. Moore, J. M. Keynes, F. P. Ramsey, W. Eccles, P. Engelmann und L. von Ficker. Frankfurt a. M. 1980.

Letters to C. K. Ogden with comments on the English Translation of the ›Tractatus Logico-Philosophicus‹. Hg. von G. H. v. Wright. Oxford/London/Boston 1973 (als Taschenbuch 1983).

4. Bibliographien

Frongia, G./McGuinness, B.: Wittgenstein. A Bibliographical Guide. Oxford 1990.

Lapointe, F. H.: *Ludwig Wittgenstein. A Comprehensive Bibliography.* London/Westport 1980.

Shanker, V. A./Shanker, S. G. (Hgg.): *Ludwig Wittgenstein. Critical Assessments. Volume Five. A Wittgenstein Bibliography.* London/Sydney u. a. 1986. (Ca. 6000 Titel bis 1986).

5. Biographisches

Bartley III, W. W.: *Wittgenstein, ein Leben.* München 1983.

Ders.: *Die österreichische Schulreform als die Wiege der modernen Philosophie.* In: *Club Voltaire,* 4 (1970). S. 349–396.

Duffy, B.: *The World as I Found it.* Harmondsworth 1987.

Engelmann, P.: *Ludwig Wittgenstein. Briefe und Begegnungen.* Wien/München 1970.

Gebauer, G. u. a.: *Wien. Kundmanngasse 19.* München 1982.

Janik, A./Toulmin, S.: *Wittgensteins Wien.* München/Wien 1984.

Leitner, B.: *Die Architektur von Ludwig Wittgenstein. Eine Dokumentation. Mit Auszügen aus den Familienerinnerungen von Hermine Wittgenstein.* Halifax/London 1973.

Malcolm, N.: *Erinnerungen an Wittgenstein.* Frankfurt a. M. 1987 (engl. 1984).

McGuinness, B.: *Wittgensteins frühe Jahre.* Frankfurt a. M. 1988.

Monk, R.: *Ludwig Wittgenstein. The Duty of Genius.* London 1990.

Moran, J.: *Wittgenstein and Russia.* In: *New Left Review,* LXXIII (1972).

Nedo, M./Ranchetti, M. (Hgg.): *Ludwig Wittgenstein. Sein Leben in Bildern und Texten.* Frankfurt a. M. 1983.

Rhees, R. (Hg.): *Ludwig Wittgenstein. Portraits und Gespräche.* Frankfurt a. M. 1987.

Wright, G. H. v.: *A Portrait of Wittgenstein as a Young Man. From the Diary of David Hume Pinsent. 1912–1914.* Oxford 1990.

Wuchterl, K./Hübner, A.: *Wittgenstein.* Reinbek bei Hamburg 1979.

Wünsche, K.: *Der Volksschullehrer Ludwig Wittgenstein.* Frankfurt a. M. 1985.

6. Einführungen

Baum, W.: *Ludwig Wittgenstein*. Berlin 1985.

Bezzel, C.: *Wittgenstein zur Einführung*. Hamburg 1988.

Bolton, D.: *An Approach to Wittgenstein's Philosophy*. London 1979.

Fann, K. T.: *Die Philosophie Ludwig Wittgensteins*. München 1971.

Fischer, G.: *Die Philosophie Wittgensteins. Eine kritische Einführung in den ›Tractatus‹ und in die Spätschriften*. Freiburg 1968.

Kampits, P.: *Ludwig Wittgenstein. Wege und Umwege zu seinem Denken*. Graz 1985.

Kenny, A.: *Wittgenstein*. Frankfurt a. M. 1984.

Pears, D.: *Ludwig Wittgenstein*. München 1971.

Schulte, J.: *Wittgenstein. Eine Einführung*. Stuttgart 1989. (Schulte 1989a)

Stegmüller, W.: *Hauptströmungen der Gegenwartsphilosophie*. Bd. 1. [6]1978 (Kap. XI).

7. Zum Gesamtwerk

Adler, L.: *Ludwig Wittgenstein. Eine existentielle Deutung*. Basel/München 1976.

Ambrose, A.: *Essays in Analysis*. London/New York 1966.

Diess./Lazerowitz, M. (Hg.): *Ludwig Wittgenstein. Philosophy and Language*. New York 1972.

Diess.: *Essays in the Unknown Wittgenstein*. New York 1984.

Apel, K.-O.: *Transformation der Philosophie*. Frankfurt a. M. 1973.

Ayer, A. J.: *Wittgenstein*. London 1985.

Bachmann, I. u. a.: *Ludwig Wittgenstein. Schriften. Beiheft*. Mit Beiträgen von I. Bachmann, M. Cranston, J. Mora, P. Feyerabend, E. Heller, B. Russell und G. H. von Wright. Frankfurt a. M. 1960.

Baker, G. P.: *Wittgenstein, Frege and the Vienna Circle*. Oxford 1988.

Barthofer, A.: *Wittgenstein mit Maske. Dichtung und Wahrheit in Thomas Bernhards Roman ›Korrektur‹*. In: *Geschichte und Literatur,* 23 (1979). S. 186–207.

Berghel, H./Hübner, A. u. a. (Hgg.): *Wittgenstein und sein Einfluß auf die gegenwärtige Philosophie*. Wien 1978. [Akten des 2. Internationalen Wittgenstein-Symposiums].

Diess. u. a.: *Wittgenstein, der Wiener Kreis und der Kritische Rationalismus*. Wien 1979. [Akten des 3. Internationalen Wittgenstein-Symposiums].

Binkley, T.: *Wittgenstein's Language*. The Hague 1973.

Block, I. (Hg.): *Perspectives on the Philosophy of Wittgenstein*. Oxford 1981.

Brand, G.: *Die grundlegenden Texte von Ludwig Wittgenstein*. Frankfurt a. M. 1975.

Bubner, R.: *Die Einheit in Wittgensteins Wandlungen.* In: *Philosophische Rundschau,* 15. (1968).

Cavell, S.: *The Claim of Reason. Wittgenstein, Scepticism, Morality and Tragedy.* Oxford 1982.

Chisholm, R./Marek, M. u. a. (Hgg.): *Philosophie des Geistes – Philosophie der Psychologie.* Wien 1985. [Akten des 9. Internationalen Wittgenstein-Symposiums].

Czermak, H./Weingartner, P. (Hgg.): *Erkenntnis- und Wissenschaftstheorie.* Wien 1983. [Akten des 7. Internationalen Wittgenstein-Symposiums].

Dilman, I.: *Induction und Deduction. A Study in Wittgenstein.* Oxford/New York 1973.

Droescher, H.-M.: *Grundlagenstudien zur Linguistik und Wissenschaftstheorie. Untersuchungen der sprachphilosophischen Konzeption Humboldts, Chomskys und Wittgensteins.* Heidelberg 1980.

Engel, S.: *Wittgenstein and Kant.* In: *Philosophy and Phenomenological Research,* 30 (1969/70). S. 483–530.

Fann, K. T. (Hg.): *Ludwig Wittgenstein. The Man and His Philosophy.* New York 1967.

Fleischaker, S.: ›Religious Questions‹: *Kafka and Wittgenstein on Giving Grounds.* In: *Sophia,* 21 (1982). S. 3–18.

Fogelin, R. J.: *Wittgenstein. The Arguments of the Philosophers.* London/Boston 1976.

Frank, M./Soldati, G.: *Wittgenstein. Literat und Philosoph.* Pfullingen 1989.

Fromm, S.: *Wittgensteins Erkenntnisspiele contra Kants Erkenntnislehre.* München/Freiburg 1979.

Gabriel, G.: *Logik als Literatur? Zur Bedeutung des Literarischen bei Wittgenstein.* In: *Merkur,* 32 (1978). S. 353–362.

Gardiner, P.: *Schopenhauer and Wittgenstein.* In: Ders.: *Schopenhauer.* Baltimore/London 1963.

Geier, M.: *Das Sprachspiel der Philosophen. Von Parmenides bis Wittgenstein.* Reinbek bei Hamburg 1989.

Gombocz, W. (Hg.): *Religionsphilosophie.* Wien 1984. [Akten des 8. Internationalen Wittgenstein-Symposiums, Teil 2].

Grassl, W./Haller, R. (Hgg.): *Sprache, Logik und Philosophie.* Wien 1980. [Akten des 4. Internationalen Wittgenstein-Symposiums].

Griffiths, A. P. (Hg.): *Wittgenstein. Centenary Essays.* Cambridge/New York u. a. 1991.

Habermas, J.: *Ludwig Wittgenstein.* In: Ders.: *Philosophisch-politische Profile.* Frankfurt a. M. 1971.

Hacker, P. M. S.: *Insight and Illusion. Themes in the Philosophy of Wittgenstein.* Oxford ²1986. (Dt.: *Einsicht und Täuschung. Wittgenstein über Philosophie und die Metaphysik der Erfahrung.* Frankfurt a. M. 1989).

Haller, R. (Hg.): *Sprache und Erkenntnis als soziale Tatsache*. Wien 1981. [Beiträge des Wittgenstein-Symposiums von Rom, 1979].

Ders. (Hg.): *Ästhetik*. Wien 1984. [Akten des 8. Internationalen Wittgenstein-Symposiums, Teil 1].

Ders.: *Fragen zu Wittgenstein und Aufsätze zur österreichischen Philosophie*. Amsterdam 1986.

Ders./Brandl, J. (Hgg.): *Wittgenstein. Eine Neubewertung*. 3 Bände. Wien 1990. [Akten des 14. Internationalen Wittgenstein-Symposiums].

Hartnack, J.: *Wittgenstein und die moderne Philosophie*. Stuttgart 1962.

Hert O. P., I.: *Wittgenstein's Relevance for Theology*. Bern/Frankfurt a. M. 1975.

Hintikka, J. (Hg.): *Essays on Wittgenstein in Honour of Georg Henrik von Wright*. Amsterdam 1976.

Hintikka, M.B./Hintikka, J.: *Investigating Wittgenstein*. Oxford 1986. (Dt.: *Untersuchungen zu Wittgenstein*. Frankfurt a. M. 1990).

Hrachovec, H. v.: *Vorbei: Heidegger, Frege, Wittgenstein*. Basel 1981.

Huber, M./Huter, M./Schmidt-Dengler, W. (Hgg.): *Wittgenstein und*. Wien 1990.

Hübscher, P.: *Der Einfluß von Johann Wolfgang von Goethe und Paul Ernst auf Ludwig Wittgenstein*. Bern/Frankfurt/New York 1985.

Hunter, J.: *Essays after Wittgenstein*. Toronto/London 1973.

Janik, A.: *Essays on Wittgenstein and Weininger*. Amsterdam 1985.

Ders.: *Style, Politics and the Future of Philosophy*. Dordrecht 1989.

Kenny, A.: *The Legacy of Wittgenstein*. Oxford 1986.

Kerr, F.: *Theology after Wittgenstein*. Oxford 1986.

Keyserling, A.: *Der Wiener Denkstil. Mach, Carnap, Wittgenstein*. Graz 1965.

Klemke, E. D. (Hg.): *Essays on Wittgenstein*. Urbana 1971.

Koller, P./Schramm, A./Weinberger, O. (Hgg.): *Philosophie des Rechts, der Politik und der Gesellschaft*. Wien 1988. [Akten des 12. Internationalen Wittgenstein-Symposiums].

Kraemer, E./Leinfellner, W./Shank, J. (Hgg.): *Sprache und Ontologie*. Wien 1982. [Akten des 6. Internationalen Wittgenstein-Symposiums].

Leinfellner, W./Wuketits, S. F. (Hgg.).: *Die Aufgabe der Philosophie in der Gegenwart*. Wien 1986. [Akten des 10. Internationalen Wittgenstein-Symposiums, Teil 1].

Luckhardt, C. G. (Hg.): *Wittgenstein. Sources and Perspectives*. Ithaka/New York 1979.

Malcolm, N.: *Wittgenstein and Idealism*. In: Vesey, G. (Hg.): *Idealism. Past and Present*. Cambridge 1982.

Ders.: *Nothing is Hidden*. Oxford 1986.

Marcuschi, L. A.: *Die Methode des Beispiels. Untersuchungen über die methodische Funktion des Beispiels, insbesondere bei Ludwig Wittgenstein*. Erlangen 1976.

Martin, G. T.: *From Nietzsche to Wittgenstein. The Problem of Truth and Nihilism in the Modern World.* New York u. a. 1989.

Mauro, T.: *Ludwig Wittgenstein. His Place in the Development of Semantics.* Dordrecht 1967.

McGinn, C.: *Wittgenstein on Meaning.* Oxford 1984.

McGuinness, B./Habermas, J. u. a.: *Der Löwe spricht . . . und wir verstehen ihn nicht. Ein Symposiom der Universität Frankfurt anläßlich des 100. Geburtstages von Ludwig Wittgenstein.* Frankfurt a. M. 1991.

McGuinness, B. (Hg.): *Wittgenstein and his Times.* Oxford 1982.

Miller, J. F. III: *Wittgenstein's › Weltanschauung‹.* In: *Philosophical Studies* (Irland), 13 (1964). S. 127–140.

Morick, H. (Hg.): *Wittgenstein and the Problem of Other Minds.* Atlantic Highlands 1981.

Morscher, E./Stranzinger, R. (Hgg.): *Ethik – Grundlagen, Probleme und Anwendungen.* Wien 1981. [Akten des 5. Internationalen Wittgenstein-Symposiums].

Nersch, D. (Hg.): *Gespräche über Wittgenstein.* Wien 1991.

Nyiri, J. K. (Hg.): *Von Bolzano zu Wittgenstein – Zur Tradition der österreichischen Philosophie.* Wien 1986. [Akten des 10. Internationalen Wittgenstein-Symposiums, Teil 2].

Ders.: *Gefühl und Gefüge. Studien zum Entstehen der Philosophie Ludwig Wittgensteins.* Amsterdam 1986.

Pears, D.: *The False Prison.* 2 Bände. Oxford 1987.

Phillips, D. Z. (Hg.): *Wittgenstein. Attention to Particulars.* (Essays in Honour of Rush Rhees 1905–1989). Basingstoke 1989.

Pitcher, G.: *Die Philosophie Wittgensteins.* Freiburg/München 1967.

Pitkin, H. F.: *Wittgenstein and Justice. On the Significance of Ludwig Wittgenstein for Social and Political Thought.* Berkeley/Los Angeles/London 1972.

Rorty, R.: *Wittgensteinian Philosophy and Empirical Psychology.* In: *Philosophical Studies* (Niederlande), 31 (1977). S. 151–172.

Rundle, B.: *Wittgenstein and Contemporary Philosophy of Language.* Oxford 1990.

Schickel, J.: *Spiegelbilder. Sappho/Ovid/Wittgenstein/Canetti/Marx/Piranesi.* Stuttgart 1975.

Schmidt, S.: *Sprache und Denken als sprachphilosophisches Problem von Locke bis Wittgenstein.* Gravenhage 1968.

Schulte, J.: *Chor und Gesetz. Wittgenstein im Kontext.* Frankfurt a. M. 1990.

Schulz, W.: *Wittgenstein. Die Negation der Philosophie.* Stuttgart 1967.

Schurz, G./Weingartner, P. (Hgg.): *Recent Developments in Epistemology and Philosophy of Science.* Wien 1987. [Akten des 11. Internationalen Wittgenstein-Symposiums].

Diess. (Hgg.): *Philosophie der Naturwissenschaften.* Wien 1989. [Akten des 13. Internationalen Wittgenstein-Symposiums].

Schweidler, W.: *Wittgensteins Philosophiebegriff.* Freiburg/München 1983.

Sefler, G. F.: *Language and the World. A Methodological-Structural Synthesis within the Writings of Martin Heidegger and Ludwig Wittgenstein.* Atlantic Highlands 1974.

Sehouk, T.: *Wittgensteinian Linguistics.* The Hague 1974.

Shanker, S. G. (Hg.): *Ludwig Wittgenstein. Critical Assessments.* 5 Bände. London 1986.

Shibles, W. A.: *Wittgenstein. Sprache und Philosophie.* Bonn 1973.

Staten, H.: *Wittgenstein and Derrida.* Oxford 1984.

Stegmüller, W.: *Aufsätze zu Kant und Wittgenstein.* Darmstadt 1974.

Terricabras, J. M.: *Ludwig Wittgenstein. Kommentar und Interpretation.* Freiburg/München 1978.

Thiele, S.: *Die Verwicklungen im Denken Wittgensteins.* Freiburg/ München 1983.

Travis, C.: *The Uses of Sense. Wittgenstein's Philosophy of Language.* Oxford 1989.

Vanieri, M.: *Wittgenstein über philosophische Erklärung.* Frankfurt a. M. 1989.

Vesey, G. (Hg.): *Understanding Wittgenstein.* London/New York 1974.

Ders.: *Meaning and Understanding. Locke and Wittgenstein.* Milton Keynes 1976.

Winch, P.: *Trying to Make Sense.* Oxford 1987.

Ders. (Hg.): *Studies in the Philosophy of Wittgenstein.* London 1969.

Wright, G. H. v.: *Wittgenstein.* Frankfurt a. M. 1990.

8. Tractatus logico-philosophicus

Anscombe, G. E. M.: *An Introduction to Wittgenstein's ›Tractatus‹.* London ³ 1967.

Bachmeier, P.: *Wittgenstein und Kant. Versuch zum Begriff des Transzendentalen.* Frankfurt a. M. 1978.

Black, M.: *A Companion to Wittgenstein's ›Tractatus‹.* Cambridge 1967.

Bramann, J. K.: *Wittgenstein's ›Tractatus‹ and the Modern Arts.* Rochester/New York 1984.

Borgis, I.: *Index zu Wittgensteins ›Tractatus‹ und Wittgenstein-Bibliographie.* Freiburg 1968.

Burkhardt, J.: *Die Bildtheorie der Sprache in Wittgensteins ›Tractatus logico-philosophicus‹.* Freiburg 1972 (Diss.).

Carl, W.: *Sinn und Bedeutung. Studien zu Frege und Wittgenstein.* Königstein/Ts. 1982.

Carruthers, P.: *Tractarian Semantics. Finding Sense in Wittgensteins's ›Tractatus‹.* Oxford 1989.

Ders.: *The Metaphysics of the ›Tractatus‹.* Cambridge/New York u. a. 1990.

Clegg, J. S.: *Logical Mysticism and the Cultural Setting of Wittgenstein's ›Tractatus‹*. In: *Schopenhauer-Jahrbuch*, 59 (1978). S. 29–47.

Copi, I. M./Beard, B. W. (Hgg.): *Essays on Wittgenstein's ›Tractatus‹*. London/New York 1966.

Daniels, C. B./Davison, J.: *Ontology and Method in Wittgensteins's ›Tractatus‹*. In: *Nous*, 7 (1973). S. 233–247.

Derwort, M.: *Die Bildtheorie der Sprache in Wittgenstein's ›Tractatus logico-philosophicus‹*. Freiburg 1972 (Diss.).

Dietrich, R. A.: *Sprache und Wirklichkeit in Wittgensteins ›Tractatus‹*. Tübingen 1973.

Ders.: *Untersuchungen über den Begriff des ›Mystischen‹ in Wittgensteins ›Tractatus‹*. Göttingen 1971 (Diss.).

Fahrenbach, H.: *Die logisch-hermeneutische Problemstellung in Wittgensteins ›Tractatus‹*. In: Bubner, R. u. a. (Hgg.): *Hermeneutik und Dialektik*. Bd. 2. Tübingen 1970.

Favrholdt, D.: *An Interpretation and Critique of Wittgenstein's ›Tractatus‹*. New York 1965.

Finch, H. L.: *Wittgenstein. The Early Philosophy. An Exposition of the ›Tractatus‹*. New York 1971.

Haller, R.: *Sprachkritik und Philosophie: Wittgenstein und Mauthner*. In: Doppler, A. (Hg.): *Sprachthematik in der österreichischen Philosophie des 20. Jahrhunderts*. Wien 1974.

Heinrich, R.: *Einbildung und Darstellung. Zum Kantianismus des frühen Wittgenstein*. Düsseldorf 1977.

Hintikka, J.: *On Wittgenstein's ›Solipsism‹*. In: *Mind*, 67. (1958). S. 88–91.

Huber, K.: *Wahrheitstheorie als Aussagentheorie. Untersuchungen zu Wittgensteins ›Tractatus‹*. Königstein/Ts. 1979.

Hülser, K.: *Die Unterscheidung ›sagen-zeigen‹, das Logische und die ›Wahrheit‹ in Wittgensteins ›Tractatus‹*. In: *Kantstudien*, 65 (1974). S. 457–475.

Ders.: *Wahrheitstheorie als Aussagentheorie. Untersuchungen zu Wittgensteins ›Tractatus‹*. Königstein/Ts. 1979.

Ishiguro, H.: *Namen. Gebrauch und Bezugnahme*. In: Schulte, J. (Hg.): *Texte zum ›Tractatus‹*. Frankfurt a. M. 1989.

Janik, A.: *Schopenhauer and the Early Wittgenstein*. In: *Philosophical Studies* (Irland), 15 (1966). S. 76–95.

Klemke, E. D.: *Popper's Criticisms of Wittgenstein's ›Tractatus‹*. In: *Midwest Studies in Philosophy*, 6 (1981). S. 239–261.

Lange, E. M.: *Wittgenstein und Schopenhauer. Logisch-philosophische Abhandlung und Kritik des Solipsismus*. Cuxhaven 1989.

Lütterfelds, W.: *Die Dialektik ›Sinnvoller Sprache‹ in Wittgensteins ›Tractatus logico-philosophicus‹*. In: *Zeitschrift für Philosophische Forschung*, 28 (1974). S. 562–584.

Ders.: *Zur sprachanalytischen Rehabilitierung des Kantischen Idealismus bei Wittgenstein.* In: *Zeitschrift für Didaktik und Philosophie,* 3 (1981). S. 78–87.

Ders.: *Bin ich nur öffentliche Person? Ernst Tugendhats Idealismuskritik (Fichte) ein Anstoß zur transzendentalen Sprachanalyse (Wittgenstein).* Königstein/Ts. 1982.

Malcolm, N.: *Sprache und Gegenstände.* In: Schulte, J. (Hg.): *Texte zum ›Tractatus‹.* Frankfurt a. M. 1989.

Martin, M. J.: *The Views of Whitehead and Wittgenstein in ›Process and Reality‹ and the ›Tractatus logico-philosophicus‹.* Carbondale 1978.

Maslow, A.: *A Study in Wittgenstein's ›Tractatus‹.* Berkeley/Los Angeles u. a. 1961.

McGuinness, B.: *Der Grundgedanke des ›Tractatus‹.* In: Schulte, J. (Hg.): *Texte zum ›Tractatus‹.* Frankfurt a. M. 1989.

Ders.: *Die Mystik des ›Tractatus‹.* In: Schulte, J. (Hg.): *Texte zum ›Tractatus‹.* Frankfurt a. M. 1989.

Ders.: *The So-Called Realism of Wittgenstein's ›Tractatus‹.* In: Block, I. (Hg.): *Perspectives on the Philosophy of Wittgenstein.* Oxford 1981.

Michel, N.: *Eine Grundlegung der Pädagogik in der Frühphilosophie Ludwig Wittgensteins.* Frankfurt a. M./Bern 1981.

Morrison, J.: *Meaning and Truth in Wittgenstein's ›Tractatus‹.* The Hague 1968.

Mounce, H. O.: *Wittgenstein's ›Tractatus‹. An Indroduction.* Oxford 1981.

Müller, A.: *Ontologie in Wittgensteins ›Tractatus‹.* Bonn 1967.

Niedermair, K.: *Wittgensteins ›Tractatus‹ und die Selbstbezüglichkeit der Sprache.* Frankfurt a. M. 1987.

Passmore, J. A.: *Some Cambridge Philosophers and Wittgenstein's ›Tractatus‹.* In: Ders.: *A Hundred Years of Philosophy.* London 1957. S. 354–368.

Pears, D.: *Die Beziehung zwischen Wittgensteins Bildtheorie des Satzes und Russells Urteilstheorien.* In: Schulte, J. (Hg.): *Texte zum ›Tractatus‹.* Frankfurt a. M. 1989.

Ramsey, F.: *Rezension des ›Tractatus‹.* In: Schulte, J. (Hg.): *Texte zum ›Tractatus‹.* Frankfurt a. M. 1989.

Ridder, L.: *Die Ontologie des Logischen Atomismus. Eine kritisch-systematische Bestandsaufnahme.* Frankfurt a. M. 1989.

Schulte, J. (Hg.): *Texte zum ›Tractatus‹.* Frankfurt a. M. 1989. (Schulte 1989b).

Sluga, H.: *Subjectivity in the ›Tractatus‹.* In: *Synthese,* 56 (1983). S. 123–139.

Stenius, E.: *Wittgensteins ›Traktat‹. Eine kritische Darlegung seiner Hauptgedanken.* Frankfurt a. M. 1969.

Stripling, S. R.: *The Picture Theory of Meaning. An Interpretation of Wittgenstein's ›Tractatus logico-philosophicus‹.* Lanham 1978.

Uhlemann, B.: *Wittgensteins ›Tractatus‹ im Spiegel von Kants Transzendentalphilosophie und Schopenhauers Idealismus*. Konstanz 1989 (Diss.).

Worthington, B. A.: *Selfconciousness and Selfreference. An Interpretation of Wittgenstein's ›Tractatus‹*. Aldershot u. a. 1988.

9. Zum späteren Werk

Altieri, C.: *Wittgenstein on Consciousness and Language. A Challenge to Derridean Literary Theory*. In: *Modern Language Notes*, 91 (1976). S. 1397–1423.

Assoun, P.-L. : *Freud et Wittgenstein*. Paris 1988.

Baker, G. P./Hacker, P. M. S.: *Wittgenstein. Understanding and Meaning. An Analytical Commentary on Wittgenstein's ›Philosophical Investigations‹*. 1. Teil. Oxford 1980.

Diess.: *Wittgenstein. Rules, Grammar and Necessity. An Analytical Commentary on the ›Philosophical Investigations‹*. 2. Teil. Oxford 1985.

Diess.: *Scepticism, Rules and Language*. Oxford 1984.

Diess.: *On Misunderstanding Wittgenstein. Kripke's Private Language Argument*. In: *Synthese*, 58 (1984). S. 407–450.

Beerling, R. F.: *Sprachspiele und Weltbilder. Reflexionen zu Wittgenstein*. Freiburg/München 1980.

Bensch, R.: *Ludwig Wittgenstein. Die apriorischen und mathematischen Sätze in seinem Spätwerk*. Bonn 1972.

Bernays, P.: *Betrachtungen zu Ludwig Wittgensteins ›Bemerkungen über die Grundlagen der Mathematik‹*. In: *Ratio*, 1 (1959/60). S. 1–22.

Billing, H.: *Wittgensteins Sprachspielkonzeption*. Bonn 1980.

Birnbacher, D.: *Die Logik der Kriterien. Analysen zur Spätphilosophie Wittgensteins*. Hamburg 1974.

Birnbacher, D./Burckhardt, A. (Hgg.): *Sprachspiel und Methode. Zum Stand der Wittgenstein-Diskussion*. Berlin/New York 1985.

Bloor, D.: *Wittgenstein. A Social Theory of Knowledge*. London/Basingstoke 1983.

Ders.: *Wittgenstein and Social Science*. New York 1983.

Brockmann, J.: *Einstein, Frankenstein & Co. oder die Geburt der Zukunft. Die Bilanz unseres naturwissenschaftlichen Weltbildes an der Schwelle zum 3. Jahrtausend*. Bern/München/Wien 1990.

Brose, K.: *Möglichkeiten und Grenzen des Sprachspiels. Zur Systematik in Wittgensteins ›Philosophischen Untersuchungen‹*. In: *Ratio*, 27/2 (1985). S. 106–114.

Brunner, H.: *Vom Nutzen des Scheiterns. Eine literaturwissenschaftliche Interpretation von Ludwig Wittgensteins ›Philosophischen Untersuchungen‹*. Bern 1985.

Chapman, M. u. a. (Hgg.): *Meaning and the Growth of Understanding. Wittgenstein's Significance for Developmental Psychology.* Berlin u. a. 1987.

Dubsky, R. S.: *A Comparison of Heidegger's and Wittgenstein's Departure from Traditional Formulations of World, Language and Truth.* Ann Arbor 1988.

Engel, S.: *Wittgenstein's Doctrine of the Tyranny of Language. An Historical and Critical Examination of his ›Blue Book‹.* The Hague 1968.

Finch, H. L.: *Wittgenstein's Last Word: ›On Certainty‹.* In: *International Philosophical Quarterly,* 15 (1975). S. 383–395.

Finch, H. L.: *Wittgenstein. The Later Philosophy. An Exposition of the ›Philosophical Investigations‹.* Atlantic Highlands 1977.

Fischer, H. R.: *Sprache und Lebensform. Wittgenstein über Freud und die Geisteskrankheit.* Frankfurt a. M. 1987.

Fretlöh, S.: *Relativismus versus Universalismus. Zur Kontroverse über Verstehen und Übersetzen in der angelsächsischen Sprachphilosophie: Winch, Wittgenstein, Quine.* Aachen 1989.

Galliker, M.: *Müssen wir auf das Sprechen vorbereiten? Ein genetisch praktischer Ansatz der Psycholinguistik auf der Grundlage von Wittgenstein.* Bern/Stuttgart 1977.

Gebauer, G.: *Wortgebrauch, Sprachgebrauch. Beiträge zu einer Theorie der Bedeutung im Anschluß an die spätere Philosophie Wittgensteins.* München 1971.

Giegel, H. J.: *Die Logik der seelischen Ereignisse. Zu Theorien von Ludwig Wittgenstein und W. Sellars.* Frankfurt a. M. 1969.

Halle, P.: *Wittgenstein's Grammatical Empirical Distinction.* In: *The Journal of Philosophy,* 60 (1963). S. 565–578.

Hallet, G.: *The Bottle and the Fly.* In: *Thought,* 46 (1971). S. 83–104.

Ders.: *Wittgenstein's Definition of Meaning as Use.* New York 1967.

Ders.: *A Companion to Wittgenstein's ›Philosophical Investigations‹.* Ithaca/New York 1977.

Hanfling, O.: *Wittgenstein's Later Philosophy.* Albany 1989.

Hanly, C./Lazerowitz, M. (Hgg.): *Psychoanalysis and Philosophy.* New York 1970.

Henze, D./Sanders, J.: *The Private-Language Problem. A Philosophical Dialogue.* New York 1967.

Hervey, H.: *The Problem of the Model Language-Game in Wittgenstein's Later Philosophy.* In: *Philosophy,* 36 (1961). S. 333–351.

Hilmy, S. S.: *The Later Wittgenstein. The Emergence of a New Philosophical Method.* Oxford 1987.

Holtzmann, S. H./Leich, C. M.: *Wittgenstein: to Follow a Rule.* London/Boston/Henley 1981.

Horwich, P.: *Critical Notice: Saul Kripke: ›Wittgenstein on Rules and Private Language‹.* In: *Philosophy of Science,* 51 (1984). S. 163–171.

Huff, D.: *Family Resmblances and Rule-Governed Behaviour*. In: *Philosophical Investigations*, 4 (1981). S. 1–23.

Hughes, J.: *Wittgenstein and the Social Sciences. Some Matters of Interpretation*. In: *Sociological Review*, 25 (1977). S. 721–741.

Jakobi-Ullah, V.: *Die Suche nach der Identität des Menschen in den anthropologischen Sprachspielen Karl Barths und Ludwig Wittgensteins*. Berlin 1988 (Diss.).

Jones, O. R. (Hg.): *The Private Language Argument Controversies*. London/New York 1971.

Kisro-Völker, S.: *Die unverantwortete Sprache. Esoterische Literatur und atheoretische Philosophie als Grenzfälle medialer Selbstreflexion. Eine Konfrontation von James Joyces ›Finnegans Wake‹ und Ludwig Wittgensteins ›Philosophischen Untersuchungen‹*. München 1981.

Kripke, Saul: *Wittgenstein on Rules and Private Language*. Oxford 1982. (Dt.: *Wittgenstein über Regeln und Privatsprache*. Frankfurt a. M. 1987).

Kubczak, H.: *Überlegungen zu Wittgensteins ›Familienähnlichkeiten‹*. In: *Zeitschrift für Romanische Philologie*, 98 (1982). S. 1–19.

Lang, M.: *Wittgensteins philosophische Grammatik. Entstehung und Perspektiven der Strategie eines radikalen Aufklärers*. Köln 1971. (Diss.).

Lazerowitz, M.: *The Language of Philosophy. Freud and Wittgenstein*. Dordrecht 1977.

Lenk, H.: *Zu Wittgensteins Theorie der Sprachspiele*. In: *Kantstudien*, 58 (1967). S. 458–580.

Lorenzer, Alfred: *Sprachspiel und Interaktionsform*. Frankfurt a. M. 1977.

Ders.: *Hermeneutik des Leibes. Über die Naturwissenschaftlichkeit der Psychoanalyse*. In: *Merkur*, 9/10 (1988). S. 838–852.

Malcolm, N./Strawson, P. F. u. a.: *Über Ludwig Wittgenstein*. Frankfurt a. M. 1968.

Martin, D. M.: *An Index for Wittgenstein's ›On Certainty‹*. In: *Philosophy Research Archives*, 9 (1983).

McHoul, A. W.: *Remarks on Moore's Conception and Defense of Common Sense*. In: *Dialectica*, 35 (1982). S. 399–413.

McKinnon, A./Kaal, H.: *Concordance to Wittgensteins's ›Philosophische Untersuchungen‹*. Oxford 1971.

Meder, N.: *Der Sprachspieler. Der postmoderne Mensch oder das Bildungsideal im Zeitalter der neuen Technologien*. Köln 1987.

Molitor, A.: Bemerkungen zu Ludwig Wittgensteins posthumer Philosophie der Mathematik. In: *Salzburger Jahrbuch für Philosophie*, 10/11 (1966/67). S. 35–63.

Morawetz, T.: *Wittgenstein and Knowledge. The Importance of ›On Certainty‹*. Amherst 1978.

Morstein, P. von: *Kripke, Wittgenstein and the Private Language Argument*. In: *Grazer Philosophische Studien*, 11 (1980). S. 61–74.

Muhr, P.: *Der Souverän über die konkrete Sprachordnung. Bemerkungen zu Kripkes elementarer Darstellung des Problems des Regelfolgens und des Arguments gegen private Sprachen in Wittgensteins ›Philosophischen Untersuchungen‹.* Frankfurt a. M. 1989.

Ohler, M.: *Sprache und ihre Begründung. Wittgenstein contra Searle.* Köln 1988.

Passmore, J. A.: *Wittgenstein and Ordinary Language Philosophy.* In: Ders.: *A Hundred Years of Philosophy.* London 1957. S. 431–475.

Peppinghaus, B.: *Some Aspects of Wittgenstein's ›Philosophy of Mathematics‹.* Leeds 1973. [Proceedings of the Bertrand Russell Memorial Logic Conference, Denmark 1971]

Phillips, D. L.: *Wittgenstein and Scientific Knowledge. A Sociological Perspective.* London 1979.

Pitcher, G. (Hg.): *Wittgenstein. The ›Philosophical Investigations‹. A Collection of Critical Essays.* Garden City/New York 1966.

Pradhan, M. R. C.: *Language and Experience. An Interpretation of the Later Philosophy of Wittgenstein.* Meerut 1981.

Price, J. T.: *Language and Being in Wittgenstein's ›Philosophical Investigations‹.* The Hague 1973.

Prose, K.: *Wittgenstein als Sprachphilosoph und Pädagoge. Grundlagen zu einer Philosophie der Kindersprache.* Frankfurt a. M. 1987.

Ders.: *Möglichkeiten und Grenzen des Sprachspiels. Zur Systematik in Wittgensteins ›Philosophischen Untersuchungen‹.* In: *Ratio*, 27/2 (1985). S. 106–114.

Raggio, A. R.: *Einige Betrachtungen zum Begriff des Spiels.* In: *Kantstudien*, 61 (1970). S. 227–237.

Reeder, H. P.: *Language and Experience. Descriptions of Living Language in Husserl and Wittgenstein.* Lanham/Baltimore 1984.

Rentsch, T.: *Heidegger und Wittgenstein. Existenzial- und Sprachanalysen zu den Grundlagen philosophischer Anthropologie.* Stuttgart 1985.

Richardson, J. T. E.: *The Grammar of Justification. An Interpretation of Wittgenstein's Philosophy of Language.* London/New York 1976.

Rosenberg, J. F.: *Wittgenstein's Self-Criticisms or ›Whatever Happened to the Picture Theory?‹.* In: *Nous*, 4 (1970). S. 209–223.

Rubinstein, D.: *Marx and Wittgenstein. Social Praxis and Social Explanation.* London 1981.

Rundle, B.: *Grammar in Philosophy.* Oxford 1979.

Savigny, Eike v.: *Wittgensteins ›Philosophische Untersuchungen‹. Ein Kommentar für Leser.* 2 Bände. Frankfurt a. M. 1988/89.

Schulte, J.: *Erlebnis und Ausdruck. Wittgensteins Philosophie der Psychologie.* München 1987.

Senchuk, D. M.: *Private Objects. A Study of Wittgenstein's Method.* In: *Metaphilosophy*, 7 (1976). S. 217–240.

Shanker, S. G.: *Wittgenstein and the Turning Point in the Philosophy of Mathematics.* London 1986.

Sherry, P.: *Religion, Truth and Language-Games.* London/New York 1977.

Shibles, W. A.: *Death: An Interdisciplinary Analysis.* Whitewater 1974.

Ders.: *Emotion: The Method of Philosophical Therapy.* Whitewater 1974.

Specht, E. K.: *The Foundations of Wittgenstein's Late Philosophy.* Manchester 1967.

Ders.: *Die sprachphilosophischen und ontologischen Grundlagen im Spätwerk Ludwig Wittgensteins.* In: *Kantstudien,* Ergänzungsheft 84 (1963).

Stegmüller, W.: *Kripkes Deutung der Spätphilosophie Wittgensteins. Kommentarversuch über einen versuchten Kommentar.* Stuttgart 1986.

Stern, J. P.: *Comparing Wittgenstein and Lichtenberg.* In: Ders.: *A Doctrine of Scattered Occasions.* Bloomington 1959.

Stetter, C.: *Sprachkritik und Transformationsgrammatik. Zur Bedeutung der Philosophie Wittgensteins für die sprachwissenschaftliche Theorienbildung.* Düsseldorf 1974.

Strawson, P. F.: *Wittgenstein's ›Philosophical Investigations‹.* In: Ders.: *Freedom and Resentment and Other Essays.* London 1974.

Studhalter, K.: *Ethik, Religion und Lebensform bei Ludwig Wittgenstein.* Innsbruck 1973.

Svensson, G.: *On Doubting the Reality of Reality. Moore and Wittgenstein on Sceptical Doubts.* Stockholm 1981.

Teuwsen, R.: *Familienähnlichkeit und Analogie. Zur Semantik genereller Termini bei Wittgenstein und Thomas von Aquin.* Freiburg/München 1988.

Volk, U.: *Das Problem eines semantischen Skeptizismus. Saul Kripkes Wittgenstein-Interpretation.* Rheinfelden 1988.

Vonderach, G.: *Verstricktsein in Sprachspiele, Metaphern und Geschichten. Quellenkunde zur Erschließung sprachkritischer und geschichtsphänomenologischer Philosophie (Wittgenstein, Mauthner, Schlapp) als Voraussetzung für eine ›qualitative‹ Sozialforschung.* Oldenburg 1984.

Weidenhammer, B.: *Sprachgebrauch und Lebensform. Untersuchungen zum Konzept der Beschreibungen und in dessen Perspektive den Begriffen der Regel und der Lebensform in Wittgensteins Spätphilosophie.* Aachen 1976 (Diss.).

Wenning, W.: *Sehtheorie und Wittgensteins Sprachphilosophie.* In: Birnbacher, D./Burckhardt, A. (Hgg.): *Sprachspiel und Methode. Zum Stand der Wittgenstein-Diskussion.* Berlin/New York 1985.

Westphal, J.: *Colour. Some Philosophical Problems from Wittgenstein.* Oxford 1987.

Wiggershaus, R. (Hg.): *Sprachanalyse und Soziologie. Die sozialwissenschaftliche Relevanz von Wittgensteins Sprachphilosophie.* Frankfurt a. M. 1975.

Ders.: *Materialien zu Wittgensteins Sprachanalyse und Soziologie.* Frankfurt 1975.

Ders.: *Zum Begriff der Regel in der Philosophie der Umgangssprache. Über Wittgenstein, Austin und Searle.* Frankfurt a. M. 1974 (Diss.).

Wright, C.: *Wittgenstein on the Foundations of Mathematics.* London 1980.

Wuchterl, K.: *Struktur und Sprachspiel bei Wittgenstein.* Frankfurt a. M. 1969.

Zimmermann, J.: *Wittgensteins sprachphilosophische Hermeneutik.* Frankfurt a. M. 1975.

10. Andere Texte

Apel, K.-O.: *Diskurs und Verantwortung.* Frankfurt a. M. 1990.

Bernhard, T.: *Korrektur.* Frankfurt a. M. 1975.

Ders.: *Der Keller. Eine Entziehung.* München [3]1982.

Ders.: *Wittgensteins Neffe. Eine Freundschaft.* Frankfurt a. M. 1982.

Ders.: *Holzfällen. Eine Erregung.* Frankfurt a. M. 1984.

Breger, H.: *Naturwissenschaftlicher Energiebegriff und historische Kritik.* In: *Konkursbuch*, 14, ›Natur und Wissenschaft‹, (1985). S. 75–94.

Eagleton, T.: *Saints and Scholars.* London 1987.

Eckermann, J. P.: *Gespräche mit Goethe.* 1. Band. Hg. von F. Bergemann. Frankfurt a. M. 1981.

Feyerabend, P.: *Wissenschaft als Kunst.* Frankfurt a. M. 1984.

Frege, G.: *Begriffsschrift* (1879). Darmstadt 1971.

Ders.: *Grundgesetze der Arithmetik* (1. Band. 1893; 2. Band 1903). Hildesheim 1966.

Freud, S.: *Das Unbehagen in der Kultur.* Frankfurt a. M. 1972.

Fromm, E.: *Die Entdeckung des gesellschaftlichen Unbewußten.* Weinheim/Basel 1990.

Gamm, G.: *Simulierte Natur. Zur Kritik der ökologischen Vernunft.* In: *Konkursbuch*, 14, ›Natur und Wissenschaft‹, (1985). S. 47–74.

Gabriel, G./Schildknecht, C. (Hgg.): *Literarische Formen der Philosophie.* Stuttgart 1990.

Geertz, C.: *Die künstlichen Wilden.* München/Wien 1990.

Goethe, J. W.: *Xenien.* Frankfurt a. M. 1986.

Ders.: *Farbenlehre.* Hg. von G. Ott und H. O. Proskauer. Stuttgart [3]1984.

Goethes Werke. Hg. von E. Trunz. München, Bd. 12 [9]1981, Bd. 13 [8]1981. [›Hamburger Ausgabe‹: HA].

Habermas, J.: *Theorie des kommunikativen Handelns.* 2 Bände. Frankfurt a. M. 1988. (Habermas 1988a)

Ders.: *Nachmetaphysisches Denken.* Frankfurt a. M. 1988. (Habermas 1988b)

Hendrichs, H.: *Modell und Erfahrung. Ein Beitrag zur Überwindung der Sprachbarriere zwischen Naturwissenschaft und Philosophie.* Freiburg/München 1973.

Ders.: *Lebensprozesse und wissenschaftliches Denken. Zur Logik der Lebendigkeit und ihrer Erstarrung in den Wissenschaften.* Freiburg/München 1988.

James, W.: *The Principles of Psychology.* 1890.

Käfer, D.: *Methodenprobleme und ihre Behandlung in Goethes Schriften zur Naturwissenschaft.* Köln/Wien 1982.

Kafka, F.: *Tagebücher.* Hg. von H. G. Koch, M. Müller u. M. Pasley. Frankfurt a. M. 1990.

Kambartel, F.: *Philosophische Perspektiven der Diskussion um die Grundlagen der Mathematik. Zu Verlauf und Konsequenzen eines Kapitels der Philosophiegeschichte.* In: *Archiv für die Geschichte der Philosophie,* 45 (1963). S. 157–193.

Ders.: *Philosophie der humanen Welt.* Frankfurt a. M. 1989.

Kant, I.: *Kritik der reinen Vernunft.* Hg. von R. Schmidt. Hamburg 1956.

Ders.: *Prolegomena zu einer jeden künftigen Metaphysik, die als Wissenschaft wird auftreten können.* Hg. von K. Vorländer. Hamburg 1976 (Nachdruck der 6. Auflage von 1920).

Kraft, V.: *Der Wiener Kreis. Der Ursprung des Neopositivismus.* Wien/New York [2]1968.

Kraus, K.: *Die Sprache.* Frankfurt a. M. 1987.

Lazerowitz, M.: *The Relevance of Psychoanalysis to Philosophy.* In: Ders.: *Studies in Metaphilosophy.* London 1964.

Levy-Strauss, C.: *Das wilde Denken.* Frankfurt a. M. 1979.

Mainzer, K.: *Der Konstruktionsbegriff in der Mathematik.* In: *Philosophia Naturalis,* 12 (1970). S. 367–412.

Marcuse, H.: *Der eindimensionale Mensch. Studien zur Ideologie der fortgeschrittenen Industriegesellschaft.* Darmstadt 1967.

Mauthner, F.: *Beiträge zu einer Kritik der Sprache.* 3 Bände. Frankfurt a. M./Berlin/Wien 1982.

Mehrtens, H.: *Moderne, Sprache, Mathematik. Eine Geschichte des Streits um die Grundlagen der Disziplin und des Subjekts formaler Systeme.* Frankfurt a. M. 1990.

Meschkowski, H.: *Einführung in die moderne Mathematik.* Mannheim 1971.

Moore, G. E.: *Philosophical Papers.* London 1959.

Mundle, C. W. K.: *A Critique of Linguistic Philosophy with Second Thoughts. An Epilogue after Ten Years.* Oxford 1970.

Nagl, L./Vetter, H./Leopold-Löwenthal, H. (Hgg.): *Philosophie und Psychoanalyse.* Frankfurt a. M. 1990.

Ogden, C. K./Richards, I. A.: *The Meaning of Meaning.* London 1923.

Rossi-Landi, F.: *Sprache als Arbeit und Markt.* München 1972.

Russell, B.: *The Principles of Mathematics.* London [8]1964.

Ders.: *Die Philosophie des Logischen Atomismus. Aufsätze zur Logik und Erkenntnistheorie. 1910–1918.* Ausgewählt, übersetzt und eingeleitet von J. Sinnreich. München 1979.

Ders./Whitehead, A. N.: *Principia Mathematica.* 3 Bände. Cambridge 1966 (Nachdruck).

Schaff, A.: *Sprache und Erkenntnis.* Reinbek 1974.

Schiller, F.: *Sämtliche Werke. 5. Bd. Erzählungen/Theoretische Schriften.* Hg. von G. Fricke und H. G. Göpfert. München 1959.

Schöne, A.: *Goethes Farbentheologie.* München 1987.

Spengler, O.: *Der Untergang des Abendlandes.* München ⁹1988.

Staiger, E. (Hg.): *Der Briefwechsel zwischen Schiller und Goethe.* Frankfurt a. M. 1977.

Waismann, F.: *Logik, Sprache, Philosophie.* Hg. von G. P. Baker u. B. McGuinness. Stuttgart 1977.

Winch, P.: *Die Idee der Sozialwissenschaft und ihr Verhältnis zur Philosophie.* Frankfurt a. M. 1966 (engl. 1959).

Personenregister

Adorno, Theodor W. 149
Ambrose, Alice 173 f.
Angelus Silesius 11
Anscombe, G. E. M. 81
Apel, Karl-Otto 178
Aristoteles 60
Austin, John Langshaw 98

Bartley III, William Warren 3
Berkeley, George 151
Bernhard, Thomas 11, 15 f., 84
Boltzmann, Ludwig 85
Bonaparte, Jerome 2
Brahms, Johannes 2
Braumüller, Wilhelm 22
Brouwer, Luitzen Egbertus Jan 69, 127, 132 ff.

Cantor, Georg 128, 140 ff., 188
Carnap, Rudolf 16, 18
Chomsky, Noam 163
Claudius, Matthias 24

Drury, M. O'C 78

Engelmann, Paul 9, 15

Ficker, Ludwig von 8, 22, 26
Finch, Henry Le Roy 170
Frazer, James Georg 94
Frege, Gottlob 4, 6, 18, 22, 28, 43, 47 f., 52 f., 85, 106, 132, 137
Freud, Sigmund 69 ff., 74, 78, 166, 171 ff.
Fromm, Erich 177

Geach, Peter 82
Geertz, Clifford 179
Gödel, Kurt 139
Goethe, Johann Wolfgang 5, 85–97, 182, 186

Habermas, Jürgen 149 f., 178
Hänsel, Ludwig 12 f., 15
Hertz, Heinrich 5, 85, 172
Hilbert, David 69, 127, 131 f., 139
Hitler, Adolf 3, 15
Hofmannsthal, Hugo von 5, 43
Hume, David 119

Ishiguro, Hidé 37 f.

Kafka, Franz 58
Kant, Immanuel 5, 28 f., 38, 42, 56, 62, 88, 150, 152
Keynes, John Maynard 6, 9, 74, 76 f.
Kierkegaard, Sören 5, 11, 28
Klein, Felix 132
Klimt, Gustav 2
Kokoschka, Oskar 8
Kraus, Karl 5, 22, 85 f.
Kripke, Saul 162 f.
Kürnberger, Ferdinand 24

Lasker-Schüler, Else 8
Lazerowitz, Morris 173 f.
Levy-Strauss, Claude 154
Loos, Adolf 5, 9, 85
Lorenzer, Alfred 179

Mach, Ernst 5
Mahler, Gustav 2
Malcolm, Norman 37 ff., 71, 78 ff., 146
Marcuse, Herbert 19
Mauthner, Fritz 5, 27, 43
McGuiness, Brian 1, 52
Monk, Ray 1, 77
Moore, George Edward 6 f., 23, 74 f. 78, 140, 146 ff., 150–156, 159 f., 164 f., 174

Newton, Isaac 88, 96
Nietzsche, Friedrich 89

Pinsent, David Hume 7, 9
Plato 186
Popper, Karl 156
Prokofjew, Sergej 2

Ramsey, Frank 12, 27, 42, 69, 74
Ravel, Maurice 2
Rhees, Rush 78, 81, 171
Rilke, Rainer Maria 8, 22
Runge, Philipp Otto 92
Russell, Bertrand 4 ff., 11, 18, 20,
    22 f., 28, 44, 47 ff., 74 f., 85,
    106, 115, 119 ff.
Ryle, Gilbert 98

Schiller, Friedrich 60, 96, 184
Schlick, Moritz 13, 16, 18, 61, 75
Schönberg, Arnold 5
Schopenhauer, Arthur 5, 28, 85,
    166
Schulte, Joachim 19, 81 ff., 153
Searle, John 98
Seyß-Inquart, Arthur 15
Sjögren, Arvid 12
Spengler, Oswald 85, 89 ff., 95
Spinoza, Baruch 23
Sraffa, Piero 85

Stonborough-Wittgenstein, Mar-
    garete – s. u. Wittgenstein,
    Margarete
Strauss, Richard 2

Tolstoi, Leo 5
Trakl, Georg 8

Waismann, Friedrich 16, 76
Walter, Bruno 2
Weininger, Otto 85
Wenning, Wolfgang 174 f.
Winch, Peter 178
Wittgenstein, Hans 2
Wittgenstein, Hermann Christian
    2
Wittgenstein, Hermine 3, 6 f.,
    12 f., 16, 80
Wittgenstein, Karl 1 f., 7
Wittgenstein, Kurt 3, 9
Wittgenstein, Leopoldine 1 f.
Wittgenstein, Margarete 9, 15
Wittgenstein, Moses Meier 2
Wittgenstein, Paul (Bruder) 2
Wittgenstein, Paul (Onkel) 9, 20
Wittgenstein, Rudolf 2 f.
Wright, Georg Henrik von 1, 21,
    81, 99
Wünsche, Konrad 11, 14

211

Sammlung Metzler

SM   1   Raabe *Einführung in die Bücherkunde*
SM   5   Moser *Annalen der deutschen Sprache*
SM   6   Schlawe *Literarische Zeitschriften 1885–1910*
SM   7   Hoffmann *Nibelungenlied*
SM   9   Rosenfeld *Legende*
SM 10   Singer *Der galante Roman*
SM 12   Nagel *Meistersang*
SM 13   Bangen *Die schriftliche Form germanist. Arbeiten*
SM 14   Eis *Mittelalterliche Fachliteratur*
SM 15   Weber/Hoffmann *Gottfried von Straßburg*
SM 16   Lüthi *Märchen*
SM 18   Meetz *Friedrich Hebbel*
SM 24   Schlawe *Literarische Zeitschriften 1910–1933*
SM 25   Anger *Literarisches Rokoko*
SM 26   Wodtke *Gottfried Benn*
SM 28   Frenzel *Stoff-, Motiv- und Symbolforschung*
SM 32   Wisniewski *Kudrun*
SM 33   Soeteman *Deutsche geistliche Dichtung des 11. u. 12. Jh.s*
SM 36   Bumke *Wolfram von Eschenbach*
SM 40   Halbach *Walther von der Vogelweide*
SM 41   Hermand *Literaturwissenschaft und Kunstwissenschaft*
SM 44   Nagel *Hrotsvit von Gandersheim*
SM 46   Hecht *Christian Reuter*
SM 47   Steinmetz *Die Komödie der Aufklärung*
SM 51   Koopmann *Friedrich Schiller II: 1794–1805*
SM 52   Suppan *Volkslied*
SM 53   Hain *Rätsel*
SM 54   Huet *Traité de l'origine des romans. Faksimiledruck*
SM 57   Siegrist *Albrecht von Haller*
SM 59   Behrmann *Einführung in die Analyse von Prosatexten*
SM 60   Fehr *Jeremias Gotthelf*
SM 63   Boeschenstein-Schäfer *Idylle*
SM 64   Hoffmann *Altdeutsche Metrik*
SM 65   Guthke *Gotthold Ephraim Lessing*
SM 66   Leibfried *Fabel*
SM 67   von See *Germanische Verskunst*
SM 68   Kimpel *Der Roman der Aufklärung (1670–1774)*
SM 71   Helmers *Wilhelm Raabe*
SM 72   Düwel *Einführung in die Runenkunde*
SM 74   Raabe/Ruppelt *Quellenrepertorium*
SM 75   Hoefert *Das Drama des Naturalismus*
SM 76   Mannack *Andreas Gryphius*
SM 77   Straßner *Schwank*
SM 78   Schier *Saga*
SM 79   Weber-Kellermann/Bimmer *Einführung in die Volkskunde/ Europäische Ethnologie*
SM 80   Kully *Johann Peter Hebel*
SM 81   Jost *Literarischer Jugenstil*
SM 82   Reichmann *Germanistische Lexikologie*
SM 84   Boeschenstein *Gottfried Keller*
SM 85   Boerner *Tagebuch*
SM 87   Sandkühler *Schelling*

SM 90 Winkler *Stefan George*
SM 92 Hein *Ferdinand Raimund*
SM 93 Barth *Literarisches Weimar. 16.–20. Jh.*
SM 94 Könneker *Hans Sachs*
SM 96 van Ingen *Philipp von Zesen*
SM 97 Asmuth *Daniel Casper von Lohenstein*
SM 99 Weydt *H. J. Chr. von Grimmelshausen*
SM 101 Grothe *Anekdote*
SM 102 Fehr *Conrad Ferdinand Meyer*
SM 103 Sowinski *Lehrhafte Dichtung des Mittelalters*
SM 104 Heike *Phonologie*
SM 105 Prangel *Alfred Döblin*
SM 107 Hoefert *Gerhart Hauptmann*
SM 109 Otto *Sprachgesellschaften des 17. Jh.*
SM 110 Winkler *George-Kreis*
SM 112 Schlawe *Neudeutsche Metrik*
SM 113 Bender *Bodmer/Breitinger*
SM 114 Jolles *Theodor Fontane*
SM 115 Foltin *Franz Werfel*
SM 116 Guthke *Das deutsche bürgerliche Trauerspiel*
SM 117 Nägele *J. P. Jacobsen*
SM 118 Schiller *Anthologie auf das Jahr 1782 (Faksimileausgabe)*
SM 119 Hoffmeister *Petrarkistische Lyrik*
SM 121 Hocks/Schmidt *Lit. u. polit. Zeitschriften 1789–1805*
SM 123 Buntz *Die deutsche Alexanderdichtung des Mittelalters*
SM 124 Saas *Georg Trakl*
SM 127 Biesterfeld *Die literarische Utopie*
SM 128 Meid *Barockroman*
SM 129 King *Literarische Zeitschriften 1945–1970*
SM 131 Fischer *Karl Kraus*
SM 133 Koch *Das deutsche Singspiel*
SM 134 Christiansen *Fritz Reuter*
SM 135 Kartschoke *Altdeutsche Bibeldichtung*
SM 138 Dietz *Franz Kafka*
SM 140 Groseclose/Murdoch *Ahd. poetische Denkmäler*
SM 141 Franzen *Martin Heidegger*
SM 142 Ketelsen *Völkisch-nationale und NS-Literatur*
SM 143 Jörgensen *Johann Georg Hamann*
SM 144 Schutte *Lyrik des deutschen Naturalismus (1885–1893)*
SM 145 Hein *Dorfgeschichte*
SM 146 Daus *Zola und der französische Naturalismus*
Sm 147 Daus *Das Theater des Absurden*
SM 148 Grimm u. a. *Einführung in die frz. Lit.wissenschaft*
SM 149 Ludwig *Arbeiterliteratur in Deutschland*
SM 150 Stephan *Literarischer Jakobinismus in Deutschland*
SM 151 Haymes *Das mündliche Epos*
SM 153 Schneider *A. v. Droste-Hülshoff*
SM 154 Röhrich/Mieder *Sprichwort*
SM 155 Tismar *Kunstmärchen*
SM 156 Steiner *Georg Forster*
SM 157 Aust *Literatur des Realismus*
SM 158 Fähnders *Proletarisch-revolutionäre Literatur*
SM 159 Knapp *Georg Büchner*
SM 160 Wiegmann *Geschichte der Poetik*
SM 161 Brockmeier *François Villon*

SM 162 Wetzel *Romanische Novelle*
SM 163 Pape *Wilhelm Busch*
SM 164 Siegel *Die Reportage*
SM 165 Dinse/Liptzin *Jiddische Literatur*
SM 166 Köpf *Märchendichtung*
SM 167 Ebert *Historische Syntax d. Deutschen*
SM 168 Bernstein *Literatur d. deutschen Frühhumanismus*
SM 170 Hoffmeister *Deutsche und europäische Romantik*
SM 171 Peter *Friedrich Schlegel*
SM 172 Würffel *Das deutsche Hörspiel*
SM 173 Petersen *Max Frisch*
SM 174 Wilke *Zeitschriften des 18. Jahrhunderts I: Grundlegung*
SM 175 Wilke *Zeitschriften des 18. Jahrhunderts II: Repertorium*
SM 176 Hausmann *François Rabelais*
SM 177 Schlütter/Borgmeier/Wittschier *Sonett*
SM 178 Paul *August Strindberg*
SM 179 Neuhaus *Günter Grass*
SM 180 Barnouw *Elias Canetti*
SM 181 Kröll *Gruppe 47*
SM 182 Helferich *G. W. Fr. Hegel*
SM 183 Schwenger *Literaturproduktion*
SM 184 Naumann *Literaturtheorie u. Geschichtsphilosophie, Teil I*
SM 185 Paulin *Ludwig Tieck*
SM 186 Naumann *Adalbert Stifter*
SM 187 Ollig *Der Neukantianismus*
SM 188 Asmuth *Dramenanalyse*
SM 189 Haupt *Heinrich Mann*
SM 190 Zima *Textsoziologie*
SM 191 Nusser *Der Kriminalroman*
SM 192 Wolf *Martin Luther*
SM 193 Reese *Literarische Rezeption*
SM 194 Reese *Literarische Rezeption*
SM 195 Schrimpf *Karl Philipp Moritz*
SM 196 Knapp *Friedrich Dürrenmatt*
SM 197 Schulz *Heiner Müller*
SM 198 Pilz *Phraseologie*
SM 199 Siegel *Sowjetische Literaturtheorie*
SM 200 Freund *Die literarische Parodie*
SM 201 Kaempfer *Ernst Jünger*
SM 202 Bayertz *Wissenschaftstheorie u. Paradigma-Begriff*
SM 203 Korte *Georg Heym*
SM 204 Weissberg *Edgar Allan Poe*
SM 205 Wisniewski *Mittelalterliche Dietrich-Dichtung*
SM 206 Apel *Literarische Übersetzung*
SM 207 Wehdeking *Alfred Andersch*
SM 208 Fricke *Aphorismus*
SM 209 Alexander *Das deutsche Barockdrama*
SM 210 Krull *Prosa des Expressionismus*
SM 211 Hansen *Thomas Mann*
SM 212 Grimm *Molière*
SM 213 Riley *Clemens Brentano*
SM 214 Selbmann *Der deutsche Bildungsroman*
SM 215 Wackwitz *Friedrich Hölderlin*
SM 216 Marx *Die deutsche Kurzgeschichte*
SM 217 Schutte *Einführung in die Literaturinterpretation*
SM 218 Renner *Peter Handke*

SM 219 Lutzeier *Linguistische Semantik*
SM 220 Gmünder *Kritische Theorie*
SM 221 Kretschmer *Christian Morgenstern*
SM 222 Schmidt *Ernst Bloch*
SM 223 Dietschreit/Heinze-Dietschreit *Hans Magnus Enzensberger*
SM 224 Hilzinger *Christa Wolf*
SM 225 Obenaus *Literarische und politische Zeitschriften 1830–1848*
SM 226 Schulz *Science fiction*
SM 227 Meid *Barocklyrik*
SM 229 Obenaus *Literarische und politische Zeitschriften 1848–1880*
SM 230 Vinçon *Frank Wedekind*
SM 231 Lowsky *Karl May*
SM 232 Barton *Dokumentar-Theater*
SM 233 Winter *Jakob Michael Reinholz Lenz*
SM 234 Hoffmeister *Deutsche und europäische Barockliteratur*
SM 235 Paech *Literatur und Film*
SM 237 Mayer *Eduard Mörike*
SM 238 Huß-Michel *Literarische und politische Zeitschriften des Exils 1933–1945*
SM 239 Perlmann *Arthur Schnitzler*
SM 240 Wichmann *Heinrich von Kleist*
SM 241 Mahoney *Roman der Goethezeit*
SM 242 Bartsch *Ingeborg Bachmann*
SM 243 Kaiser *E. T. A. Hoffmann*
SM 244 Schweikle *Minnesang*
SM 245 Dietschreit *Lion Feuchtwanger*
SM 246 Eagleton *Einführung in die Literaturtheorie*
SM 247 Cowen *Das deutsche Drama im 19. Jahrhundert*
SM 248 Hess *Epigramm*
SM 249 Gottzmann *Artusdichtung*
SM 250 Korte *Geschichte der deutschen Lyrik seit 1945*
SM 251 Jung *Georg Lukács*
SM 252 Glück/Sauer *Gegenwartsdeutsch*
SM 253 Schweikle *Neidhart*
SM 254 Späth *Rolf Dieter Brinkmann*
SM 255 Bäumer *Bettina von Arnim*
SM 256 Aust *Novelle*
SM 257 Schmitz *Das Volksstück*
SM 258 Hein *Johann Nestroy*
SM 259 Schönau *Einführung in die psychoanalytische Literaturwissenschaft*
SM 260 Nickisch *Brief*
SM 261 Sammons *Heinrich Heine*
SM 262 Nusser *Trivialliteratur*
SM 263 Sowinski *Einführung in die Stilistik*

J. B. Metzler

Printed in the United States
By Bookmasters